M. CHRISTIAN ORTNER

DIE K.U.K. ARMEE UND IHR LETZTER KRIEG

M. CHRISTIAN ORTNER

DIE K.U.K. ARMEE UND IHR LETZTER KRIEG

Carl Gerold's Sohn Verlagsbuchhandlung KG

DANKSAGUNG

Mag. Peter Enne, HGM
Renate Kronspies, HGM
Daniela Nemecek, HGM

Impressum

© 2013 by Carl Gerold's Sohn Verlagsbuchhandlung KG, 1090 Wien

Autor: Dr. M. Christian Ortner

Bildnachweise: Alle Privatarchiv M. Christian Ortner,
außer Heeresgeschichtliches Museum: S. 28 (Nr. 1), 29 (Nr. 2), 31 (alle), 35 (alle);
ÖNB/Bildarchiv Wien: S. 105

Lektorat: scriptophil. die textagentur; Layout: Klara Keresztes, 1080 Wien;
Druck: Holzhausen, 1140 Wien. ISBN 978-3-900812-93-5. Alle Rechte vorbehalten.
Kein Teil des Werkes darf in irgendeiner Form (Druck, Fotokopie, Mikrofilm oder in einem anderen Verfahren) ohne schriftliche Genehmigung des Verlages reproduziert oder unter Verwendung elektronischer Systeme verarbeitet, vervielfältigt oder verbreitet werden.

INHALTSVERZEICHNIS

Rüstungsanstrengungen Österreich-Ungarns bis zum Jahre 1914	11
Das Attentat, die Julikrise und der Krieg	25
Kriegspläne, Mobilisierung und Aufmarsch 1914	39
Kriegsjahr 1914	51
Bahnen	62
Nach der Schlacht	64
Kriegsjahr 1915	69
k.u.k Wüstenkrieg	78
Frauen an der Front	82
Kriegsjahr 1916	87
Glaube	96
Militärjustiz	98
Kriegsjahr 1917	105
Gebirgskrieg	116
Kriegsjahr 1918 und der Zusammenbruch	123
Versorgung	138
Entwicklung des österreichisch-ungarischen Kampfverfahrens	145
Verwundung	170
Materialschlacht und Technisierung des Krieges	177
Gefangenschaft	214
Die k.u.k. Kriegsmarine	219
Epilog	234
Wo sind sie geblieben …	236
Zeittafel	239
Bibliographie	248

Dr. M. Christian Ortner wurde 1969 in Bad Aussee, Steiermark, geboren. Nach Abschluss des Studiums der Geschichte, in dem er sich bereits ausführlich mit dem Ersten Weltkrieg auseinandersetzte, dissertierte Ortner 2005 über „Die Österreichisch-Ungarische Artillerie 1867 bis 1918". Seit 2007 ist er Direktor des Heeresgeschichtlichen Museums in Wien. M. Christian Ortner wurde mit dem „Werner-Hahlweg-Preis für Militärgeschichte und Wehrwissenschaften" ausgezeichnet und ist Autor zahlreicher Publikationen über die Militärgeschichte Österreich-Ungarns.

Vorwort

Der Erste Weltkrieg gilt in der modernen Historiographie heute als die „Urkatastrophe" des 20. Jahrhunderts. Er scheint gerade im Hinblick auf die folgenden Ereignisse in vielerlei Hinsicht als Epilog oder Mitursache des in seinen Formen opferreicheren und totalitären Zweiten Weltkriegs. Die Pariser Vorortverträge vermochten letztlich nicht die erhoffte Friedensordnung zu schaffen, die der „Nie wieder Krieg"-Empfindung der Menschen entsprach. Aber nicht nur im Hinblick auf die rein militärische und die technische Entwicklung wirkte sich die Periode von 1914 bis 1918/19 bestimmend auf die Nachkriegszeit aus. Viele der späteren politischen und nationalen Umwälzungen hatten sich bereits während des Krieges angedeutet und entfalteten sich nach Kriegsende. Den positiven Erscheinungen wie demokratischen Entwicklungen, sozialer Emanzipation oder technischem Fortschritt standen Revisionismus, politische Radikalisierungen, Bürgerkriege und die Etablierung diktatorischer Herrschaftssysteme gegenüber. Mit Österreich-Ungarn, Deutschland, Russland und dem Osmanischen Reich hatten vier Kaiserreiche zu existieren aufgehört, waren zerfallen oder hatten eine andere Staatsform angenommen. Für Österreich-Ungarn wird der Untergang der jahrhundertealten Habsburgermonarchie heute meist als besondere Katastrophe empfunden. Dabei übersieht man gern, dass er für einige Völker den lang ersehnten Weg in die Unabhängigkeit bedeutete. Dass dieser Weg selten konfliktfrei ablaufen und sich wohl auch nicht immer erfolgreich entwickeln konnte, hat seine Ursache nicht zuletzt in den durch den Krieg geprägten politischen Protagonisten.

Die vorliegende Publikation über den Ersten Weltkrieg aus österreichisch-ungarischer Sicht erhebt keinesfalls den Anspruch auf Vollständigkeit der Darstellung, die – multiperspektivisch und „die vielen Wahrheiten" historischer Ereignisse berücksichtigend – wohl den Rahmen dieses Bandes sprengen würde. Stattdessen wurde der Schwerpunkt auf zeitgenössische Originalfotografien gelegt, die – eingebettet in einen historischen Kontext – einerseits der Charakteristik des bereits damals „medial" aufbereiteten Krieges entsprechen, andererseits dem geneigten Leser einen authentischen Eindruck von den Ereignissen an Österreich-Ungarns Fronten verschaffen.

M. Christian Ortner

Rüstungsanstrengungen Österreich-Ungarns bis zum Jahre 1914

Rüstungsanstrengungen Österreich-Ungarns bis zum Jahre 1914

Feldzeugmeister Erzherzog Leopold Salvator (1863–1931) vor der 8-cm-Feldkanone M.5, die in seiner Funktionsperiode als General-Artillerie-Inspektor eingeführt wurde

„… innerhalb bescheidener Grenzen mit den vorhandenen Mitteln …"[1]

Rüstungsanstrengungen Österreich-Ungarns bis zum Jahre 1914

Während des Krieges von 1866 war die Unterlegenheit der österreichischen Streitkräfte in materieller, personeller und organisatorischer Hinsicht gegenüber jenen des flächenmäßig kleineren Preußen deutlich zutage getreten. In militärischen Kreisen stellte daher kaum jemand die Notwendigkeit der Reorganisation und Restrukturierung infrage, ein imposantes Reformwerk wurde – natürlich unter Berücksichtigung der politischen Veränderungen aufgrund des österreichisch-ungarischen Ausgleichs – in Angriff genommen. Für die österreichische Armee war diese „Reorganisation" der wohl wichtigste Wendepunkt im 19. Jahrhundert. Beinahe alle Waffengattungen, Truppenkörper und Behörden wurden davon erfasst. Allgemeine Wehrpflicht, Dreiteilung der Armee in k.u.k. Heer, k.k. Landwehr und k.u. Honvéd, Neustrukturierung der Offiziersausbildung, Einführung des Hinterladergewehrs und Schaffung eines neuen Exerzierreglements (Gefechtsdienstvorschrift) sind nur einige Maßnahmen, die das imposante Ausmaß des Umbruchs deutlich machen. Mit dem weißen Rock der österreichischen Infanterie verschwand im Grunde genommen auch die „alte" kaiserliche Armee.

Hinsichtlich der grundsätzlichen Ausrichtung der Streitkräfte bis 1914 waren der (Reichs-)Kriegsminister sowie der Generalstabschef die wichtigsten Akteure. Zusätzlich fungierte die Militärkanzlei Seiner Majestät (MKSM), Nachfolgerin der aufgelösten Generaladjutantur, als eine Art Stabsstelle bzw. Büro des Kaisers in militärischen Angelegenheiten; mit Ausnahme bestimmter Personalentscheidungen, welche sich der Kaiser direkt vorbehielt, war deren Wirkungskreis vorerst aber stark eingeschränkt. Erst ab Ende des 19. Jahrhunderts kam dem Vorstand der Militärkanzlei zunehmend mehr Einfluss zu, insbesondere im Hinblick auf die im Beisein des Kaisers stattfindenden „Allerhöchsten" Militärkonferenzen. 1867 wurde Oberst Friedrich Ritter von Beck-Rzikowsky (1830–1920) in diese Funktion berufen; bis 1881 wusste er das geradezu systemimmanente Konfliktpotenzial zwischen Minister und Generalstabschef zu mindern. Mit seinem Avancement zum Chef des Generalstabs im Jahre 1881 erfolgte auf Wunsch Becks eine Neufestlegung der Kompetenzen innerhalb der Armee durch den Kaiser, um im Wechselspiel zwischen Minister und Generalstabschef eine produktive

---

1 Reichskriegsminister Franz Freiherr von Schönaich zu den österreichisch-ungarischen Rüstungsvorhaben im Jahre 1907. In: ÖSTA/KA/MKSM 38 – 1/3-2 aus 1907

Rüstungsanstrengungen Österreich-Ungarns bis zum Jahre 1914

01

Koexistenz herbeizuführen. Der Kompetenzbereich des Generalstabschefs wurde erheblich ausgeweitet – insbesondere der dienstliche Verkehr mit anderen militärischen Dienststellen erleichtert – und eine geradezu antagonistische hierarchische „Zwittersituation" geschaffen, indem der Generalstabschef einerseits Hilfsorgan des Ministers bleiben sollte, er andererseits dem Monarchen als „Oberstem Kriegsherren" direkt unterstellt und also mehr oder weniger dem Minister gleichrangig wurde.

Dem Generalstabschef standen für die Bearbeitung seiner Arbeitsfelder insbesondere unter dem Schlagwort „Kriegsvorbereitung" eigene Generalstabsbüros zur Verfügung, deren Zahl bis 1913 auf acht anwachsen sollte. Im Kriegsfalle hatten aus diesen von Generalstabsoffizieren geleiteten Organisationseinheiten Führungs- und Stabsabteilungen der operierenden Kommanden hervorzugehen. Neben den Direktions-, Instruktions-, Etappen-, Landesbeschreibungs- und Telegraphenbüros gab es das prestigeträchtige Operationsbüro sowie das Evidenz- und Eisenbahnbüro. Angehörige des Generalstabs fanden sich aber auch innerhalb der ministeriellen Struktur vor allem im Präsidialbüro des Reichskriegsministers, in der 1. Abteilung (Kriegseinteilungslisten), der 3. Abteilung (Pferde- und Trainwesen), der überaus wichtigen 5. Abteilung (Dislokation, Ausbildung, Reglements etc.) sowie der 10. Abteilung (Kriegsbereitschaft und Schlagkraft). Dieses Ineinandergreifen von organisatorischen Zuständigkeiten einerseits und personellen Zugehörigkeiten andererseits setzte ein hohes Maß an Übereinstimmung zwischen Minister und Generalstabschef voraus, wobei dem Minister vor allem die schwierige und unangenehme Aufgabe zufiel, den Wünschen des Generalstabes entsprechend die notwendigen personellen und materiellen Ressourcen im Rahmen der politischen Vertretungskörper der Monarchie bereitzustellen. Dass dies gerade ab Beginn des 20. Jahrhunderts in Bezug auf die komplexe dualistische Situation Österreich-Ungarns zum essenziellen Punkt jeglicher Streitkräfteentwicklung werden sollte, hatte vor allem Beck erkannt. Er berücksichtigte daher in seinen „Forderungen" die politischen Realisierungsmöglichkeiten bereits mit, um „seinen" Minister nicht zu desavouieren bzw. in politische Unwägbarkeiten zu stürzen.

Die „Doppelhierarchie" an der Spitze der Streitkräfte war auch formal festgelegt worden. In dieses System trat nun mit der Person des Thronfolgers ein dritter bestimmender Akteur ein. Ursprünglich „zur Disposition des Allerhöchsten Oberbefehls" gestellt (März 1898), um stärker in den militärischen Wirkungsbereich eingewiesen zu werden, entwickelte Erzherzog Franz Ferdinand (1863–1914) in den nächsten Jahren durch Aufwertung seiner Adjutantur eine eigene militärische Kanzlei, die bereits ab dem Jahr 1906 bei allen wichtigen Erlässen und Dienststücken zu informieren war. Ab 1908 wurde die Militärkanzlei des Thronfolgers (MKFF) mehr oder weniger

Erzherzog Albrecht von Österreich-Teschen (1817–1895), General-Inspektor des Heeres 1869 bis 1895

01 Kaiser Franz Joseph I. (1830–1916) während des Frühjahrsmanövers in Südungarn im Jahr 1901

02 Feldzeugmeister Friedrich Ritter von Beck-Rzikowsky (1830–1920), Chef des Generalstabes 1881 bis 1906

Rüstungsanstrengungen Österreich-Ungarns bis zum Jahre 1914

Feldzeugmeister Arthur Freiherr von Bolfras (1838–1922), Generaladjutant und in weiterer Folge Chef der Militärkanzlei Seiner Majestät 1889 bis 1917

01 02 General der Kavallerie Erzherzog Franz Ferdinand von Österreich-Este (1863–1914) in seiner Funktion als General-Inspektor der gesamten bewaffneten Macht während eines Manövers

offiziell in die Spitzenhierarchie der Armee eingefügt. Dass der Wirkungskreis des Thronfolgers über die MKFF sowie jener des Monarchen über die Militärkanzlei Seiner Majestät (MKSM) weder rechtlich noch reglementarisch genau geregelt wurden, hatte mehr und mehr Reibungsverluste zur Folge. Entscheidungen mussten nun nicht nur zwischen dem Minister und dem Generalstabschef akkordiert werden, sondern auch die Perspektive des Thronfolgers berücksichtigen; die Militärkanzlei des Kaisers fungierte als Vertreterin des kaiserlichen Willens. Zusätzlich zu den militärischen Protagonisten griffen aber auch politische Akteure vermehrt in die Militärpolitik ein. Der gesetzlich normierte „Dualismus" wurde insbesondere von ungarischer Seite als erster Schritt der Desintegration und Verselbstständigung der Länder der Stephanskrone gesehen. Für die Streitkräfte hatten sich die entsprechenden Bestimmungen des „Ausgleichs" in einer Dreiteilung der Armee manifestiert, da neben das „gemeinsame" k.u.k. Heer auch zwei Landwehren der beiden Reichshälften (k.k., k.u.) treten sollten. Damit war dem Wunsch der Ungarn nach einer „eigenen", wenn auch integrierenden, „ungarischen" Armee entsprochen worden. Die mit dem Wehrgesetz vom 5. Dezember 1868 geschaffene k.u. Landwehr oder Honvéd – die ministerielle Verantwortlichkeit für diese lag nicht beim gemeinsamen (Reichs-)Kriegs-, sondern beim k.u. Landesverteidigungsministerium – avancierte nach und nach zum Prestigeobjekt der ungarischen Reichshälfte. Dafür wurden nicht nur erhebliche materielle Ressourcen bereitgestellt, sondern auch konkrete politische Forderungen an den Kaiser und das Reichskriegsministerium gestellt. Das Kriegsministerium, verantwortlich für das k.u.k. Heer und die Kriegsmarine, stellte diesbezüglich überhaupt die letzte klassische „Reichsinstitution" dar, sodass sich gerade im Hinblick auf die sich politisch zuspitzende Krise des Dualismus markante Auswirkungen für die Entwicklung der „gemeinsamen" Streitkräfte ergeben mussten. Neben der Verantwortlichkeit für die (eigene) ungarische Landwehr kam dem ungarischen Reichstag über die sogenannten „Delegationen", bestehend aus Abgeordneten beider Parlamente, gleichfalls erhebliche Einflussmöglichkeit auf die Entwicklung der gesamten Streitkräfte zu, da das gemeinsame Wehrbudget, Rekrutenkontingente, Einquartierungen etc. lediglich bei Zustimmung beider Delegationen effektuiert werden konnten. Für die ungarische Reichshälfte schien die Militärpolitik ein probates Feld, eigene (auch nichtmilitärische) Interessen mit der Zustimmung in den Delegationsverhandlungen zu verknüpfen. Daraus resultierte für die militärischen Spitzen einerseits die Schwierigkeit, sich untereinander zu einigen, andererseits auch jene, politische Konzessionen zu machen, etwa in Fragen der Ausdehnung der ungarischen Sprache im militärdienstlichen Gebrauch, der Transferierung ungarischer Offiziere zu ungarischen k.u.k. Regimentern, der Einführung eigener Adjustierungsmerkmale etc. Damit wurde die militärische Spitzenhierarchie zweifellos in den allgemeinen Strudel der Nationalitätenpolitik der ungarischen Reichshälfte hineingezogen.

Rüstungsanstrengungen Österreich-Ungarns bis zum Jahre 1914

Nostalgische, verklärende Darstellung **Kaiser Franz Josephs I.** an seinem Schreibtisch

Neben der Erhöhung der jährlichen Rekrutenzahl entwickelte sich auch die Artilleriefrage zu einem markanten Angelpunkt der weiteren Rüstungsanstrengungen. Dabei spielten vor allem Nachrichten aus Russland, das seine Geschützzahl konsequent vermehrte, eine bestimmende Rolle. Die angestrebte Einigung mit Ungarn auf eine bedeutende Erhöhung der Rüstungsanstrengungen im Jahre 1903 scheiterte jedoch. Der ungarische Ministerpräsident Graf István Tisza (1861–1918) stellte allerdings in Aussicht, zumindest den Artillerieausbau parallel im Rahmen der beiden Landwehren ablaufen zu lassen. Damit hätten diese über alle drei Hauptwaffengattungen (Infanterie, Kavallerie und Artillerie) verfügen und sich die ungarische Honvéd in der Folge möglicherweise zu einer eigenen „ungarischen" Armee transformieren können. Für den Kaiser und insbesondere für den Thronfolger stellte das eine inakzeptable Forderung dar, durch welche sie die „gemeinsame" Armee gefährdet sahen. Sie lehnten sie daher vehement ab. Die Folge war eine konsequente Obstruktionspolitik seitens der ungarischen Reichshälfte in allen Rüstungsfragen.

Diese politischen Dimensionen der Rüstungs- und Wehrpolitik wurden durch die Designierung Franz Conrad von Hötzendorfs (1852–1925) zum neuen Generalstabschef im Jahre 1906 noch weiter verkompliziert, zumal sich Conrad als ausgesprochen politischer General entpuppte, der gemeinsam mit dem gleichfalls neu im Amt befindlichen Reichskriegsminister Franz Freiherr von Schönaich (1844–1916) sowie dem Minister des Kaiserlichen Hauses und des Äußeren Alois Lexa Freiherr von Aehrenthal (1854–1912) an einer Stärkung der Stellung der Donaumonarchie im europäischen Machtgefüge interessiert war. In erheblicher Überschreitung seiner Kompetenzen stellte Conrad der österreichisch-ungarischen Außenpolitik zunehmend auch eine kriegerische Lösung der außenpolitischen Probleme im Süden (Italien) und Südosten (Balkan) quasi als Rute ins Fenster: In unzähligen Denkschriften forderte er Präventivkriege gegen Italien und Serbien, um sie nach und nach auszuschalten – ein nach seinem Dafürhalten unausweichlicher paralleler Mehrfrontenkrieg sollte dadurch verhindert werden. Derartige Präventivkriege setzten natürlich ein entsprechendes militärisches Machtpotenzial voraus. Dementsprechend drängte Conrad bei seinen jeweiligen Fachministern konsequent auf zusätzliche Rüstungsmaßnahmen, die diese dann gegenüber den Delegationen zu erwirken hatten. Dieser Forderung nach einem „Mehr" an Quantität und wohl auch Qualität insbesondere im Bereich der technischen Waffengattungen, die geradewegs zu einem Ceterum censeo von Conrads jährlichen Schlagfertigkeitsberichten wurde, stand zu diesem Zeitpunkt die Blockadepolitik der ungarischen Reichshälfte in Fragen der Rekrutenkontingente und Beschaffungen entgegen. Erst mit dem neuen Wehrgesetz von 1912 erfüllte sich schließlich der ungarische Wunsch nach Schaffung einer eigenen k.u. Landwehrartillerie, entsprechende Artillerieregimenter

Typische Manöverszenen der k.u.k. Armee vor 1908

Kaiser Franz Josef I. am Schreibtisch.

General der Infanterie Franz Conrad von Hötzendorf (1852–1925), von 1906 bis 1911 und von 1912 bis 1917 Chef des k.u.k. Generalstabes

01 Einjährig-freiwilliger Offiziersanwärter der Husaren, 02 Oberleutnant eines ungarischen Infanterieregiments und **03 Feldmarschall-Leutnant mit seinen Söhnen.** Das supranationale k.u.k. Offizierskorps galt als eine der wichtigsten Stützen der Monarchie und des Kaisers. Im Laufe der Geschichte waren ganze Offiziersdynastien entstanden.

wurden aufgestellt. Damit war zwar eine Erhöhung der jährlichen Rekrutenkontingente ab 1913 erreicht worden, dies jedoch um den Preis der von drei auf zwei Jahre reduzierten Präsenzdienstzeit sowie der Reduktion der Geschützzahl in den Regimentern.

Können die Jahre von 1902 bis 1912 als Phase der Stagnation in Rüstungsangelegenheiten (mit Ausnahme der k.u.k. Kriegsmarine) gesehen werden, trat nach 1912 infolge der Ereignisse am Balkan (1. und 2. Balkankrieg) eine gewisse Hast ein. Schlagartig wurden die Rüstungsdefizite der Donaumonarchie mehr als augenscheinlich, zumal Russland, das man aufgrund der Ereignisse des Russisch-Japanischen Krieges von 1904/05 als geschwächt und somit als unwahrscheinlichen Kriegsgegner eingeschätzt hatte, sein militärisches Potenzial zunehmend verstärkte und auch in der Außenpolitik – vor allem auf dem Balkan – fordernder auftrat.

Dem seitens des Generalstabschefs vorgegebenen tatsächlichen bzw. auch vermeintlichen Bedarf an Aufrüstung standen aber nicht nur erwähnte politische, sondern auch finanzielle Hemmnisse entgegen. Das Militärbudget gliederte sich in Österreich-Ungarn in das sogenannte Ordinarium, das die allgemeinen „Betriebskosten" der Armee abdeckte und vor allem Personal-, Verpflegs- und Unterkunftskosten bzw. die Renten für Invaliden umfasste, sowie das Extraordinarium, in dem die Kosten für Beschaffungsvorhaben abgebildet wurden. Während die Beträge des Ordinariums im Zeitraum von 1868 bis 1912 einen linearen Anstieg verzeichneten, schwankte die Höhe des Extraordinariums je nach vorgesehenen Vorhaben. Als wichtigste Rüstungsprojekte sind etwa die Einführung des Hinterladers zwischen 1868 und 1878, die Systemisierung des Repetiergewehrs 1887 bis 1905 sowie die Modernisierung der Artillerie anzuführen. Nachdem sich mit dem „regulären" Budget bereits der Normalbetrieb kaum sicherstellen ließ, begann man ab den ersten Jahren des 20. Jahrhunderts Beschaffungen für Heer und Marine auch im Rahmen außerordentlicher Rüstungskredite zu finanzieren, die mehrjährig über Raten ausbezahlt wurden. Trotz dieser zweckgebundenen Sonderfinanzierungen blieben die Rüstungsausgaben Österreich-Ungarns weit hinter jenen der anderen Großmächte zurück. Sowohl absolut als auch relativ lag man bei etwa 50 Prozent der Rüstungsausgaben Russlands. Lediglich Italien machte weniger für seine Rüstungsvorhaben locker, berücksichtigte (relativ) aber das Militärbudget in seinem Haushalt fast doppelt so hoch. Zudem wusste sich gerade im Rahmen der politischen Krise vor der Wehrreform 1912 die k.u.k. Kriegsmarine mittels außerordentlicher Kredite erheblich zu verstärken. Dabei wurde die in vielen politischen Kreisen vorhandene Popularität der Marine, insbesondere beim Thronfolger, geschickt genutzt, um unter Umgehung der parlamentarischen Delegationen Schiffsneubauten durchzusetzen. Die ab 1910 hergestellten österreichisch-ungarischen „Dreadnought"-Kriegsschiffe („Tegetthoff"-Klasse) wurden teilweise durch die Erzeugerfirmen und beteiligte Banken vorfinanziert und erst nach Fertigstellung bzw. Genehmigung der außerordentlichen Kredite bezahlt. Hier wurden gewaltige Summen bewegt. Für die vier projektierten österreichischen „Dreadnoughts" hatte man etwa 312 Millionen Kronen vorgesehen. Damit umfasste das Marinebudget im Jahre 1912 bereits rund ein Fünftel der gesamten Militärausgaben.

Die Kosten für die Umsetzung des Wehrgesetzes von 1912 ergaben sich nicht zuletzt aus den bedeutend erhöhten jährlichen Kontingenten an Rekruten, die gekleidet, ausgerüstet und bewaffnet werden mussten, und einem für österreichisch-ungarische Verhältnisse ambitionierten Artillerieausbauprogramm. Die Bereiche der Gebirgs- und Festungsartillerie waren vor 1912 zwar bereits verstärkt worden, jedoch auf Kosten der Feldartillerie, die man durch Reduktion der Geschützzahl innerhalb der Batterien von acht auf sechs fast um ein Viertel geschwächt hatte. Der dadurch eingetretene Leistungsverlust sollte durch verbesserte Schnellfeuerkanonen ausgeglichen werden. Die technische Innovationstätigkeit im Rahmen des k.u.k. Technischen Militärkomitees kann zwar als wissenschaftlich und technisch beeindruckend bezeichnet werden, überlange Projektphasen und fehlende zeitliche Rahmenvorgaben bzw. persönliche Interventionen hoher Militärs führten jedoch oftmals zur verspäteten Einführung von Systemen. Zusätzlich begann man sich innerhalb der Fachstäbe des Heeres infolge der durch die Blockadepolitik Ungarns notwendig gewordenen „Selbsthilfe"- und „Notbehelf"-Programme zunehmend an die quantitative und qualitative Unterversorgung mit Rüstungsgütern (Artillerie, Luftfahrt, Automobile, Maschinengewehre etc.) zu gewöhnen, die man durch vermeintlich modernere Organisationsformen und Strukturierungen zu kompensieren glaubte. Die chronische Unterdotierung der Streitkräfte im Zeitraum von 1867 bis 1914 verschärfte sich insbesondere ab den 80er- und 90er-Jahren des 19. Jahrhundert, als vor allem Frankreich und Russland ihre Rüstungsanstrengungen erheblich erhöhten. Außertourliche Sonderbudgets für einmalige Rüstungsaufwendungen konnten diese Unterlegenheit nicht ausgleichen, Meinungsverschiedenheiten innerhalb des Militärs hinsichtlich der Gewichtung der Geldmittel führten zu zusätzlichen Verzögerungen. Die österreichisch-ungarischen Streitkräfte befanden sich daher in den Julitagen des Jahres 1914 am Beginn einer Übergangsphase, welche die Transformation eines materiell und wohl auch personell noch stark im 19. Jahrhundert verhafteten Heeres zu einer modernen Großmacht-Armee nach europäischen Standards bringen sollte. Dass die Durchführung aller Reformvorhaben gerade bis zu den Jahren 1917 und 1918 abgeschlossen hätte werden sollen, ist wohl als eine der besonderen Tragödien Alt-Österreichs zu bezeichnen.

„S.M.S. Szent István", von 1912 bis 1915 in der Danubius-Werft in Fiume/Rijeka gebautes Schlachtschiff der „Tegetthoff"-Klasse

Das Attentat, die Julikrise und der Krieg

Das Attentat, die Julikrise und der Krieg

Das Attentat, die Julikrise und der Krieg

Im Juni 1914 nahm Erzherzog Franz Ferdinand von Österreich-Este (1863–1914), nach dem Selbstmord Kronprinz Rudolfs (1858–1889) im Jahre 1889 zunächst präsumtiv und nach dem Tod seines Vaters Erzherzog Karl Ludwig (1833–1896) auch rechtlich-protokollarisch Thronfolger Österreich-Ungarns, als designierter Generalinspekteur der „Gesamten Bewaffneten Macht" an den Manövern des XV. und XVI. Korps in Bosnien teil. Die Entscheidung, in Bosnien eine Truppenübung in größerem Umfang vorzunehmen, war aus militärischen Gründen durchaus verständlich, hatte sich doch 1908/09 (Annexionskrise) und 1912/13 (1. und 2. Balkankrieg sowie Albanienkrise) mehr als deutlich abgezeichnet, dass der westliche Balkan ein wahrscheinlicher Kriegsschauplatz war. Wenngleich die Übungslage zu verhindern suchte, eine der Manöverparteien auch einem der tatsächlichen Nachbarstaaten – Serbien oder Montenegro – zuzuordnen: In außenpolitischer Hinsicht waren die Manöver vor dem Hintergrund des seit 1903 in wechselnder Intensität spürbaren Spannungsverhältnisses zum Königreich Serbien zwar keine direkte Provokation, national-serbisch gesinnte Medien in Serbien nutzten sie jedoch zu antiösterreichischer Agitation. Die sowohl für die inneren Verhältnisse Bosnien-Herzegowinas als auch nach außen hin gedachte Darstellung der militärischen Schlagkraft der Donaumonarchie, wie sie der die Manöver leitende Armeeinspektor und Landeschef Bosnien-Herzegowinas, Feldzeugmeister Oskar Potiorek (1853–1933), politisch einzuschätzen und wohl auch abzubilden versuchte, verpuffte in diesem Kontext. Dennoch waren die Truppenstärke (rund 20.000 Mann) und die Dauer der Übung reduziert worden, um einerseits Kosten zu sparen und andererseits mögliche Agitationen Serbiens von vornherein hintanzuhalten.

Die schließlich vom 26. bis zum 27. Juni 1914 westlich von Sarajevo stattfindenden Manöver brachten letztlich auch noch eine protokollarische Verpflichtung mit sich: den Besuch des Thronfolgers in der Landeshauptstadt Sarajevo. Sowohl darüber, dass der Besuch am 28. Juni, dem serbischen Nationalfeiertag, stattfinden sollte – am Vidovdan gedenkt man der Schlacht auf dem Amselfeld 1389 –, als auch über angebliche Warnungen, die Reise aufgrund nicht näher definierter Attentatsgerüchte bzw. anderer angeblicher Vorahnungen zu unterlassen, wurden nachträglich unter dem Eindruck des damit geradezu taxativ junktimierten Kriegsausbruchs zahlreiche Spekulationen über die besondere „Schicksalshaftigkeit" der Tat angestellt. Die meisten dieser oftmals ins Mystische reichenden

Der Thronfolger während der großen Manöver in Kärnten im Jahr 1907

Das Attentat, die Julikrise und der Krieg

„Tatsachen", die teilweise auch noch politische Verschwörungstheorien über die angeblichen Verwicklungen etwa des Deutschen Geheimdienstes oder der Freimaurer implizieren, basieren auf nachträglichen Interpretationen oder schlichtweg Falschinformationen und entbehren damit meist jeglicher Grundlage.

Faktum bleibt, dass der Thronfolger gemeinsam mit seiner Gattin, Sophie Chotek, Herzogin von Hohenberg (1868–1914), von Bad Ilidža kommend mit seinem Hofsonderzug um 10.07 Uhr im sogenannten Defensionslager von Sarajevo eintraf. Dort bestieg das kaiserliche Paar das dritte Fahrzeug einer Autokolonne. Im ersten Wagen befand sich die Polizeibedeckung, im zweiten der Bürgermeister von Sarajevo mit dem zuständigen Regierungskommissär, in den Wagen Nr. 4 bis 6 wurde die Suite des Erzherzogs untergebracht. Im Thronfolgerfahrzeug saßen neben dem Fahrer auch noch der Landeschef und Armeeinspektor Feldzeugmeister Oskar Potiorek sowie der Besitzer des Fahrzeugs und Flügeladjutant Franz Ferdinands, Franz Graf Harrach (1870–1937).

Die Autokolonne fuhr den Appelquai entlang und passierte das dort befindliche Gebäude der Oesterreichisch-Ungarischen Bank, als einer der insgesamt sechs postierten Attentäter, Nedeljko Čabrinović, versuchte, mit einer Zeitzünderhandgranate das Thronfolgerfahrzeug zu treffen. Die Bombe prallte jedoch vom Wagen ab. Sie detonierte unter dem nachfolgenden Fahrzeug und verletzte den Flügeladjutanten Potioreks, Erik Edler von Merizzi, schwer; sein Beifahrer Alexander Graf Boos-Waldeck wurde leicht verletzt. Der Attentäter sprang in den nur Niedrigwasser führenden Fluss Miljacka, um zu fliehen, wurde jedoch eingeholt – sein Versuch, sich vor der Verhaftung zu vergiften, scheiterte. Nach einer kurzen Pause setzte der Konvoi die Fahrt zum Rathaus fort; dort bekam der Bürgermeister Sarajevos, der zutiefst habsburgfreundliche und loyale Muslime Fehim Čurčić, nach seiner Begrüßungsansprache den Unmut des Thronfolgers zu spüren. Dabei waren die durchaus als schlampig zu bezeichnenden Sicherheitsmaßnahmen eher durch Landeschef Potiorek zu verantworten gewesen, der die Heranziehung zusätzlicher Truppen aufgrund der vorangegangenen anstrengenden Manöver für nicht opportun hielt und mit den in der Garnison verbliebenen Kräften das Auslangen zu finden vermeinte.

Bis heute ist nicht zweifelsfrei geklärt, wer den Vorschlag letztlich unterbreitete. Jedenfalls wurde nach kurzer Beratschlagung entschieden, den im Garnisonsspital zur Behandlung seiner Verwundungen befindlichen Merizzi zu besuchen. Aus Sicherheitsgründen wählte man eine nicht bekannt gegebene Route, die nicht durch das Stadtinnere führte. Dabei unterlag der Fahrer des ersten Wagens einem folgenschweren Missverständnis. Ob ihm die neue Route überhaupt nicht oder nur mangelhaft

Der Thronfolger im Kreise seiner Familie mit Sophie Chotek, Herzogin von Hohenberg (1868–1914), sowie den Kindern Sophie (1901–1990) und Max (1902–1962)

Das Attentat, die Julikrise und der Krieg

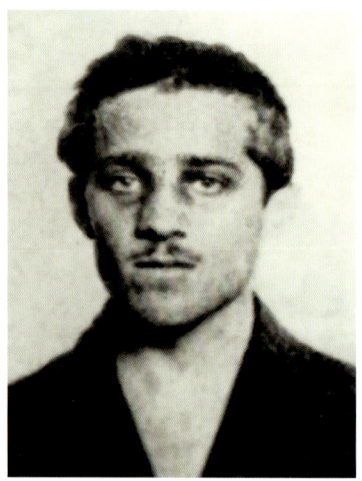

Der Todesschütze von Sarajevo,
Gavrilo Princip (1894–1918)

01 **Eintreffen des Thronfolgers am Bahnhof** von Mostar anlässlich der bosnischen Manöver

02 **Begrüßung durch den Bürgermeister** und den Gemeinderat von Sarajevo am 28. Juni 1914

mitgeteilt wurde, bleibt umstritten, tatsächlich bog er am Appelquai auf der Höhe der Lateinerbrücke nach rechts ab, die Wagen Nr. 2 und 3 folgten. Potiorek ließ den Thronfolger-Wagen stoppen, um zu reversieren und wieder auf den Appelquai zurückzukehren. An der Straßenecke stand lediglich ein einziger Attentäter bereit, der vom missglückten Bombenattentat bereits Kenntnis besaß, aber nicht damit gerechnet hatte, nochmals auf das Thronfolgerpaar zu treffen. Nun war aber genau dieser Fall eingetreten, und auch die „Bedingungen" hatten sich erheblich verbessert: Anstatt auf ein in mehreren Metern Entfernung passierendes Fahrzeug zu feuern, stand das „Ziel" für die entscheidenden zwei bis drei Sekunden, die der Chauffeur zum Reversieren benötigte, still, und das in einer Distanz von weniger als drei Metern. Der erste Schuss Gavrilo Princips galt dem verhassten Landeschef; allerdings verfehlte die Kugel Potiorek links, durchschlug die Bordwand und traf Herzogin Sophie in den Unterleib. Der Thronfolger wurde von der zweiten Kugel in den Hals getroffen. Sophie sackte durch den Schock und den Blutverlust vom Sitz, ihr Gesicht kam auf den Knien des Erzherzogs zu liegen. Im Rückwärtsgang fuhr das Fahrzeug über die Lateinerbrücke, um möglichst rasch in den Konak von Sarajevo, damals Residenz Potioreks, zurückzukehren. Man trug die beiden leblosen Körper ins Gebäude, bettete den Thronfolger auf eine Chaiselongue und schnitt seine blutdurchtränkte Uniform auf. Es konnte aber nur mehr der Tod des kaiserlichen Paares festgestellt werden. Zu diesem Zeitpunkt war es etwa 11 Uhr. Bereits 15 Minuten später wurde der im Tumult festgenommene Attentäter erstmals verhört.

Nach kurzer Zeit waren auch die meisten anderen am Attentat Beteiligten gefasst und zeigten sich in den Verhören teilweise geständig – lediglich dem einzigen Muslimen unter ihnen, Muhamed Mehmedbašić, gelang die Flucht nach Montenegro. Sie entstammten alle der geheimen Jugendorganisation Mlada Bosna (Junges Bosnien), die eine Vereinigung aller Südslawen in einem Staat anstrebte. Die Vorstellungen darüber, wie diese Vereinigung erfolgen sollte – ob in einem Großserbien, einem südslawischen Bundesstaat oder einem „Jugoslawien" unter serbischer Führung –, waren indes durchaus unterschiedlich. Die Mlada Bosna stand mit einer in Serbien operierenden Untergrundorganisation, der Ujedinjenje ili smrt (Vereinigung oder Tod), in Verbindung. Der 1911 gegründete, von seinen Gegnern auch Crna Ruka (Schwarze Hand) genannte Geheimbund rekrutierte sich aus Angehörigen serbischer Komitadži-Einheiten aus der Zeit der beiden Balkankriege, die als irreguläre Kräfte vor allem in Mazedonien zum Einsatz gekommen waren und in der serbischen Öffentlichkeit aufgrund ihrer traditionell-martialischen Kampfweise verherrlicht wurden. Auch zahlreiche Offiziere der serbischen Armee und des militärischen Geheimdienstes gehörten ihm an. Rasch ließen sich Verbindungen der Attentäter zu einigen der berühmtesten Kommandeure der Crna Ruka, etwa

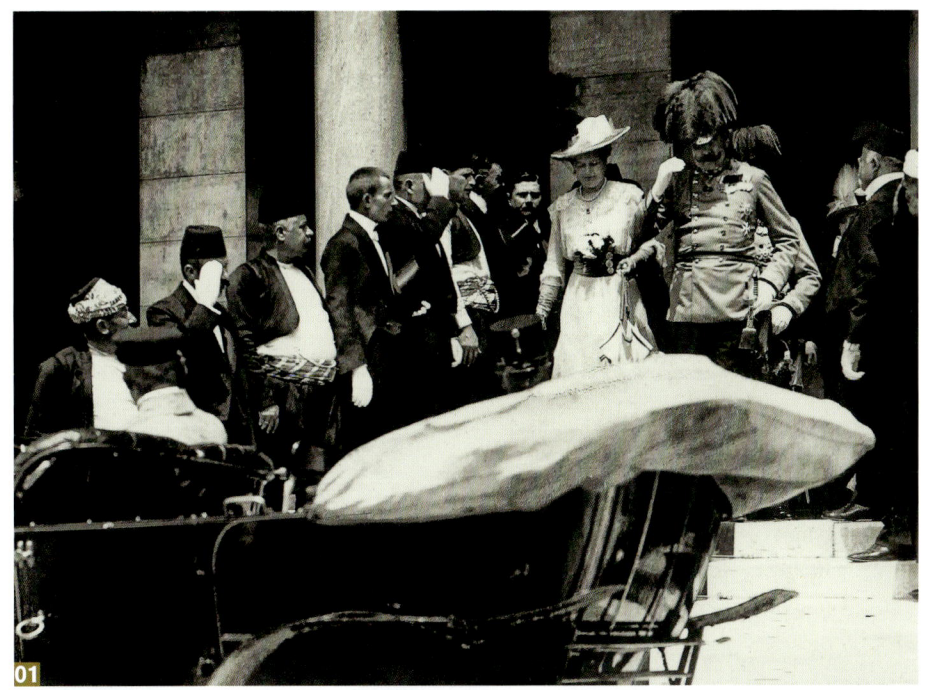

Abfahrt vom Rathaus in Sarajevo zum Garnisonsspital 01, **unmittelbar vor dem Abbiegen** in die Franz-Joseph-Straße am „Schillereck“ 02

01

02

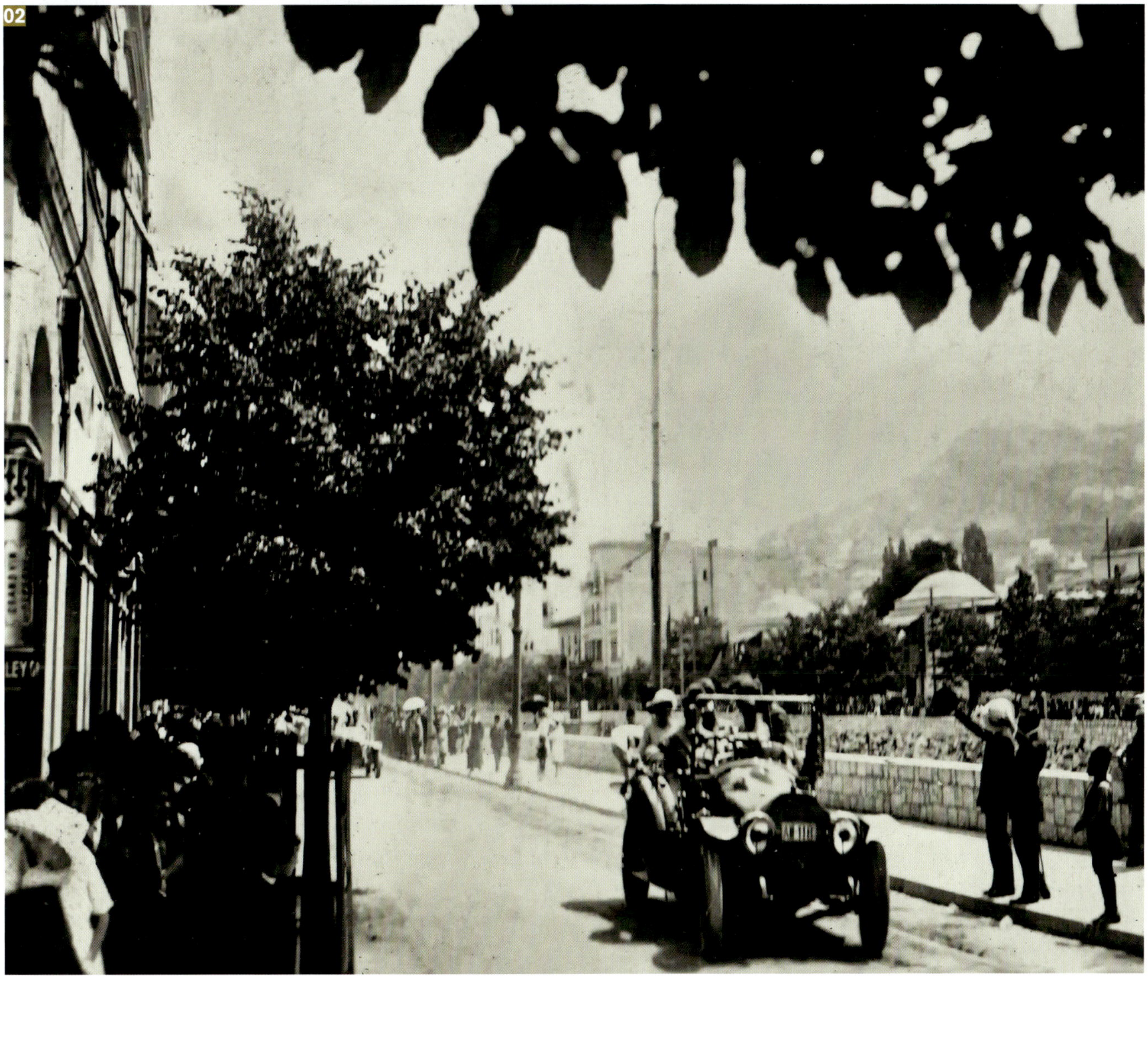

Das Attentat, die Julikrise und der Krieg

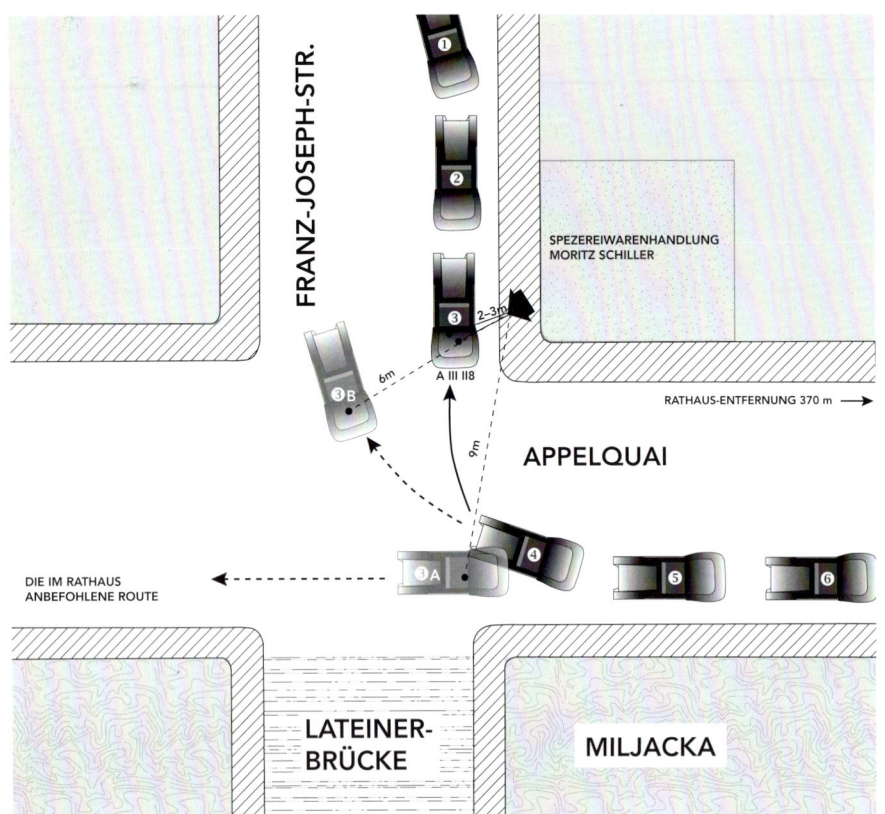

Der Ablauf des Attentats
Wagen 1: Polizei, Wagen 2: Bürgermeister, Wagen 3: Franz Ferdinand und Sophie, Wagen 4, 5 und 6: Begleitung.
Wäre der anbefohlene Kurs gefahren worden, hätte Princip eine Schussweite von neun, wäre der Wagen vorschriftsmäßig gefahren, von sechs Meter gehabt.

Die Skizze stellt lediglich die Reihenfolge der Fahrzeuge, nicht aber die tatsächlichen Abstände dar!

Major Voja Tankosić, nachweisen, unklarer blieb vorerst eine mögliche direkte Beteiligung des Chefs des serbischen militärischen Geheimdienstes Dragutin Dimitrijević, genannt „Apis". Seine Rolle im Vorfeld und während des Attentats bis zu seinem Tod 1917 ist bis heute nicht eindeutig zu bestimmen.

Die Untersuchung des Attentats, die nach den Vorgaben Wiens in möglichst professioneller Art und ohne politisierenden Beigeschmack durchgeführt werden sollte, erfolgte durch das Kreisgericht in Sarajevo. Es konnte wohl zahlreiche informelle Verbindungen zu serbischen Offizieren, aber keine direkte Beteiligung der serbischen Regierung oder des Ministerpräsidenten Nikola Pašić (1845–1926) nachweisen, wenngleich etwaige Begünstigungen oder informelle Kenntnisse als wahrscheinlich vermutet wurden. Dies meldete man in einem telegrafisch verkürzten Zwischenbericht am 13. Juli auch nach Wien; er sollte nach dem Krieg als „Kriegsschuld-Depesche" und Beleg für ein aggressives Vorgehen Österreich-Ungarns gegenüber Serbien ohne sachlich begründete Beweise berühmt werden. Zu diesem Zeitpunkt war der Beweis für eine Verbindung zwischen der Schwarzen Hand und der serbischen Regierung allerdings kaum zu führen, zumal die Zugänglichkeit zu serbischen Quellen nicht gegeben und die Ausdehnung der Ermittlungen auf Serbien völkerrechtlich auch gar nicht möglich waren. In diesem Zusammenhang sind jedoch zwei 1917 im Rahmen des Hochverratsprozesses in Saloniki gegen führende Angehörige der Schwarzen Hand

Nach Bekanntwerden des Attentats kam es zu zahlreichen von Muslimen und Kroaten organisierten antiserbischen Übergriffen in Bosnien-Herzegowina. Polizei und Gendarmerie hatten Schwierigkeiten, Ruhe und Ordnung wiederherzustellen.

Das Attentat, die Julikrise und der Krieg

gewonnene nachträgliche Erkenntnisse nicht unbedeutend: Kurz vor seiner Hinrichtung gestand der angeklagte Dimitrijević seine Beteiligung am Attentat ein, und auch Ministerpräsident Pašić wurde nachträglich von einem seiner ehemaligen Regierungskollegen, Ljuba Jovanović, als zumindest peripher Mitwissender bezeichnet. Wenngleich diese Angaben hinsichtlich ihres Quellenwertes natürlich kritisch zu hinterfragen sind – insbesondere inwieweit den Kenntnissen und Handlungen Einzelner tatsächlich eine größere politische Dimension beizumessen war –, so mussten die in den Verhören aufgedeckten Verbindungen zu serbischen Armeeangehörigen und Einzelpersonen in Wien doch den Eindruck einer politischen Verantwortlichkeit des Königreichs Serbien erwecken.

Kaiser Franz Joseph I. und viele Angehörige des Wiener Hofes zeigten nach der Ermordung des Thronfolgers nur geringe persönliche Betroffenheit. Dennoch sollte die Tat als Grund für einen (3.) Balkankrieg gegen Serbien fungieren.

Die augenscheinlichsten und unmittelbarsten Reaktionen auf das Attentat betrafen vorerst das Annexionsgebiet selbst. In Sarajevo, Mostar, Travnik und anderen Städten fanden von Kroaten und Muslimen organisierte antiserbische Agitationen statt, die auch zu Plünderungen und Verwüstungen serbischer Geschäfte und Wohnungen führten. Die lokalen Sicherheitskräfte konnten die Ausschreitungen jedoch rasch eindämmen, und auch wenn ein Todesopfer zu beklagen war, so trugen sich – wie teilweise in serbischen Medien fälschlich berichtet – keine antiserbischen Pogrome zu. Das politische Echo an den Regierungssitzen in Europa war durchgehend von Abscheu und Verurteilung des Attentats geprägt, und Österreich-Ungarn konnte wohl auch noch in der ersten Julihälfte auf weitgehende Sympathien und vielleicht sogar auf Verständnis für eine der Bedeutung der Tat Rechnung tragende Aktion – sei sie diplomatisch oder militärisch – gegen die vermuteten Hintermänner in Belgrad setzen.

Innenpolitisch formierte sich in Wien bereits wenige Tage nach dem Attentat eine Phalanx von Politikern und Militärs, die einen Krieg (und nicht nur eine „militärische Aktion" von Symbolwert) mit Serbien befürworteten. Generalstabschef Franz Conrad von Hötzendorf und Feldzeugmeister Potiorek traten entschieden für den Krieg ein. Auch für Kriegsminister Alexander Freiherr von Krobatin (1849–1933) hatten die Rüstungen Russlands und die erheblichen Gebietserweiterungen Serbiens in den beiden Balkankriegen Österreich-Ungarn in eine zunehmend ungünstigere Position gebracht, die einen möglichst frühen Beginn des ohnehin zu erwartenden Krieges notwendig machte. Außenminister Leopold Graf Berchtold (1863–1942) machte die Entscheidung für den Krieg vom Beistand Deutschlands abhängig, die im Rahmen der „Hoyos-Mission", des Besuches von Legationsrat Alexander Graf Hoyos (1876–1937) in Berlin, auch in Aussicht gestellt worden war. Selbst der Kaiser und der österreichische Ministerpräsident Karl Graf Stürgkh (1859–1916) waren zu diesem Zeitpunkt bereit, den Krieg mit Serbien zu wagen. Lediglich der ungarische Ministerpräsident István Tisza (1861–1918) konnte erst in den folgenden

Kriegsminister Alexander Freiherr von Krobatin (1849–1933)

Das Attentat, die Julikrise und der Krieg

Wladimir Giesl Freiherr von Gieslingen, seit 1913 k.u.k. Gesandter in Belgrad

Tagen durch Beschwichtigungen Conrads hinsichtlich der militärischen Sicherung Siebenbürgens im Falle eines Angriffs Rumäniens und wohl auch durch deutsche Zusicherungen umgestimmt werden. Unterschiedliche Auffassungen innerhalb des Kronrates bestanden vorerst lediglich in Bezug auf den Zeitpunkt für die Festsetzung von Mobilisierung und Kriegserklärung, da vor allem der Kaiser zuvor die Untersuchungsergebnisse aus Sarajevo abwarten wollte. Letztendlich wurde entschieden, den Weg über eine „befristete Note" (48 Stunden) zu nehmen, die Österreich-Ungarn als ausschließlich „in toto" (in ihrer Gesamtheit) anzunehmen konzipierte. Dass diese am 23. Juli übergebene Note einem Ultimatum entsprach, das Wien bewusst äußerst scharf formuliert hatte und das kaum Raum für weitere diplomatische Verhandlungen ließ, wurde in Europa wenig positiv aufgenommen. Dieser Eindruck verstärkte sich noch, als die am 25. Juli fristgerecht überreichte Antwort der serbischen Regierung in vielen Bereichen durchaus Zustimmung oder weitgehendes Entgegenkommen signalisierte. Ein Abschnitt – der berühmte Artikel 6 über die Verpflichtung zur Einleitung einer Untersuchung gegen in Serbien vermutete Hintermänner des Attentats unter Beiziehung österreichisch-ungarischer Organe – wurde jedoch unter Hinweis auf geltendes serbisches Recht komplett abgelehnt. Am Abend des 25. Juli verließ der österreichisch-ungarische Geschäftsträger in Serbien, Wladimir Giesl Freiherr von Gieslingen (1860–1936), aufgrund der als „unbefriedigend" erachteten Antwort der serbischen Regierung weisungsgemäß Belgrad. Wenige Stunden später löste Österreich-Ungarn die Teilmobilisierung nach dem Kriegsfall „B" (Balkan) aus. Die Kriegserklärung an Serbien erfolgte am 28. Juli 1914. Sie ließ auch die letzten noch in Angriff genommenen internationalen diplomatischen Aktivitäten, den Krieg zu verhindern, ins Leere laufen.

Die Leichen der Ermordeten wurden mit der Eisenbahn zur Küste gebracht und danach mit dem Flottenflaggenschiff „Viribus Unitis" nach Triest überführt. Die Beisetzung des Thronfolgers und seiner Gattin Sophie erfolgte nicht in der Kapuzinergruft in Wien, sondern in einer eigenen Familiengruft in Artstetten.

35

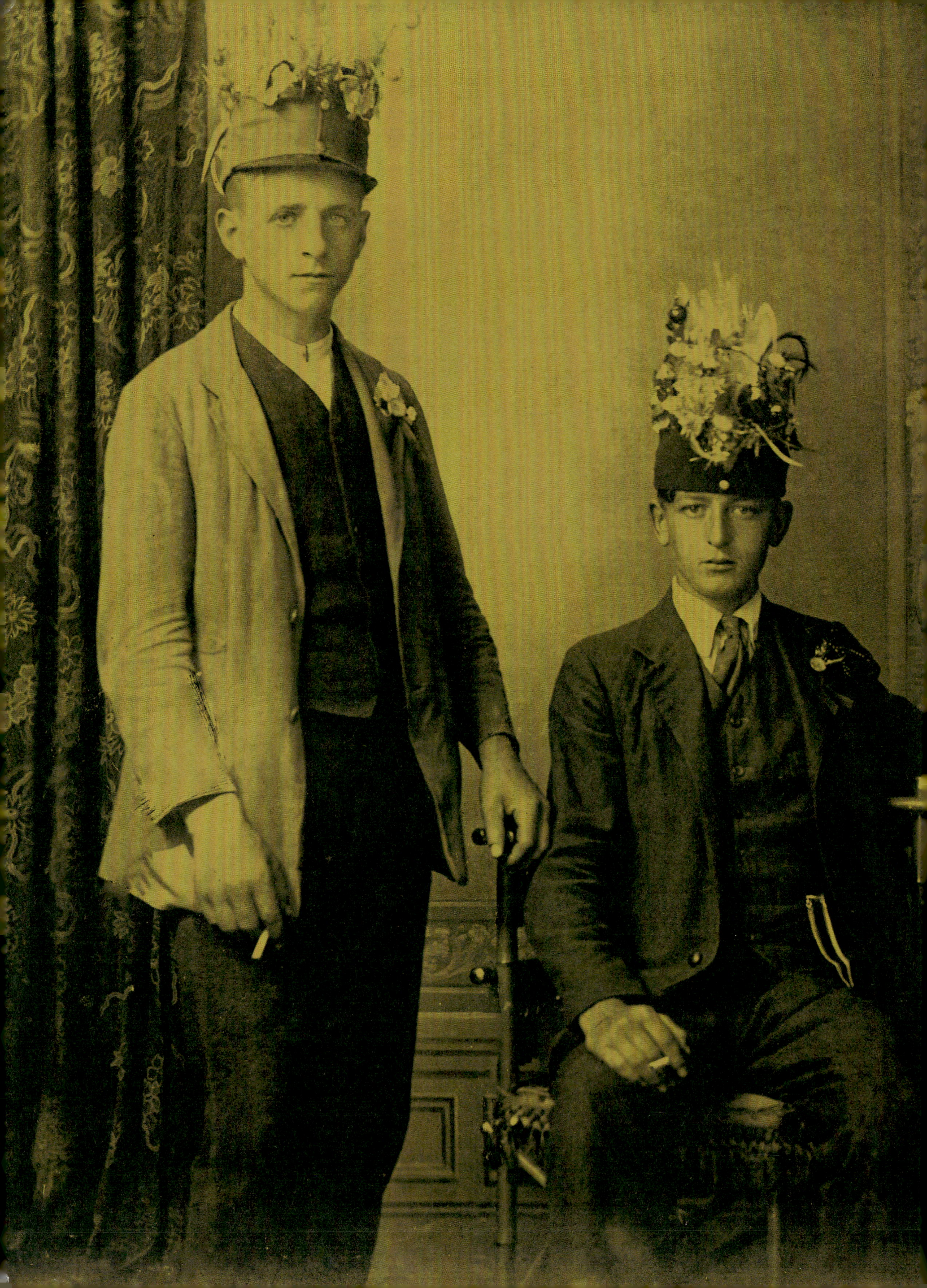

Kriegspläne, Mobilisierung und Aufmarsch 1914

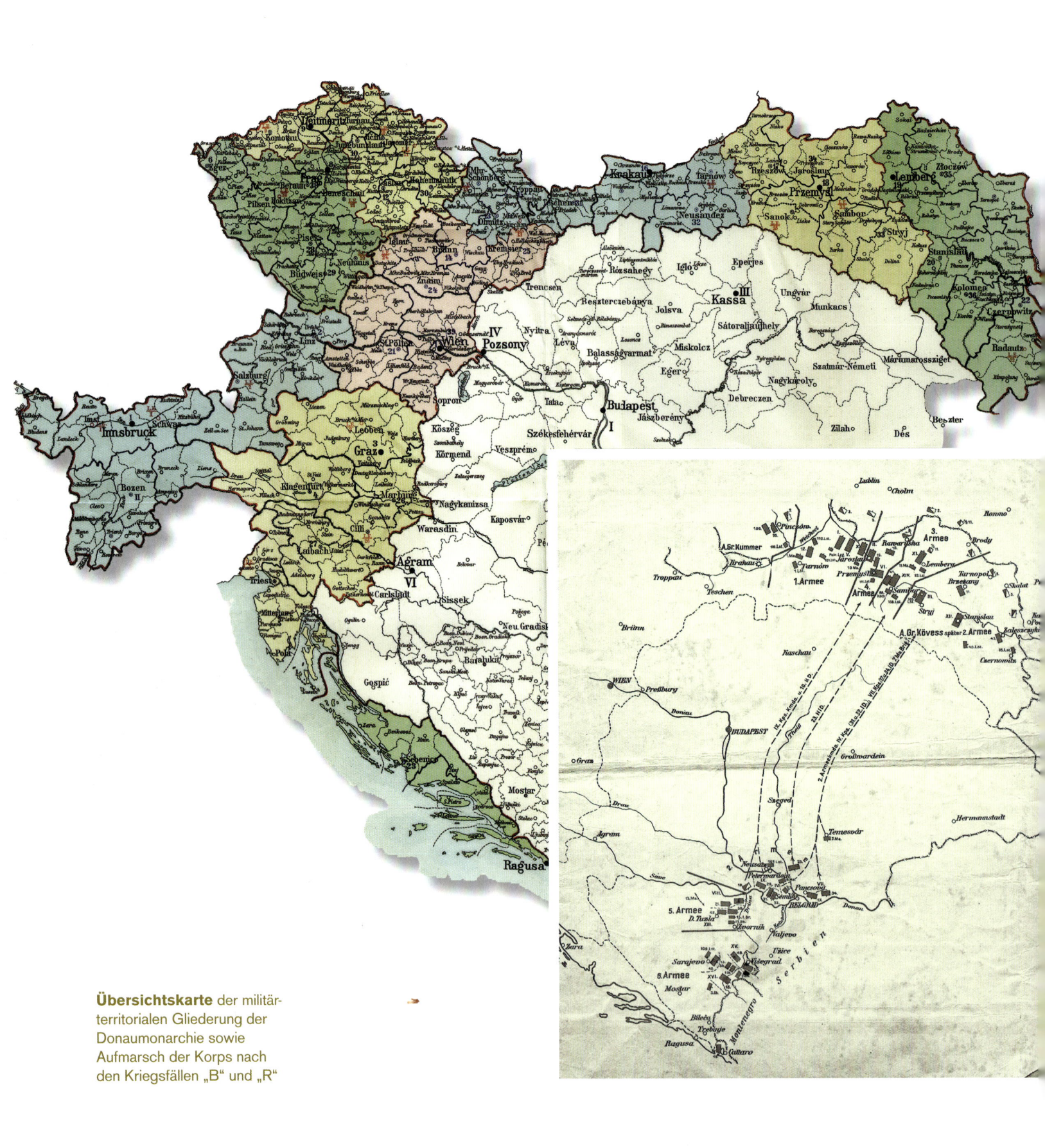

Kriegspläne, Mobilisierung und Aufmarsch 1914

Übersichtskarte der militärterritorialen Gliederung der Donaumonarchie sowie Aufmarsch der Korps nach den Kriegsfällen „B" und „R"

Kriegspläne, Mobilisierung und Aufmarsch 1914

Für die Mittel- bzw. Zweibundmächte Deutschland und Österreich-Ungarn ergab sich aufgrund ihrer geografischen und politischen Mittellage die Schwierigkeit, in einer Konfrontation mit der Entente einen Zweifrontenkrieg führen zu müssen. Für das Deutsche Reich war im Westen mit den Truppen Frankreichs und Englands zu rechnen, während im Osten eine gemeinsame Front mit Österreich-Ungarn gegen das zaristische Russland zu bilden gewesen wäre. Für die Donaumonarchie stellte sich die Situation strategisch noch schwieriger dar: Neben Russland im Osten mussten vor allem der Balkan und zusätzlich auch noch Italien berücksichtigt werden, zumal ein mögliches Eigeninteresse des – immerhin durch den Dreibund an Deutschland und Österreich-Ungarn gebundenen – Königreiches Italien an den letzten verbliebenen italienischsprachigen Gebieten der k.u.k. Monarchie durchaus als wahrscheinlich galt und bereits im Frieden durch offene und verdeckte Unterstützung des dort betriebenen Irredentismus maßgeblich gefördert wurde. Auf dem Balkan war die Gegnerschaft zu Serbien nach dem gewaltsamen Umsturz in Belgrad 1903 und dem Vereinigungsstreben nationalserbischer Gruppierungen, deren Begehrlichkeiten sich vor allem auf Bosnien-Herzegowina konzentrierten, zu einem außenpolitischen Dauerproblem geworden, das man auch durch wirtschaftlichen Druck – etwa in Form eines Importembargos für serbisches Schweinefleisch im Jahre 1906 – nicht unter Kontrolle hatte bringen können. Die außenpolitische Strategie Wiens richtete sich letztendlich an den bestehenden Gegensätzen zwischen Serbien und Bulgarien aus, wobei Letzteres als Gegenpol Belgrads unbedingt gestärkt und politisch näher an die Donaumonarchie herangeführt werden sollte. Das junge Königreich Rumänien war andererseits vor dem Hintergrund des russischen Expansionsstrebens am Ende des 19. Jahrhunderts vorerst durchaus bereit, sich militärisch an die Donaumonarchie bzw. das Deutsche Reich anzulehnen; andererseits dominierten letztlich auch in Bukarest nationale Fragen und Vereinigungsbestrebungen, welche das von zahlreichen Rumänen bewohnte und zur ungarischen Reichshälfte zählende Siebenbürgen miteinbezogen und somit einen politischen Gegensatz zur Donaumonarchie entstehen ließen. Montenegro wiederum war insbesondere an der Erweiterung des eigenen Staatsgebietes interessiert – vor allem auf Kosten des im Jahre 1912 auf Basis internationaler Beschlüsse geschaffenen Albaniens, zu dessen wichtigster Garantiemacht Österreich-Ungarn zählte. Dass man in Wien durchaus bereit war, die Bildung eines unabhängigen Albaniens auch militärisch durchzusetzen, zeigte die in den Krisen von 1912 und 1913 demonstrierte Kriegsbereitschaft.

Zu Kriegsbeginn noch ein freudiges Ereignis: für tauglich befundener Rekrut mit Musterungssträußchen

Für die österreichisch-ungarischen Militärs waren nun die Planungen unter besonders ungünstigen Rahmenbedingungen vorzunehmen, zumal nach den zahlreichen Szenarien Russland, Serbien und Montenegro als mit Sicherheit zu bestimmende Gegner festgemacht werden konnten und auch die potenziellen Verbündeten Italien und Rumänien nicht nur als unsicher, sondern als zumindest mögliche Feindmächte zu berücksichtigen waren. Ähnlich dem deutschen „Großen Generalstab" versuchte man in Wien, die Möglichkeiten des Mehrfrontenkrieges in eine Reihe aufeinander folgender Einzelkriege aufzulösen. Zu diesem Zweck wurden unterschiedliche Planungen erstellt, welche – intern mit jeweils einem Buchstaben bezeichnet – dieser Strategie durchaus Rechnung trugen. Der Kriegsfall „B" etwa bezeichnete den Krieg am Balkan gegen Serbien und Montenegro, der Kriegsfall „I" den Krieg gegen Italien und der Kriegsfall „R" den Zweifrontenkrieg am Balkan sowie gegen Russland. Lediglich Letzterer beinhaltete bereits die Planungen für zwei Kriegsschauplätze, während in den anderen Fällen die Kombinationen von „R" und „I" beziehungsweise „I" und „B" erst angepasst werden mussten. Um für alle diese Eventualitäten gerüstet zu sein, wurden die gesamten Streitkräfte Österreich-Ungarns – das waren 16 Korps, gegliedert in sechs Armeen – in drei Kontingente geteilt, und zwar eine „A"-Staffel, eine „B"-Staffel sowie eine „Minimalgruppe Balkan". Dabei sollten im Hinblick auf die beiden Kriegsfälle „B" und „R" die „A"-Staffel gegen Russland sowie die „Minimalgruppe Balkan" gegen Serbien und Montenegro wirksam werden. Die „B"-Staffel stellte dagegen das variable Element in der österreichisch-ungarischen Kriegsplanung dar, da sie bei einem ausschließlichen Krieg am Balkan dort zum Einsatz kommen sollte, bei einem Zweifrontenkrieg aber gegen Russland aufzumarschieren hatte.

Als am Abend des 25. Juli die aus der Perspektive Wiens lediglich ungenügende Antwort auf das Ultimatum an Serbien auf dem Tisch lag und der österreichische Geschäftsträger in Belgrad, Wladimir Giesl Freiherr von Gieslingen, daraufhin das Land verlassen hatte, gab Kriegsminister Alexander Freiherr von Krobatin (1849–1933) die Weisung zur Mobilisierung gemäß Kriegsfall „B" aus. Als erster Alarmtag, der das Abgehen des quartierregulierenden Personals in die Aufmarschräume, die Verstärkung der Grenzsicherungen sowie die Aktivierung von Eisenbahnsicherungsabteilungen auslöste, war der 27. Juli festgelegt worden, als erster Mobilisierungstag hatte der 28. Juli zu gelten. Dadurch wurden die Truppen der „Minimalgruppe Balkan" (drei Korps) sowie der „B"-Staffel (vier Korps) auf Kriegsstand gesetzt. Da man aufgrund der Erfahrungen des Jahres 1912 mit Problemen bei der Mobilisierung des Prager VIII. Korps rechnete – tschechische Reservisten hatten sich damals geweigert, im Rahmen der Standeserhöhungen im Annexionsgebiet und in Galizien einzurücken –, mobilisierte man auch noch das eigentlich zur „A"-Staffel zählende Grazer III. Korps sowie zusätzliche Kavallerie. Damit wurden insgesamt drei

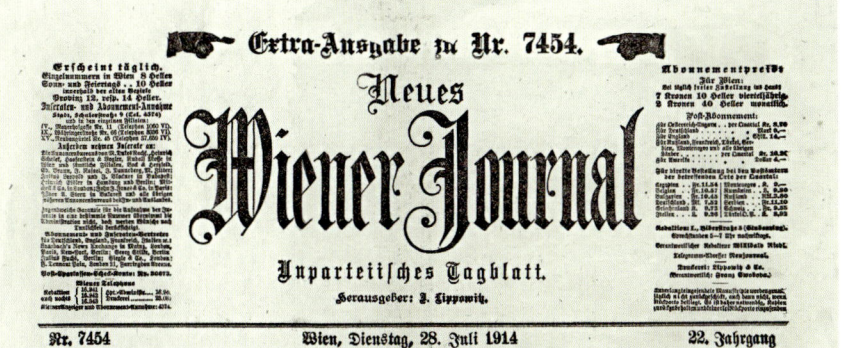

Sonderausgabe des „Neuen Wiener Journals" vom 28. Juli 1914 mit Veröffentlichung der **Kriegserklärung an Serbien** – aus Zivilisten werden Soldaten.

Kriegspläne, Mobilisierung und Aufmarsch 1914

Entgegen der **Sondermeldung der „Arbeiter-Zeitung" vom 29. Juli 1914** sollte sich Russland letztlich nicht neutral verhalten und am 30. Juli die allgemeine Mobilmachung einleiten.

Einwaggoniertes Privatautomobil des Grafen Thun als Bestandteil des Wagenparks des k.u.k. Armeeoberkommandos auf dem Matzleinsdorfer Frachtbahnhof am 15. August 1914

Armee- (k.u.k. 2., 5. und 6. Armee) und acht Korpskommanden mit insgesamt 23 Infanterie- und drei Kavallerietruppendivisionen sowie zahlreiche Landsturm- und Marschbrigaden auf den Kriegsstand und nach und nach in die Aufmarschräume am Balkan in Marsch gesetzt.

Dieses entgegen den eigentlichen Planungen erheblich verstärkte Machtaufgebot gegen Serbien und Montenegro diente letztlich Russland, das seine Politik in den kritischen Tagen um das Ultimatum und dessen Beantwortung mehr und mehr in Richtung einer aktiven Unterstützung des Verbündeten gelenkt hatte – als vermeintlichen Beweis für einen vonseiten Österreich-Ungarns geplanten Okkupations- oder gar Annexionskrieg gegen Serbien, der das Ausmaß einer reinen „Sühnemaßnahme" für das Juniattentat bei Weitem übersteigen würde. Sankt Petersburg leitete daraufhin am 30. Juli die Mobilisierung seiner Streitkräfte ein. Österreich-Ungarn reagierte am 31. Juli gleichfalls mit der allgemeinen Mobilisierung seiner Streitkräfte, der 4. August galt als erster Mobilisierungstag. Damit war aus dem Kriegsfall „B" aber der Kriegsfall „R" geworden, der eine Änderung des Aufmarsches hätte zur Folge haben müssen: Die bereits im Abtransport in den Südosten befindlichen Truppen der „B"-Staffel wären demnach in den Nordosten umzuleiten gewesen. Letztlich wurde jedoch entschieden, den „B"-Aufmarsch komplett auslaufen zu lassen und erst danach den Abtransport auf den russischen Kriegsschauplatz einzuleiten. Für die vorläufige Belassung der Masse der Truppen der „B"-Staffel (k.u.k. 2. Armee) auf dem Balkan führte man neben eisenbahntechnischen Gründen auch strategische Argumente, etwa die politische Wirkung auf die übrigen Balkanstaaten, sowie propagandistische Gründe an: Schließlich waren die Truppen soeben unter dem Jubel der Bevölkerung an den Bahnhöfen verabschiedet worden und sollten – wie es infolge der Benutzung derselben Bahnstrecken der Fall gewesen wäre – nicht schon wieder ihre Heimatgarnisonen passieren. Letztlich spielten aber auch rein militärische Gründe eine Rolle: Generalstabschef Franz Conrad Freiherr von Hötzendorf erwartete sich in Verkennung der tatsächlichen Mobilisierungsdauer der russischen Armee einen schnellen und entscheidenden Schlag gegen Serbien, nach dessen Niederringung die Balkanstreitkräfte gegen das nach Einschätzung Conrads langsamer mobilisierende Russland hätten freigemacht werden können. Der tatsächliche Aufmarsch konterkarierte damit die Wünsche der deutschen Obersten Heeresleitung, mit möglichst vielen österreichisch-ungarischen Truppen gegen Russland aktiv zu werden, um die deutsche Schwergewichtssetzung im Westen bei gleichzeitiger Schwäche im Osten zu kompensieren. Zudem verlegte Conrad den Ostaufmarsch im letzten Moment weiter nach Westen, um den Ausfall des rumänischen Bundesgenossen auszugleichen. Letztlich setzten beide Bündnispartner, eine vorläufige Schwächung im Osten in Kauf nehmend, unterschiedliche Schwerpunkte. Da sowohl Italien als auch Rumänien ihre Neutralität

Kriegspläne, Mobilisierung und Aufmarsch 1914

Sämtliche Nationalitäten des Vielvölkerstaates leisteten den Mobilmachungsanordnungen trotz bestehender Befürchtungen der Heeresverwaltung weitgehend Folge. Zivilgesellschaft, politische Parteien und Armeeführung gingen in den Juli- und August-Tagen noch von einem gerechten und kurzen Krieg aus.

Für viele der im Juli/August 1914 mobilisierten Truppen waren keine modernen hechtgrauen Felduniformen vorhanden. Sie zogen **in ihren „bunten" Friedensmonturen und mit veralteten Gewehren an die Fronten.**

erklärten und auch Bulgarien bzw. das Osmanische Reich noch keine Präferenzen hinsichtlich ihrer Ausrichtung erkennen ließen, verstärkte sich die ohnehin erwartete quantitative Unterlegenheit im Osten noch weiter. Dies erklärt letztlich auch die schweren Krisen am nordöstlichen Kriegsschauplatz im Jahre 1914.

Die am 31. Juli 1914 angeordnete allgemeine Mobilisierung erhöhte den Friedensstand von rund 450.000 auf einen Verpflegsstand von zirka 3,26 Millionen Mann. Diese Zahl schloss jedoch auch die noch nicht ausgebildeten Rekruten des Einrückungsjahrganges 1914 (Geburtsjahr 1893) sowie sämtliche Reservisten, Arbeiterabteilungen und den Landsturm der beiden Reichshälften ein. Die Stärke der „Armee im Felde" – diese umfasste die im Operations- bzw. Etappenraum eintreffenden Verbände – wird für Juli/August 1914 mit rund 1,8 bis zwei Millionen Mann anzunehmen sein, der Rest verblieb vorläufig noch im Hinterland. Diese imposanten Zahlen konnten aber nicht darüber hinwegtäuschen, dass die Infanterie bereits zu Kriegsbeginn zu rund 35 Prozent aus Reservisten, Landsturm oder Marsch-(Ersatz-)Formationen bestand. Bei der Kavallerie betrug der Anteil des nichtaktiven Personals rund 15 Prozent, bei der Artillerie weniger als zehn Prozent. Bereits bei der Mobilisierung wurden die ungenügenden Friedensvorsorgen und Bevorratungen an Waffen, Munition und Bekleidung offenkundig, sodass man vor allem Verbände des österreichischen und ungarischen Landsturmes noch mit den blauen Friedensmonturen aus der Zeit vor 1908/10 sowie alten Einzelladergewehren (System Werndl und Wänzel) ausstatten musste. Da die beiden Hauptproduzenten für Handfeuerwaffen, die Waffenfabrik im oberösterreichischen Steyr sowie die Waffen- und Maschinenfabriks-A.G. in Budapest, ihre Produktionsanlagen erst auf den neuen Massenbedarf auszurichten hatten, wurden, um den immensen Eigenbedarf zu decken, die für andere Staaten produzierten noch vorrätigen Bestände beschlagnahmt. So gelangten etwa 75.000 rumänische und 70.000 mexikanische Repetiergewehre zur Ausgabe. Aus Deutschland wurden rund 60.000 Mauser-Gewehre angekauft.

An Artillerie mobilisierte man rund 2.450 leichte Geschütze (Kaliber 7 bis 10 cm), 220 mittlere (Kaliber 12 bis 15 cm) sowie 188 schwere Geschütze (Kaliber 18 bis 30,5 cm) zur mobilen Verwendung (jene in den großen Festungen im Nordosten bzw. den Werken im Süden und Südosten nicht miteingerechnet). Hinsichtlich des technischen Standards des Geschützmaterials ließen sich lediglich die 8-cm-Feldkanone M.5, die 7-cm-Gebirgskanonen M.8 und M.9 sowie der berühmte 30,5-cm-Mörser M.11 als modern bezeichnen, den übrigen Kanonen lagen teilweise noch alte Konstruktionen auf Lafettenrücklaufbasis zugrunde. Im Bereich der wichtigen „Mittelkaliber", also der Geschütze von 10 bis 15 cm, die sich gegenüber Feldverschanzungen als unabdingbar erwiesen, war die quantitative Situation besonders

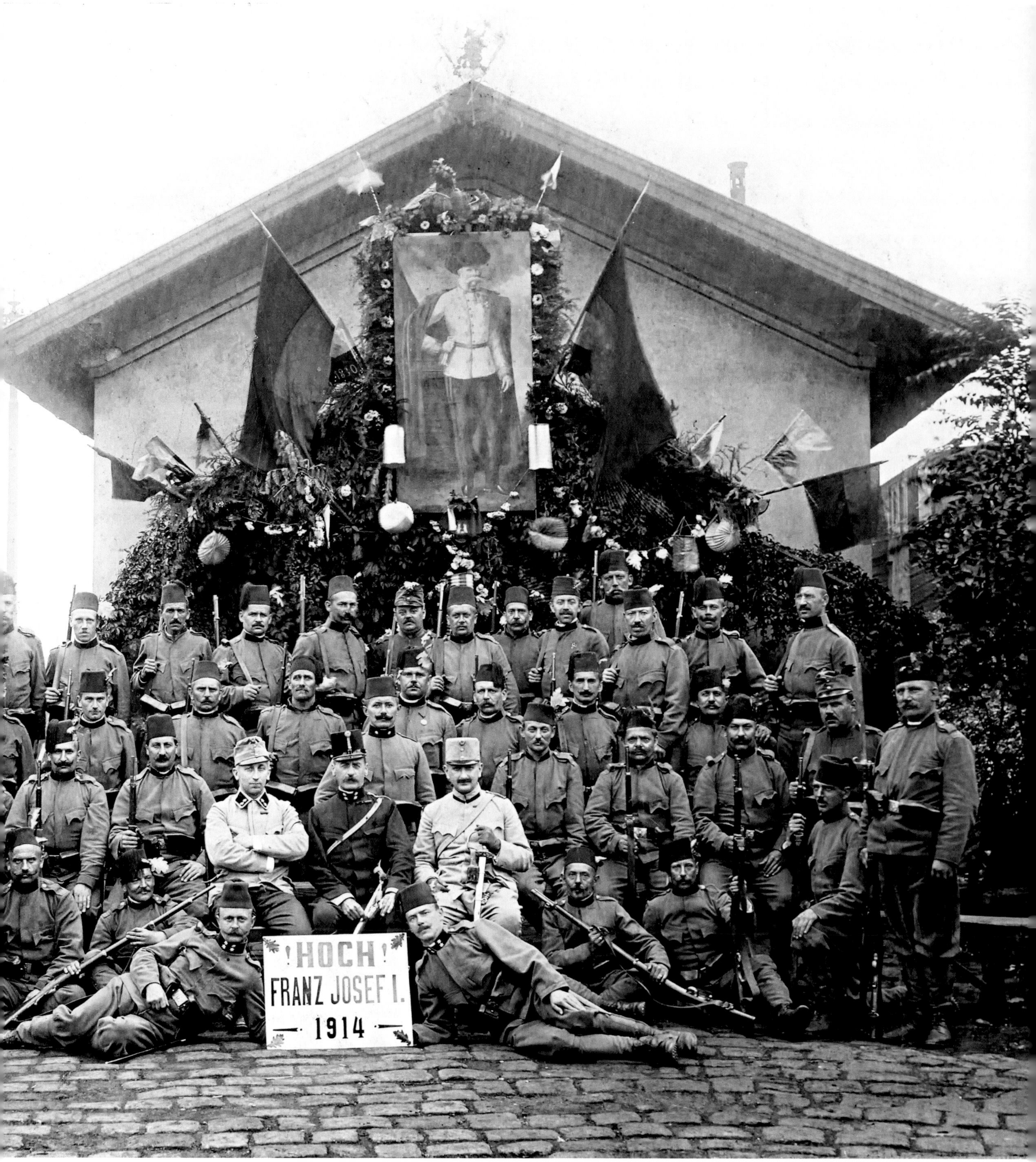
!HOCH!
FRANZ JOSEF I.
1914

Kriegspläne, Mobilisierung und Aufmarsch 1914

trostlos, sodass man auf eigentlich zur Festungsausrüstung von Przemyśl und Krakau zählende Geschütze zurückgriff und diese der Feldarmee zuführte. Es sollte sich als besondere Tragik erweisen, dass die Unterlegenheit des Geschützmaterials lange vor Kriegsbeginn bereits erkannt und entsprechende Neukonstruktionen in Angriff genommen worden waren. Infolge technischer Probleme, aber auch mangelnder Erfahrungen und Unkenntnis über das Wesen eines zukünftigen Krieges hatten sich diese Projekte aber immer weiter verzögert; damit standen bei Kriegsbeginn zwar bereits modernste Prototypen zur Verfügung, diese mussten aber erst erprobt und für die Massenproduktion vorbereitet werden, konnten somit erst ab dem Kriegsjahr 1915 nach und nach den Fronten zugeschoben werden. Auch hier erzielte man durch Heranziehung von bei der Firma Škoda in Pilsen/Plzeň für das Ausland (China, Türkei) produzierten modernen Geschützen eine leichte Verbesserung der insbesondere gegenüber Russland erwarteten quantitativen und qualitativen Unterlegenheit.

Hinsichtlich der Spitzengliederung der k.u.k. Armee kam es zu einer Aufwertung des Balkankriegsschauplatzes, da der Kommandant der k.u.k. 6. Armee, Feldzeugmeister Oskar Potiorek, über direkte Intervention bei Kaiser Franz Joseph I. (1830–1916) und der Militärkanzlei zum Kommandanten der „k.u.k. Balkanstreitkräfte" avancierte und damit auch die gleichfalls am Balkan stehende k.u.k. 5. Armee mitzuführen hatte. Als Armeeoberkommandant der gesamten österreichisch-ungarischen Armee war jedoch Erzherzog Friedrich (1856–1936) mit dem Generalstabschef Franz Conrad von Hötzendorf vorgesehen. Für beide galt dadurch im Grunde genommen auch die Führungskompetenz gegenüber den Balkanstreitkräften, die Potiorek gerade im Hinblick auf die Verwendung der eigentlich für den russischen Kriegsschauplatz vorgesehenen k.u.k. 2. Armee nicht zu akzeptieren bereit war. Letztlich stellte sich der Kaiser hinter Potiorek, womit sämtliche am Balkan stehenden k.u.k. Verbände sowie deren militärische Operationen ausschließlich in den Kompetenzbereich des „Kommandos der Balkanstreitkräfte" fielen. Damit zeichneten Erzherzog Friedrich und Conrad ausschließlich für den russischen, Potiorek lediglich für den Balkankriegsschauplatz verantwortlich. Die militärischen Niederlagen an beiden Kriegsschauplätzen im Zeitraum 1914/15 sollten die Schwächen dieser isolierten und nicht aufeinander abgestimmten Führungsstruktur schließlich mehr als deutlich aufzeigen.

Feldzeugmeister Oskar Potiorek (1853–1933), vormals Landeschef in Bosnien-Herzegowina, nun Kommandant der k.u.k. Balkanstreitkräfte

01 General, später Feldmarschall Erzherzog Friedrich von Österreich-Teschen (1856–1936), von 1914 bis Ende 1916 k.u.k. Armeeoberkommandant

02 Straßentransport eines 30,5-cm-Mörsers M.11. Die Masse der schweren Artillerie (Festungsartillerie) gelangte am nördlichen Kriegsschauplatz zum Einsatz.

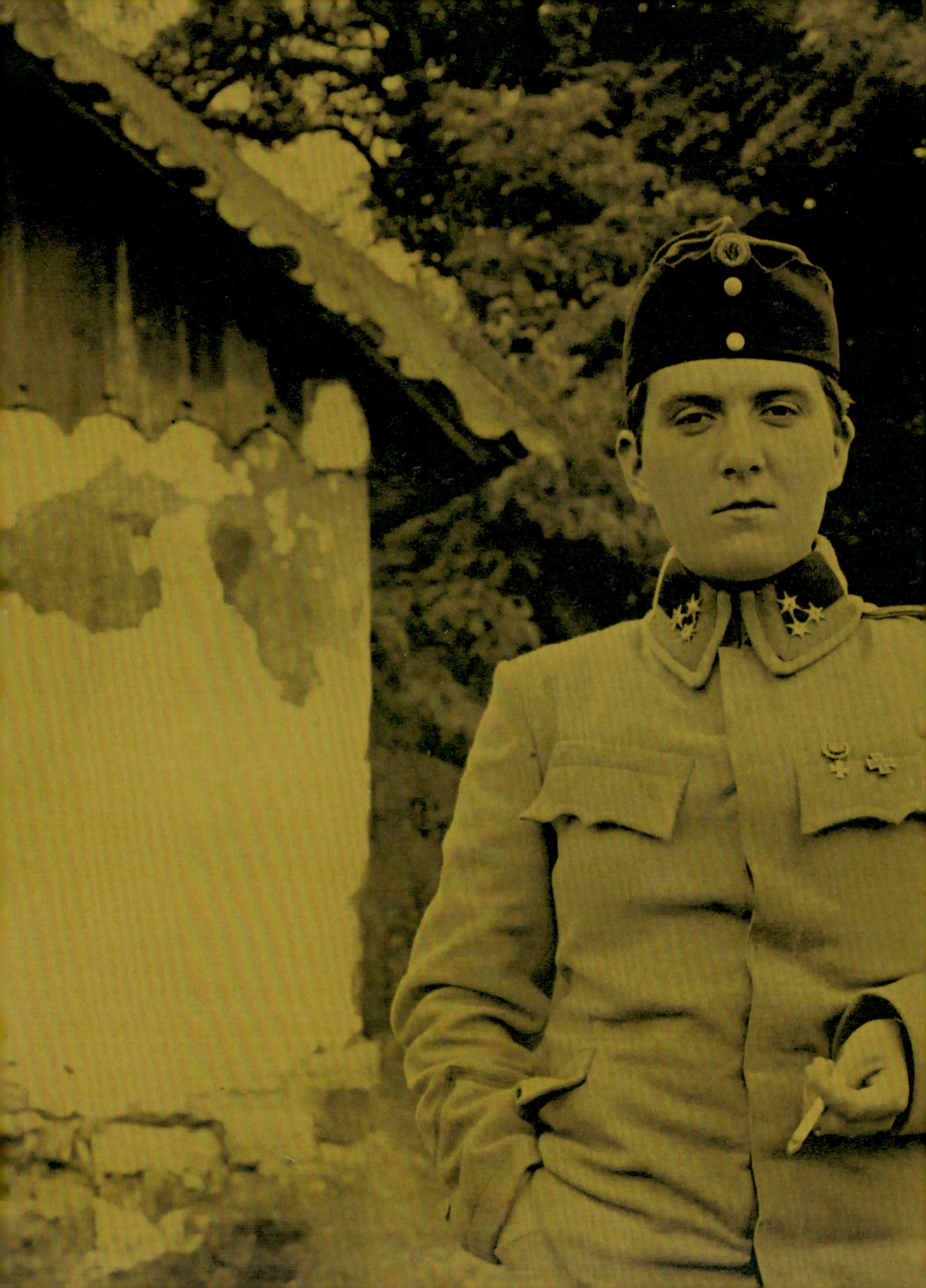

Kriegsjahr 1914

Kriegsjahr 1914

Die Masse der Transportlogistik erfolgte über militärische Fuhrwerke („Train"), die sich auf den grundlosen Wegen in Galizien jedoch nicht bewährten. In weiterer Folge wurden sie durch „landesübliche" Kleinfuhrwerke ersetzt.

Kriegsjahr 1914

General, später Generaloberst Viktor Graf Dankl
(1854–1941), Kommandant der k.u.k. 1. Armee und Sieger in der Schlacht von Kraśnik (hier als Feldmarschall-Leutnant)

Der Krieg gegen Russland stand bereits vor Operationsbeginn unter erschwerten Bedingungen. Der Ausfall des rumänischen Heeres am südöstlichen Flügel sowie die bereits ablaufende Mobilmachung nach dem Kriegsfall „B" hatten eine erhebliche Schwäche der österreichisch-ungarischen Streitkräfte im Nordosten zur Folge. Obwohl der Aufmarsch unmittelbar vor Auslösung des Kriegsfalles „R" entgegen den ursprünglichen Planungen an die Flüsse San und Dnjestr zurückverlegt worden war, um eine etwaige Flankenbedrohung auszuschalten, war das Fehlen der zum größten Teil auf dem Balkan stehenden k.u.k. 2. Armee nicht zu kompensieren.

Auch die deutsche Oberste Heeresleitung hatte den Osten zugunsten der als entscheidend bewerteten Westfront in Frankreich erheblich geschwächt; man verfügte auf dem russischen Kriegsschauplatz lediglich über eine Armee und Landwehrtruppen, die kaum in der Lage waren, die zwei ihr gegenüberstehenden russischen Armeen aufzuhalten. Nach der Schlacht bei Gumbinnen mussten daher auch große Teile Ostpreußens aufgegeben werden. Um den deutschen Bündnispartner einerseits zu entlasten, der Vollendung der russischen Aufmarschbewegungen andererseits aber zuvorzukommen, entschied sich das k.u.k. Armeeoberkommando, in allgemeiner Richtung Nordost anzugreifen. Die Stoßrichtung auf Siedlec entsprach einer vor dem Krieg mit dem Deutschen Generalstab informell abgesprochenen gemeinsamen Offensive. Dabei errangen die österreichisch-ungarische 1. Armee (General der Kavallerie Dankl) und die 4. Armee (General der Infanterie Auffenberg) bei Kraśnik und Komarów zwei wichtige Siege, deren Wirkung jedoch aufgrund der nicht erfolgten und mangels entsprechender Kräfte auch gar nicht möglichen deutschen Offensive in südlicher Richtung nicht nur verpuffte, sondern durch die solcherart entstehende Überdehnung der Front in nördlicher Richtung überaus negative Folgen haben sollte.

Im südlichen Abschnitt der russischen Nordostfront erwies sich der Druck der russischen Truppen als besonders stark: Sie bildeten infolge der richtig erkannten österreichisch-ungarischen Schwäche, die aus dem Fehlen der noch auf dem Balkan stehenden k.u.k. 2. Armee resultierte, ein Schwergewicht. Der Angriff der österreichisch-ungarischen 3. Armee bei Złoczów wurde nicht nur abgewehrt, sondern endete wegen der massiven materiellen Überlegenheit des Gegners in einem überhasteten Rückzug. Die nun langsam vom Balkan verspätet heranrollenden Truppen der „B"-Staffel (2. Armee) reichten jedoch nicht aus, die Lage in Galizien zu bereinigen. Nach

Kriegsjahr 1914

Generaloberst, später Feldmarschall Eduard Freiherr von Böhm-Ermolli (1856–1941), Kommandant der zu Kriegsbeginn fälschlich am Balkan aufmarschierenden k.u.k. 2. Armee

01 Armeeoberkommandant Erzherzog Friedrich bei der Verleihung von Tapferkeitsmedaillen und **02** gemeinsam mit dem Thronfolger, Erzherzog Karl Franz Joseph (1887–1922), am Standort des Armeeoberkommandos in Teschen/Cieszyn

03 Täuschendes Lageridyll auf dem russischen Kriegsschauplatz. Bereits nach wenigen Monaten kam es bei den Fronttruppen zu erheblichen Versorgungsengpässen.

dem Durchbruch bei den Grodeker Teichen musste die Hauptstadt Galiziens, Lemberg, Ende August aufgegeben werden – ein bedeutender Prestigeverlust für die k.u.k. Armee im ersten Kriegsjahr, stand doch der Gegner nun bereits tief auf eigenem Staatsgebiet. Inzwischen war es der deutschen 8. Armee unter nunmehriger Führung Paul von Hindenburgs zwar gelungen, die 2. russische Armee in der Schlacht bei Tannenberg von 23. bis 30. August zu vernichten. Für die schwer ringende österreichisch-ungarische Front, vor allem im Südosten Galiziens, bedeutete dies jedoch keine Entlastung. Conrad meinte, die Krise mit einer Offensive der k.u.k. 4. Armee bereinigen zu können, die zu diesem Zeitpunkt jedoch nach Norden ausgerichtet war. Er ordnete das operativ überaus schwierige Umschwenken der Armee um 180 Grad an, was auf den wenigen zur Verfügung stehenden Wegen und Straßen zu erheblichem Verkehrschaos führte und den Verlust zahlreicher Etappeneinrichtungen mit sich brachte. Dennoch sollte bei Rawa-Ruska Richtung Süden angegriffen werden. Die k.u.k. 2. und 3. Armee hatten zum selben Zeitpunkt zum Angriff Richtung Norden anzutreten. Diese als 2. Schlacht bei Lemberg bezeichnete kombinierte Operation scheiterte an der quantitativen Unterlegenheit und dem bereits spürbar werdenden Artilleriemangel. Letztlich waren auch die Ausgangsstellungen nicht zu halten, die Armeen befanden sich in einer allgemeinen Rückzugsbewegung in Richtung der Flüsse San und Dunajec bzw. in die westlichen Karpatenpässe.

Die Kämpfe im August und September 1914 hatten die Unterlegenheit der österreichisch-ungarischen Armeen hinsichtlich Truppenstärke, Ausrüstung und Taktik deutlich vor Augen geführt. Die Ausfälle waren gewaltig, vor allem das Berufsunteroffiziers- und Offizierskorps hatten Verluste hinnehmen müssen, von denen sie sich während des gesamten Krieges nicht mehr erholen sollten. Mitte September waren große Teile Mittel- und Ostgaliziens bereits verloren gegangen, die Festung Przemyśl wurde zum ersten Mal eingeschlossen. Besonders markant war die Schwäche der österreichisch-ungarischen Artillerie zutage getreten. Neben einer quantitativen Unterlegenheit hinsichtlich der Zahl der Geschütze an der russischen Front von rund 50 bis 80 Prozent waren auch die dafür notwendigen Munitionsmengen viel zu gering bemessen worden. Zusätzlich hatte man noch – den längst überholten Kriegserfahrungen von 1866 und 1878 folgend – das Verhältnis der Munitionsarten falsch kalkuliert und dem Schrapnell mit seinen in Schussrichtung streuenden Bleikugeln den Vorzug als Hauptgeschoß gegenüber der Sprenggranate gegeben. Ersteres erwies sich aber selbst gegen notdürftig eingegrabene Infanterie als wirkungslos; der Einsatz von gleichfalls mitgeführten Kartätschen auf nächste Distanz zur unmittelbaren Selbstverteidigung war überhaupt illusorisch. Hier zeigte sich die russische Armee mit ihren jüngeren Erfahrungen aus dem Russisch-Japanischen Krieg von 1904/05 überdeutlich im Vorteil, deren Batterien vor allem Sprenggeschoße verwendeten und verdeckt feuerten.

01

02

01 Feldmarschall-Leutnant, später Generaloberst Josef Freiherr Roth von Limanowa-Łapanów (1859–1927) mit seinem Stab in der Schlacht bei Limanowa-Łapanów im Dezember 1914

02 Zeltlager eines k.u.k. Infanterieregiments in Galizien

03 Przemyśl, Österreich-Ungarns bedeutendste Festung im Osten, wurde am 9. November 1914 zum zweiten Mal angegriffen, eingeschlossen und danach 133 Tage belagert.

Der ohnehin bereits bestehenden Munitionsmangel verschärfte sich noch, da man im Verlauf der Rückzugsbewegungen nicht immer alle Munitionsvorräte rechtzeitig abtransportieren konnte; sie wurden gesprengt oder gingen an den Gegner verloren. Um Abhilfe zu schaffen, wurden als Übergangslösung die Munitionsvorräte der Festungen gegen Italien herangezogen. Sie ließen sich bis zum Kriegseintritt Italiens aber nicht mehr ersetzen und auffüllen. Die Nacherzeugung in den Munitionsanstalten des Hinterlandes erreichte in den ersten Kriegsmonaten kaum das Mindestmaß.

Trotz dieser schwierigen materiellen Situation sollte Ende September 1914 eine gemeinsame Operation der Verbündeten auf breiter Front die Situation in Galizien bereinigen. Wenngleich Przemyśl (vorerst) entsetzt werden konnte, blieben die anfänglichen Erfolge aufgrund russischer Gegenmaßnahmen ohne operative Wirkung. Die österreichisch-ungarischen Truppen wurden Ende Oktober 1914 wieder in ihre Ausgangsstellungen zurückgedrängt. Eine weitere Offensive im November 1914 brachte unter hohen eigenen Verlusten die russische Angriffskraft zwar neuerlich zum Stehen, doch erst die mit Unterstützung des deutschen Verbündeten siegreiche Schlacht bei Limanowa-Łapanów im Dezember 1914 verschaffte an der schwer ringenden Nordostfront eine merkliche Entlastung.

Auf dem Kriegsschauplatz am Balkan verliefen die Feldzüge während des Jahres 1914 gleichfalls wenig erfolgreich. Für den Krieg gegen Serbien boten sich zwei operative Varianten an: Zum einen sollte ein an der unteren Drina und an der Save erfolgender Zangenangriff eine bereits an der Grenze aufmarschierte serbische Armee stellen und schlagen bzw. den als Kornkammer Serbiens bekannten, besonders fruchtbaren Landstrich der Mačva in Besitz nehmen. Zum anderen ergab sich die Möglichkeit, über die Donau überzusetzen und – nach einer etwaigen Inbesitznahme Belgrads – durch das Kolubara- bzw. das Moravatal südwärts zu stoßen, um in Kombination mit einer Offensive an der unteren Drina sowohl im Westen als auch in die Tiefe Serbiens vorzudringen; Ziel war dort vor allem das Rüstungszentrum im Raum Kragujevac. Der letzte operative Ansatz erforderte jedoch, sofern auch noch die Deckung Bosniens, insbesondere Sarajevos, ins Kalkül gezogen werden sollte, erheblich mehr Kräfte, als zur Verfügung standen. Daher entschied man sich trotz widrigen Geländes – zahlreiche Flüsse und Gebirgsketten waren frontal zu überwinden und daher vom Gegner leicht zu verteidigen – für den Angriff über Drina und Save in allgemeiner West-Ost-Richtung.

Zwar hätten sich die österreichisch-ungarischen Streitkräfte auf dem Balkan gemäß Friedensplanung defensiv zu verhalten gehabt, da die Entscheidung im Nordosten fallen sollte. Aus politischen Rücksichten gegenüber den (noch) neutralen Staaten Bulgarien, Rumänien und

Kriegsjahr 1914

Türkei erachtete man die Offensive aber als notwendig. Sie begann am 12. August. Mit zwei Armeen (k.u.k. 5. und 6. Armee) – die 2. Armee sollte lediglich demonstrieren und keinesfalls eingesetzt werden, da sie auf ihren Abtransport auf den russischen Kriegsschauplatz wartete – wurden Drina und Save überschritten. Die beiden Armeen waren jedoch zu weit voneinander entfernt, um sich gegenseitig unterstützen und gemeinsam wirksam werden zu können. Überhaupt standen Potiorek als Kommandanten der k.u.k. Balkanstreitkräfte definitiv zu wenige Kräfte für die geplante Offensive zur Verfügung. Besonders negativ wirkten sich zudem der Mangel an Mittelartillerie (Kaliber 10–15 cm) sowie die Tatsache aus, dass lediglich die Truppen des XV. und XVI. Korps als vollkommen gebirgstauglich bezeichnet werden konnten. Das Ungleichgewicht gegenüber der hervorragend kämpfenden serbischen Armee verschärfte sich durch den späteren Abzug der k.u.k. 2. Armee noch weiter, da die eigentlich in Erwartung eines österreichischen Südstoßes an der Donau stehenden serbischen Armeen nun gefahrlos nach Nordwest eingeschwenkt werden konnten. In den Kämpfen selbst zeigte sich trotz des in vielen Berichten erwähnten Opfermutes, dass das österreichisch-ungarische Kampfverfahren der kriegserprobten Taktik der serbischen Streitkräfte nicht gewachsen war. Die zusätzlich praktizierte „irreguläre" Kampfführung von auf bekanntem Gelände operierenden Komitadži-Abteilungen und die dabei begangenen Gräuel und Brutalitäten, die teilweise zu nicht minder rigorosen Vergeltungsaktionen führten, mussten sich, verstärkt durch Verpflegs- und Munitionsmangel, auf die Moral und den inneren Gehalt der k.u.k. Truppen nachteilig auswirken; zudem litten gerade die gut ausgebildeten und disziplinierten aktiven Vorkriegstruppen an ungeheuren Verlusten, die sich durch den Zuschub von Marschformationen und Landsturmtruppen nicht ausgleichen ließen.

Trotz der erheblichen Verluste in den August- und September-Offensiven plante Potiorek Mitte November, unmittelbar vor Einbruch des Winters, eine neuerliche Angriffsoperation. Der Fehler der ersten Offensive – die beiden Armeen zu weit getrennt und damit isoliert kämpfen zu lassen – wurde durch eine stärkere Konzentrierung der Kräfte vermieden, doch blieb die Angriffsrichtung unverändert. Im Verlauf der energisch geführten Kampfhandlungen gelang Anfang Dezember sogar die kurzzeitige Einnahme Belgrads, das nach einer serbischen Gegenoffensive jedoch wieder aufgegeben werden musste; auch die übrigen erreichten Linien ließen sich nicht halten. Die Verluste auf beiden Seiten waren gewaltig. Ende Dezember 1914 waren alle österreichisch-ungarischen Verbände wieder in ihre Ausgangsstellungen zurückgekehrt. Die daraufhin eintretende Kampfpause gestattete es dem k.u.k. Armeeoberkommando, Truppen vom Balkan an die Nordostfront abzuziehen.

Aufseiten Serbiens und Montenegros formierten sich neben den vorhandenen regulären Streitkräften auch – bereits während des 1. und 2. Balkankrieges (1912/13) erprobte – **irreguläre Truppen („Komitadži")**.

01 Anlage erster improvisierter Stellungssysteme auf dem russischen Kriegsschauplatz

02 Pressemeldung anlässlich der ersten Einnahme Belgrads am 2. Dezember 1914

03 Die Verbündeten: Besuch des deutschen Kaisers Wilhelm II. bei Erzherzog Friedrich im k.u.k. Armeeoberkommando in Teschen/Cieszyn, im Hintergrund Thronfolger Erzherzog Karl Franz Joseph

Kriegsjahr 1914

Auf österreichisch-ungarischer Seite kämpfende polnische Legionäre bei der Gefechtsausbildung auf dem russischen Kriegsschauplatz

Die Bilanz des Jahres 1914 erwies sich für die österreichisch-ungarischen Streitkräfte als überaus blutig. Auf beiden Kriegsschauplätzen zählte man insgesamt knapp 1,3 Millionen Tote, Verwundete, Kriegsgefangene, Erkrankte und Verwundete. Als Personalersatz an Marschformationen und Landsturm gelangten indes lediglich 863.000 Mann an die Fronten. Dies erklärt auch die überaus niedrigen Kampfstände der Fronttruppenkörper, die während des Winters 1914/15 teilweise auf 30 bis 40 Prozent ihrer Sollstärken herabsanken.

Aber auch die Abgänge an Material waren beträchtlich. Bis Jahresende waren rund eine Million Gewehre und Faustfeuerwaffen verloren gegangen – ihnen standen lediglich 140.000 neu produzierte moderne Mannlicher-Gewehre gegenüber. Vor allem die alle vier Wochen für jedes Frontregiment als Ersatz formierten „Marschbataillone" konnten daher nicht immer vollständig bewaffnet an die Front abgehen oder erhielten alte Einzellader. Die Feldgeschütze, die man beim Ausmarsch im Hinterland zur Formierung von Ersatzbatterien zurückbehalten hatte, waren bis Jahresende restlos aufgebraucht worden, bei den mittleren und schweren Kalibern stand den über 100 verlorenen Exemplaren lediglich eine unbedeutende Zahl an Neuerzeugungen gegenüber. Was die österreichisch-ungarische Kampfkraft betraf, konnte der Winter 1914/15 daher nicht nur in personeller, sondern auch in materieller Hinsicht als Tiefststand bezeichnet werden.

In Bezug auf die Politik hatte sich der Herbst 1914 für die Mittelmächte aber durchaus vielversprechend entwickelt. Der Abschluss eines geheimen Bündnisses Deutschlands mit dem Osmanischen Reich Anfang August 1914 stellte für die Mittelmächte einen bedeutenden politischen und diplomatischen Erfolg dar; da man noch keine Kriegsbereitschaft erlangt hatte, versuchte das Osmanische Reich jedoch vorerst neutral zu bleiben. Bereits vor Kriegsbeginn war eine Annäherung auf wirtschaftlicher Ebene eingeleitet worden, etwa mittels des gemeinsamen türkisch-deutschen Projektes der Bagdadbahn. Die Beschlagnahme zweier in England im Bau befindlicher und teilweise bereits bezahlter osmanischer Schlachtschiffe durch die britische Regierung hatte letztlich den Ausschlag für den Abschluss des Bündnisvertrages mit Deutschland gegeben. Trotz der vorerst weiterhin beibehaltenen politischen Neutralität wurde den Mittelmächten durchaus Wohlwollen entgegengebracht, das sich für Österreich-Ungarn etwa in der Genehmigung der Übernahme von bei der Firma Škoda für die türkische Armee produzierten Geschützen manifestierte. Für den türkischen Kriegsminister İsmail Enver Paşa (1881–1922) sollte sich aus der Annäherung an die Mittelmächte eine mögliche Rückgewinnung der in den Kriegen von 1877/78 und 1912 verloren gegangenen Gebiete auf dem Balkan und am Kaukasus ergeben, das Deutsche Reich wiederum

Kriegsjahr 1914

erwartete sich durch den Kriegseintritt des Osmanischen Reiches eine Beeinträchtigung der russisch-britischen Seeverbindungen. Dabei nahmen die Meerengen der Dardanellen und des Bosporus, die keinesfalls unter die Kontrolle der Entente fallen sollten, boten sie doch die einzige Seeverbindung zum Schwarzen Meer, eine strategische Bedeutung ein. Um dem Abschluss der nach Kriegsbeginn einsetzenden Rüstungsanstrengungen der Türken zuvorzukommen, erklärten die Ententemächte dem Osmanischen Reich Anfang November 1914 den Krieg. Zur Unterstützung der noch nicht kriegsbereiten türkischen Armee entsandten Deutschland und Österreich-Ungarn erhebliche militärische Kräfte, insbesondere Artillerie, motorisierte Nachschubkolonnen und Fliegertruppen. So fanden sich im weiteren Verlauf des Krieges österreichisch-ungarische Truppen dann auch auf den Schlachtfeldern auf Gallipoli, bei Gaza und in Palästina.

Kriegsfreiwillige und Landsturm der k.u.k. Armee: Tiroler Standschützen 01, 03, 06, Salzburger Freiwillige Schütze 02, Polnische Legion 04, Legionsmajor der Ukrainischen Legion 05.

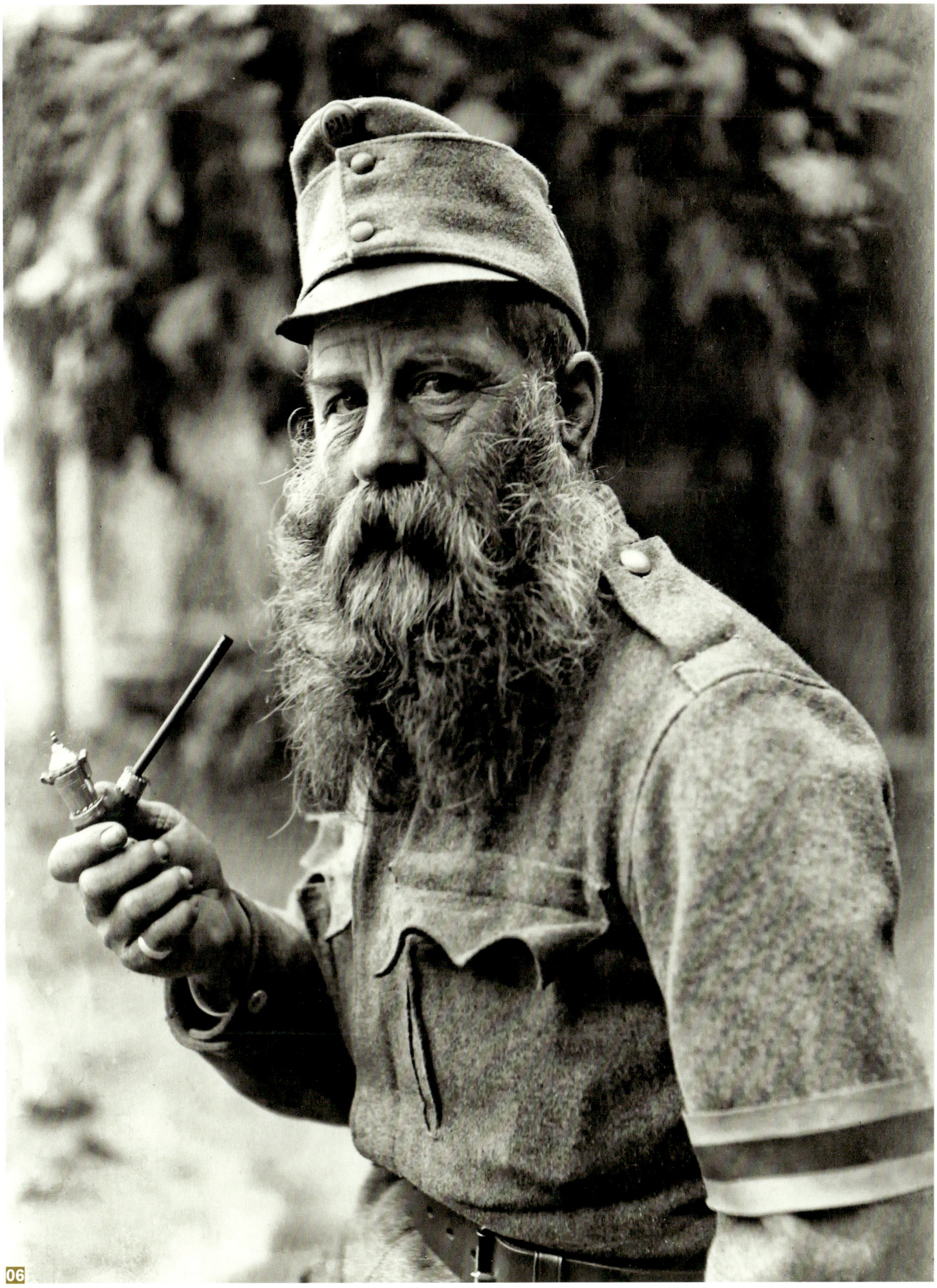
06

Bahnen

Bahnen

Zivile Eisenbahnen und durch die k.u.k. Eisenbahntruppe errichtete Feldbahnen bewältigten die Masse der militärischen Transportlogistik.

Eisenbahnbrücken wurden am Rückzug gesprengt und am Vormarsch wiederhergestellt.

In den Besatzungsgebieten im Osten dienten zusätzlich spezielle Panzerzüge zur Sicherung rückwärtiger Gebiete.

Nach der Schlacht

Nach der Schlacht

Vor allem während der Sommer- und Herbstkämpfe 1914 waren in Galizien und der Bukowina enorme Verluste zu beklagen.

Auffinden und Identifizieren der Toten sowie deren würdevolle Bestattung waren nicht immer möglich.

Oftmals wurden die Toten anonym in Massengräbern beigesetzt.

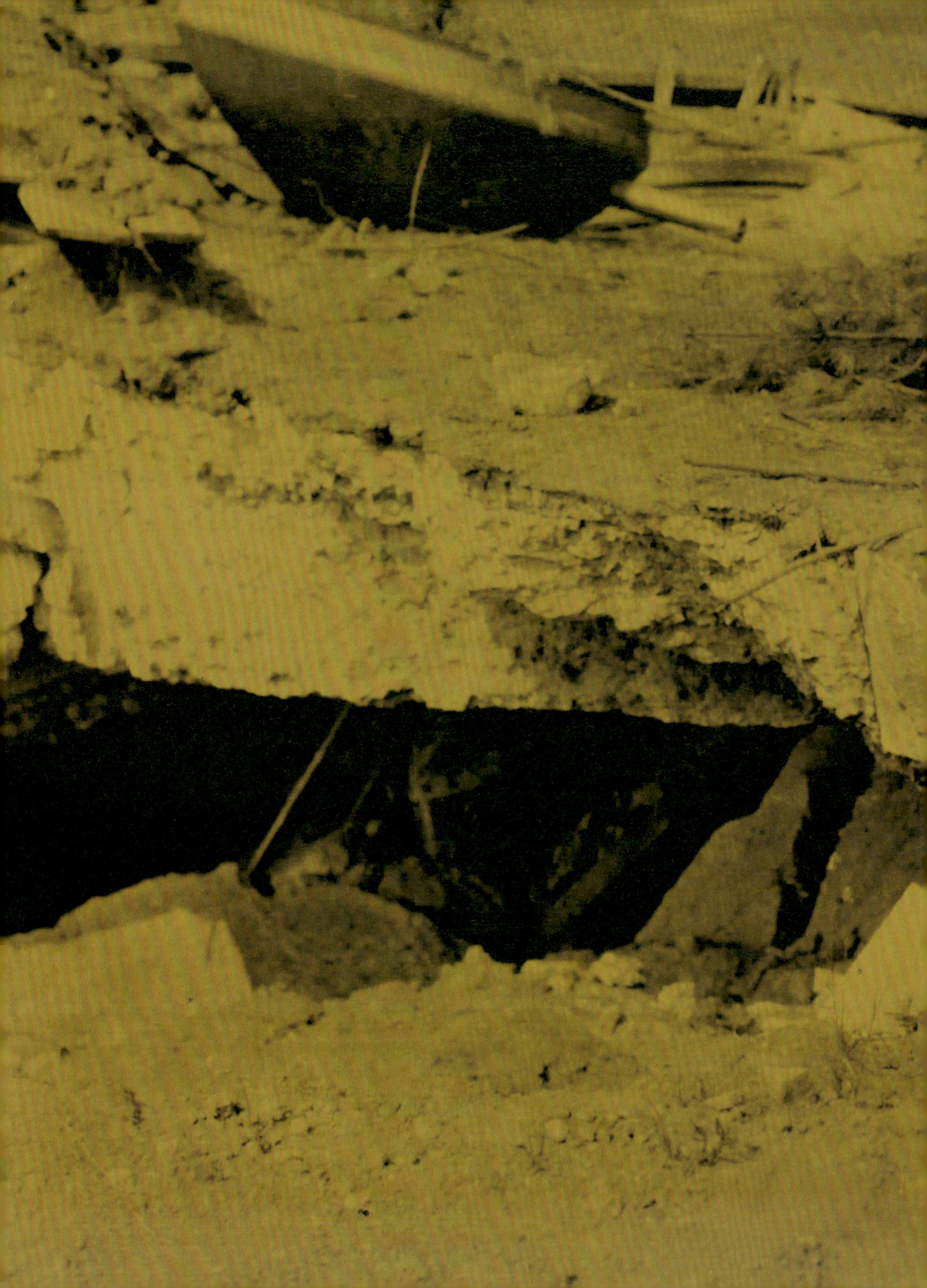

Kriegsjahr 1915

Kriegsjahr 1915

Im Frühjahr 1915 erreichte die Versorgungskrise ihren ersten Höhepunkt. Neben Monturen fehlte es vor allem an brauchbarem Schuhwerk. Angehörige von Ersatzformationen hatten teilweise in Zivilkleidung, lediglich mit schwarzgelber Armbinde versehen, an die Front abzugehen.

Kriegsjahr 1915

General der Infanterie, später Generaloberst Hermann Kusmanek von Burgneustädten (1860–1934), letzter Kommandant der Festung Przemyśl

Das Kriegsjahr 1915 begann für die österreichisch-ungarische Armee mit einem personellen Tiefststand. Der „Karpatenwinter" 1914/15 hatte die Stände der Truppenkörper sowohl infolge zahlreicher Kampfhandlungen als auch wegen der allgemeinen physischen und psychischen Erschöpfung der Truppen erheblich reduziert. Manche Regimenter zählten fast nur mehr rund 30 Prozent ihrer Ausmarschstärke. Dass man einen kurzen Krieg erwartet und daher keine Winterkleidung beschafft hatte, sollte sich in den unwegsamen, tief verschneiten und für Nachschubkolonnen kaum zugänglichen Karpaten zu einem Martyrium für die Soldaten entwickeln. Zwar kam die Bevölkerung im Hinterland den Aufrufen zur Abgabe von Winterbekleidung und Schneeausrüstung durchaus nach, doch erreichten die gesammelten „Liebesgaben" nur selten die vordersten Stellungen.

Dennoch verfolgte das k.u.k. Armeeoberkommando weiterhin eine offensive Strategie, um den bereits weit auf österreichisches Staatsgebiet vorgedrungenen russischen Armeen den Einbruch nach Ungarn unmöglich zu machen. Die Angriffsoperationen scheiterten jedoch nicht zuletzt an den bereits dramatische Ausmaße annehmenden personellen und materiellen Mangelerscheinungen. Die österreichisch-ungarischen Truppen wurden meist nicht nur auf ihre Ausgangsstellungen zurückgeworfen, sondern im Verlauf der russischen Gegenoffensiven oftmals sogar noch weiter zurückgedrängt. Die Regimenter waren aufgrund der hohen Verluste und des Zuschubs kaum ausgebildeter Marschformationen und Reservisten in ihrem inneren Zusammenhalt bereits derart geschwächt, dass ihre Kampfkraft rapide sank. Parallel zu den erfolglosen Offensiven begann sich die Verpflegssituation in der neuerlich eingeschlossenen Festung Przemyśl am San, deren Vorräte zunächst zur Versorgung der operierenden Armeen herangezogen worden waren und nicht mehr rechtzeitig hatten aufgefüllt werden können, dramatisch zu verschlechtern. Eine durch deutsche Truppen unterstützte Offensive zum Entsatz der Festung, zu deren Zweck die gemischte Deutsche Südarmee gebildet worden war, schlug Anfang März aufgrund widrigster Witterungsverhältnisse fehl. So musste Przemyśl am 22. März 1915 nach Sprengung der Festungswerke und der verbliebenen Munitionsvorräte kapitulieren, 120.000 Mann gingen in Gefangenschaft. Obwohl sich das Kräfteverhältnis an der russischen Front durch weitere deutsche Verstärkungen aus dem Westen nach und nach verbesserte, kam es durch das nunmehrige Freiwerden der russischen Belagerungstruppen von Przemyśl Ende März zu einer neuerlichen russischen Offensive gegen die in den Karpaten

Kriegsjahr 1915

General der Kavallerie, später Feldmarschall Franz Rohr von Denta (1854–1927), Kommandant der nach ihm benannten Armeegruppe an der Grenze zu Italien

Noch Frieden im Süden: Angehörige der italienischen Finanzwache im Grenzgebiet vor der Kriegserklärung Italiens an Österreich-Ungarn im Mai 1915

stehenden österreichisch-ungarischen Truppen; sie konnte bis Anfang April unter hohen Opfern abgewehrt werden.

Dennoch war sowohl dem k.u.k. Armeeoberkommando als auch der deutschen Obersten Heeresleitung klar geworden, dass die weit nach Westen auslaufende Front langfristig nicht zu halten war und die Gefahr eines Durchbruchs nach Ungarn lediglich durch eine gemeinsam vorgenommene Offensive gemeistert werden konnte. Dreh- und Angelpunkt derselben war der Raum Gorlice-Tarnów. Der Angriff der Verbündeten aus dem Raum Gorlice sollte vor allem der bedrängten Karpatenfront merkliche Entlastung bringen. Die deutsche 11. Armee hatte gemeinsam mit den österreichisch-ungarischen 3. und 4. Armeen den Durchbruch zu erzielen. Vom 2. bis zum 3. Mai glückte er tatsächlich, bereits nach einem Tag war eine Tiefe von 15 bis 20 Kilometern erreicht. Die russische Karpatenfront war vollkommen zerschlagen, die dort eingesetzten russischen Truppen zogen sich zurück. Die Verfolgungskämpfe gestalteten sich gleichfalls überaus erfolgreich, der San konnte bei Jarosław überschritten, die ehemalige österreichisch-ungarische Festung Przemyśl im Juni wieder eingenommen werden. Am 22. Juni 1915 gelang die Rückeroberung Lembergs, der Hauptstadt Galiziens. Damit waren die Grenzen vom Juli 1914 weitgehend wiederhergestellt. Der ab Juli 1915 erneuerte Angriff der Mittelmächte zwang die russischen Armeen zu weiteren Rückzugsbewegungen, die in die Einnahme von Cholm, Warschau und letztlich auch Brest-Litowsk mündeten.

Die sich für die Mittelmächte im Verlauf des Jahres 1915 sehr günstig entwickelnde Lage auf dem russischen Kriegsschauplatz erfuhr durch den Kriegseintritt des ehemaligen Verbündeten Italien aufseiten der Entente einen erheblichen Rückschlag. Im Londoner Vertrag waren dem Königreich nach gewonnenem Krieg die italienischsprachigen Gebiete der Donaumonarchie in Aussicht gestellt worden. Bestrebungen des deutschen Kaisers, Italien durch territoriale Zugeständnisse aus dem Krieg herauszuhalten, lehnte Kaiser Franz Joseph I. ab. Mit der Kriegserklärung Italiens an Österreich-Ungarn am 23. Mai 1915 entstand dem k.u.k. Armeeoberkommando ein neuer Kriegsschauplatz, der hinsichtlich der verfügbaren Kräfte zunächst nur improvisiert abgedeckt werden konnte. Lediglich fünf Truppendivisionen (Nr. 90 bis 94), teilweise aus Truppen zweiter Linie und Freiwilligenformationen bestehend und mit nur 49 Artilleriebatterien versehen, standen vorerst zur Verfügung. Darüber hinaus wurden in Tirol und Vorarlberg rund 40.000 Standschützen, gegliedert in 39 Bataillone, formiert und – so wie auch Freiwilligenformationen anderer Kronländer – ins Feld geschickt. Rückgrat der Verteidigung blieben jedoch die zwar veralteten, aber doch einsatzbereiten zahlreichen Sperr- und Festungswerke, welche die wichtigsten Gebirgsübergänge und Kommunikationslinien überwachten. Dabei wurden zahlreiche Festungsgeschütze ausgebaut und

01 Mit dem Kriegseintritt Italiens wurde das Kommando der Südwestfront geschaffen. Die späteren Feldmarschälle Erzherzog Eugen (1863–1954) und Svetozar Boroević von Bojna (1856–1920) unterweisen den Thronfolger in die militärische Lage.

02 Generaloberst Svetozar Boroević von Bojna, Kommandant der aus der k.u.k. 5. Armee hervorgegangenen Isonzoarmee, mit seinem Stab

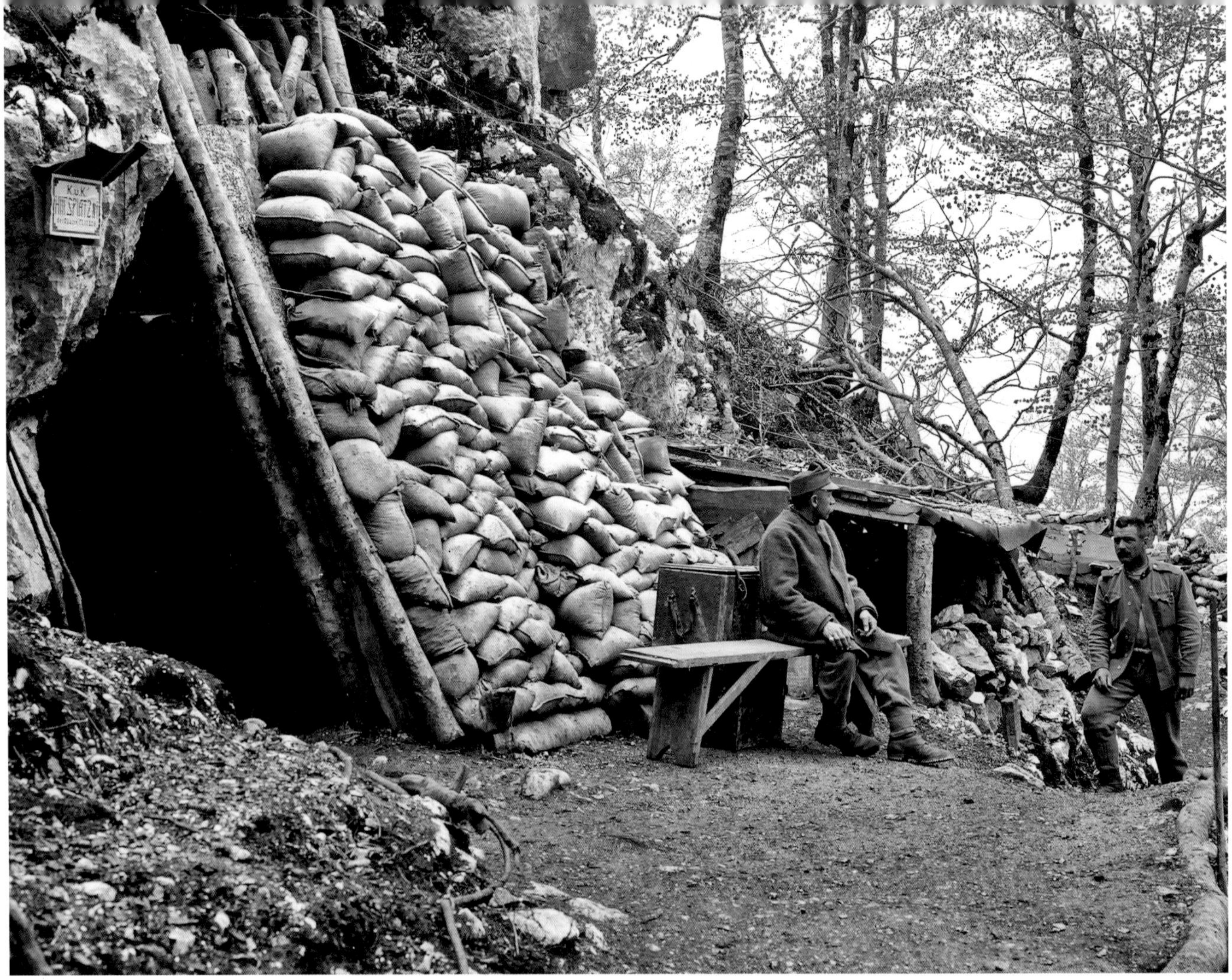

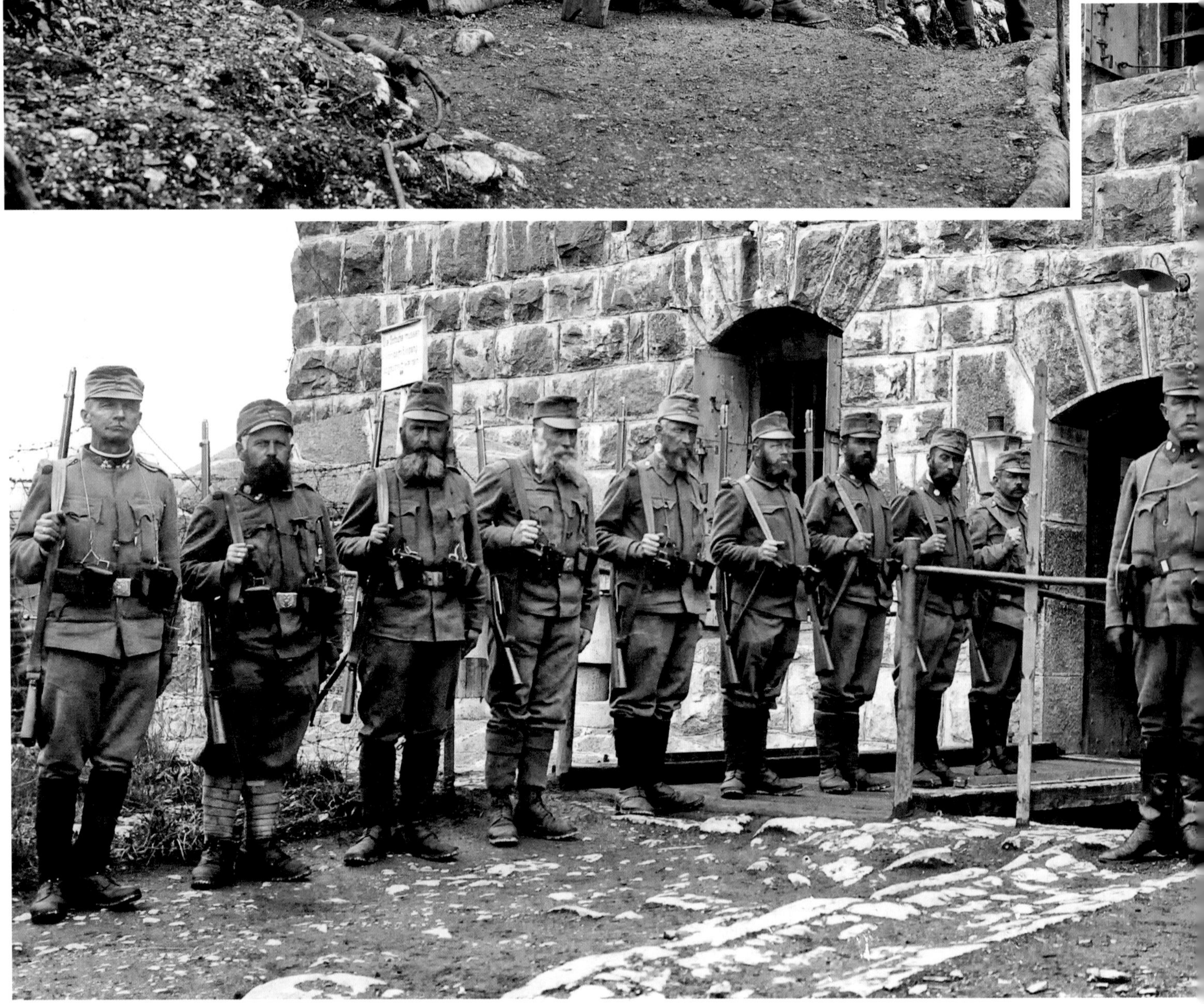

Landsturmbesatzung des Werkes Possaccio. Die Abwehrfront an der italienischen Grenze stützte sich sowohl auf Vorkriegsfestungen als auch auf erste behelfsmäßige Stellungen ab.

gelangten zum mobilen Einsatz. Der deutsche Bundesgenosse entsandte zur Unterstützung das divisionsstarke deutsche Alpenkorps nach Tirol.

Die italienische Armeeführung hatte bereits zu Kriegsbeginn den schwerwiegenden Fehler begangen, den Beginn der Offensive erst nach Erreichen der vollen Operationsbereitschaft einzuleiten. Die daraus resultierende Verzögerung verschaffte dem Kommandanten der neu gebildeten Südwestfront, Erzherzog Eugen (1863–1954), die für den Aufbau einer Abwehrfront nötige Atempause. Zwar trafen kontinuierlich Verstärkungen von den anderen Fronten ein bzw. wurden Marschformationen umdirigiert – dies konnte jedoch nicht darüber hinwegtäuschen, dass die italienische Armee sowohl quantitativ als auch hinsichtlich der Qualität des zur Verfügung stehenden Materials bei Weitem überlegen blieb. Angelpunkt der italienischen Offensivbestrebungen war vorerst der Isonzoabschnitt, der bereits am 23. Juni 1915 im Rahmen der 1. Isonzoschlacht im Bereich Görz/Gorizia und Doberdò angegriffen wurde. Trotz mehrfacher numerischer Überlegenheit gelang den Italienern gegen die kriegserfahrenen und abwehrbereiten österreichisch-ungarischen Verbände nicht der erhoffte Durchbruch. Die 2. Isonzoschlacht vom 17. Juli bis 10. August 1915 galt demselben Angriffsziel und endete gleichfalls mit einem Abwehrerfolg der österreichisch-ungarischen Armee. Bis zur Jahreswende sollte der italienische Generalstabschef, Generalleutnant Graf Luigi Cadorna (1850–1928), noch zweimal – in der 3. Isonzoschlacht von 18. Oktober bis 5. November und in der 4. Isonzoschlacht von 10. November bis 11. Dezember 1915 – den Durchbruch am Isonzo versuchen, doch konnten jeweils nur geringe Geländegewinne erzielt werden. Die Verluste beider Seiten steigerten sich kontinuierlich.

Inzwischen war auch der Balkan-Kriegsschauplatz wieder ins Zentrum des strategischen Interesses der Mittelmächte gerückt, dies jedoch weniger aus österreichisch-ungarischen Überlegungen denn aus der vor allem vom Deutschen Reich postulierten Notwendigkeit heraus, dem durch die Landungen auf Gallipoli schwer ringenden Osmanischen Reich durch Schaffung einer für den militärischen Nachschub nutzbaren Landverbindung zu Hilfe zu kommen. Für das k.u.k. Armeeoberkommando war die Frage einer etwaigen Neuaufnahme der Offensive gegen Serbien weniger aktuell, hatte sich doch gezeigt, dass den serbischen Streitkräften durch die Offensiven Feldzeugmeister Potioreks weitaus höherer Schaden zugefügt worden war, als man anfänglich angenommen hatte. Während man auf österreichisch-ungarischer Seite möglicherweise sogar an einen politischen Ausgleich mit Serbien gedacht hatte, waren von deutscher Seite sehr intensive Verhandlungen über einen Kriegseintritt Bulgariens geführt worden, die schließlich am 6. September 1915 in einen deutsch-bulgarischen Bündnis- und Freundschaftsvertrag mit angeschlossener Militärkonvention

Sonderausgabe anlässlich der Erstürmung Belgrads am 9. Oktober 1915

General der Infanterie, später Feldmarschall Hermann Baron Kövess von Kövessháza (1854–1924) als Kommandant der k.u.k. 3. Armee mit seinem Stab im Herbst 1915

mündeten. Die vor allem vonseiten des Deutschen Reiches befürworteten Zugeständnisse an Bulgarien umfassten territoriale Erweiterungen in Makedonien sowie gegenüber dem Osmanischen Reich. Generalfeldmarschall August von Mackensen (1849–1945) sollte als Oberkommandierender der aus der 3. österreichisch-ungarischen, der 11. deutschen und der 1. bulgarischen Armee gebildeten Heeresgruppe fungieren.

Am 5. Oktober setzte schließlich das Artillerievorbereitungsfeuer ein, am 7. Oktober begannen die Übergangsoperationen. Bis 9. Oktober konnte Belgrad, teilweise in harten Straßenkämpfen, genommen werden. Aufgrund der schwierigen Geländesituation, der kaum vorhandenen Kommunikationslinien und der Problematik, den Nachschub vorerst über die Ströme Donau und Save überschiffen und dann an die fechtende Truppe heranbringen zu müssen, „verbrauchten" sich die bereitgestellten Angriffstruppen überaus schnell. Trotz raschen Vordringens vermochte man die serbischen Kräfte zudem noch nicht einzukesseln: Da sich die Einschließungskräfte wegen Geländeschwierigkeiten nur langsam bewegten, zogen sich die Serben immer wieder rechtzeitig zurück. Auch bei Kragujevac, das Ende Oktober eingenommen werden und den Serben durch den Ausfall der dortigen Fabrik- und Arsenalanlagen keinen Nachschub mehr liefern konnte, gelang die beabsichtigte Einkesselung nicht. Nach der verlorenen Schlacht westlich des historischen Amselfeldes und östlich von Prizren strebten die zerschlagenen serbischen Truppen der Adriaküste bei Shkodra, Lezhë und Durrës zu. Die rund 140.000 Serben, die diese Mitte Dezember auch erreichten, wurden mit Schiffen der Entente auf die Insel Korfu bzw. nach Nordafrika evakuiert und aufgefrischt. Sie sollten in weiterer Folge zur Verstärkung der „Salonikifront" herangezogen werden, die durch die Landung französischer Truppen bei Saloniki im eigentlich neutralen Griechenland entstanden war, um dem bedrängten Serbien im Oktober 1915 beizustehen. Griechenland konnte der völkerrechtswidrigen Besetzung keinen militärischen Widerstand entgegensetzen. Die Haltung Griechenlands war zu diesem Zeitpunkt durchaus ambivalent, zumal der griechische König Konstantin I. (1868–1923) nicht zuletzt aufgrund verwandtschaftlicher Beziehungen zu Wilhelm II. den Mittelmächten zuneigte, während der griechische Premierminister Eleftherios Venizelos eine Parteinahme zugunsten der Entente bevorzugte. Die französische „Orientarmee" unter dem Kommando General Maurice Paul Emmanuel Sarrails (1856–1929) war jedoch nicht in der Lage, operativ in die Herbstkämpfe 1915 einzugreifen, sie zog sich bis Dezember wieder auf griechisches Gebiet zurück. Der Plan des österreichisch-ungarischen Armeeoberkommandos, nach Zerschlagung der serbischen Armee die Offensive gegen Sarrail fortzuführen, wurde von der deutschen Obersten Heeresleitung abgelehnt, die ihr strategisches Ziel auf dem Balkan – die Herstellung einer Landverbindung zum Osmanischen Reich – bereits erfüllt sah. In weiterer Folge sollte

Durch italienische Artillerie schwer beschädigte österreichisch-ungarische Werke: Panzerkuppeln des Werkes Lusern 01, Volltreffer in einem Geschützstand des Forts Hermann 02, Kehle des Seewerkes Raibl 03

Kriegsjahr 1915

die französische Orientarmee durch britische Kräfte aus Gallipoli verstärkt werden und mittels militärischen Drucks die Übernahme der Hafenstadt Saloniki durch die Entente (1916) erzwingen. Die Salonikifront dehnte sich von Albanien über Süd- bis Ostmakedonien aus. Nach der erzwungenen Abdankung Konstantins I. und der Kriegserklärung Griechenlands an die Mittelmächte im Juli 1917 wuchs die Orientarmee, in der auch griechische und serbische Truppen kämpften, bis zu einer Stärke von 350.000 Mann an. Ihr standen die Truppen der bulgarischen 1. Armee gegenüber, die wiederum von deutschen und österreichisch-ungarischen Verbänden unterstützt wurden.

01 Nordwestseite des Forts Hermann mit beschädigtem Schulterkoffer und teilweise zerstörter Decke

02 Fort Hensel mit noch intakter Panzerkuppel für ein 12-cm-Scheingeschütz. Das ursprüngliche Panzergeschütz war bereits ausgebaut und mobil verwendet worden.

k.u.k Wüstenkrieg

01

02

03

78

k.u.k. Wüstenkrieg

01 Bereits Ende 1914/Anfang 1915 wurden k.u.k. Formationen zur Unterstützung des Osmanischen Reiches entsandt, die auf Gallipoli, in Gaza und Palästina zum Einsatz kamen.

02 Österreichisch-ungarische Truppen mit lokalen kurdischen Sicherheitskräften – Achsbruch bei einem Lkw der "Kraftwagenkolonne Türkei Nr. 3"

03 Truppeninspektion bei der schweren 15-cm-Haubitzbatterie Nr. 27

04 k.u.k. 24-cm-Mörserbatterie M.98 in Konstantinopel

05 Cholera-Impfung von Offizieren und Mannschaften bei Bir el Mezar

06 Zeltlager einer k.u.k. Etappenstation in Gaza

k.u.k Wüstenkrieg

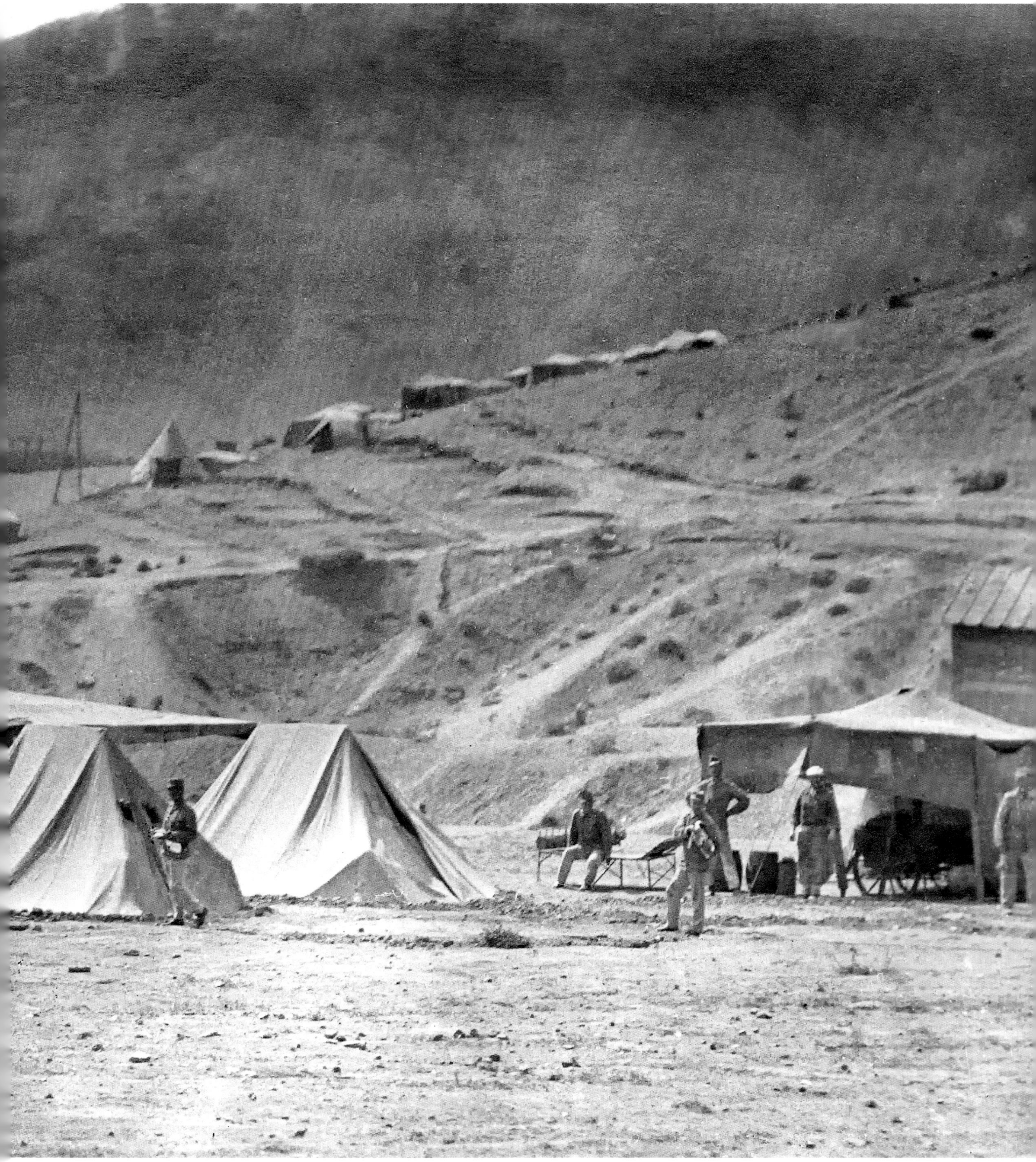

Frauen an der Front

Frauen an der Front

Frauen dienten nicht nur in der Rüstungsindustrie oder als Hilfspersonal bei höheren Kommanden, sondern auch im unmittelbaren Frontgebiet, meist im Sanitätsdienst.

Abgesehen von als Männer verkleideten Frauen waren vorerst nur bei der Ukrainischen Legion Frauen als Kombattanten zugelassen.

01 Weibliche „Heldinnen" der Ukrainischen Legion, Feldwebel S. Haleczka und A. Dmyterko

02 Feldwebel H. Stepaniw der Ukrainischen Legion

03 04 06 Freiwillige Armee- und Hilfsschwestern im Sanitätsdienst und auf einem Truppenverbandsplatz

05 Rosa Zenoch, das „Heldenmädchen von Rawa-Ruska". Die Minderjährige unterstützte die eigenen Truppen und wurde dabei schwer verwundet.

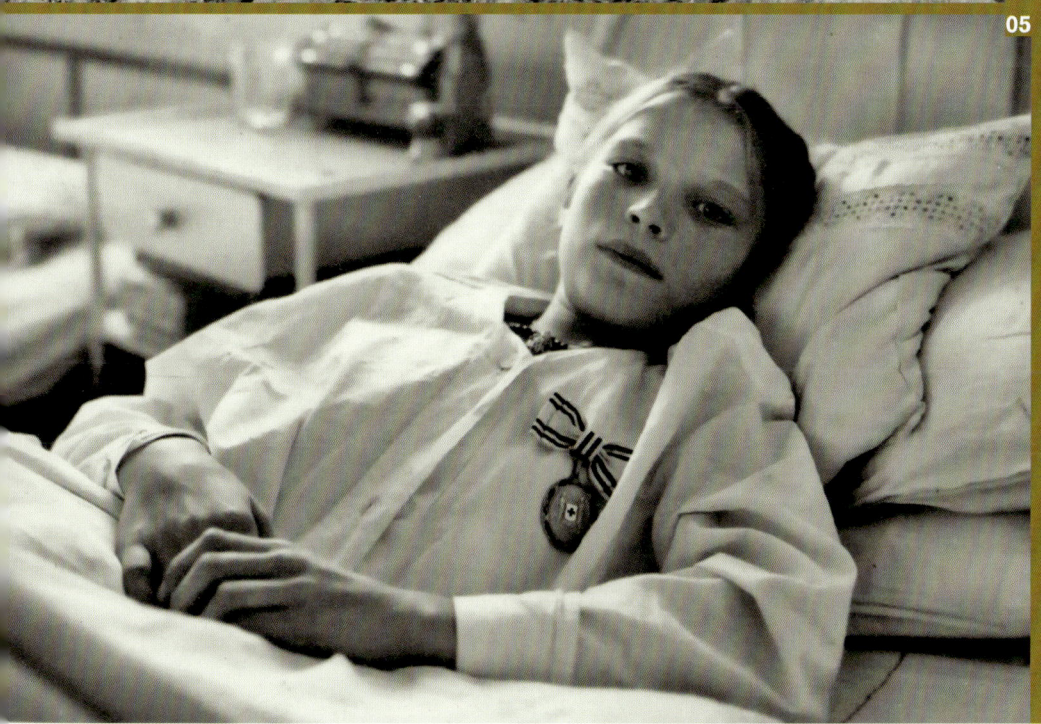

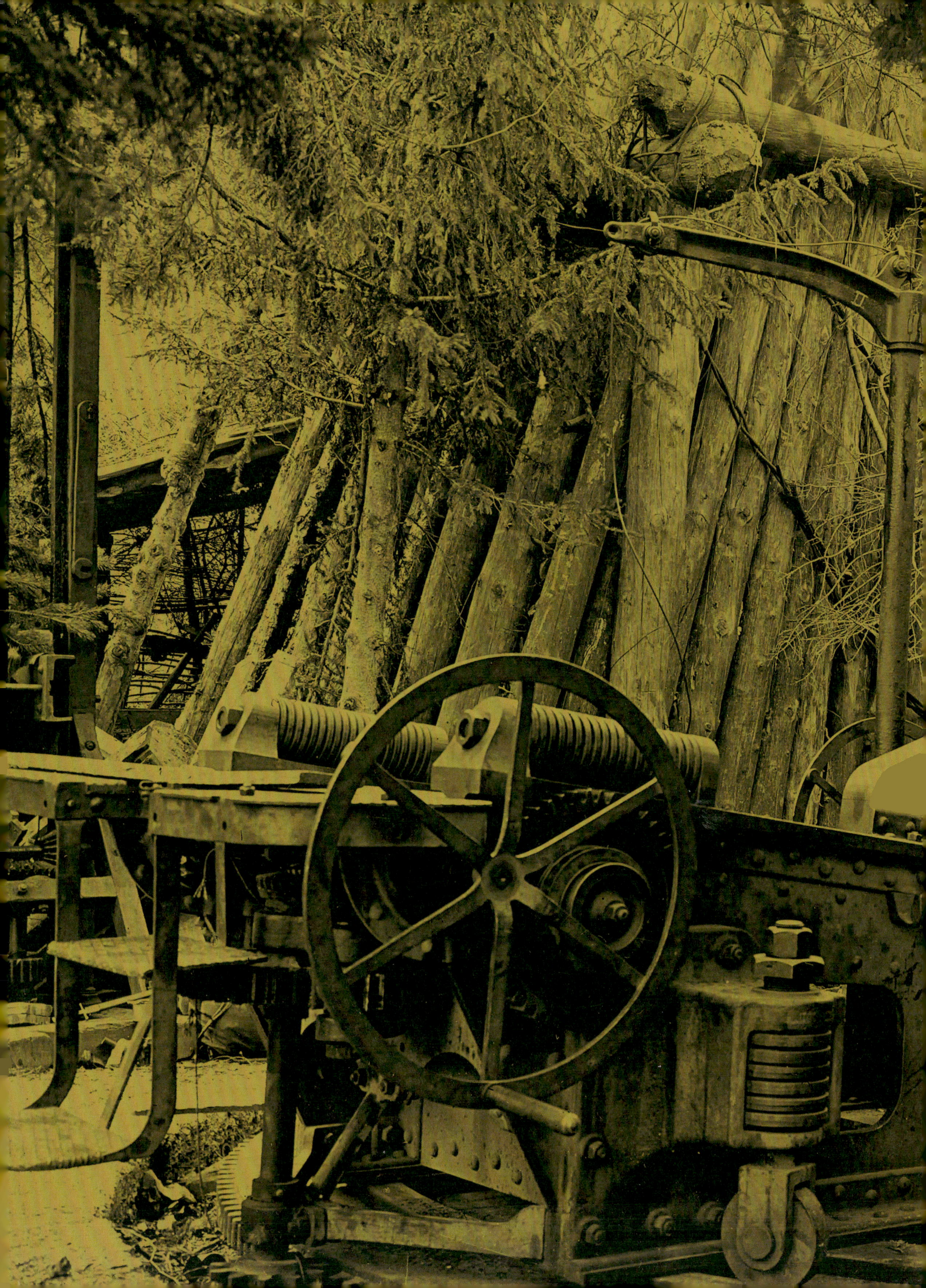

Kriegsjahr 1916

Kriegsjahr 1916

Während der **Südtirol-Offensive** im Mai 1915 am Monte Erio erbeutetes italienisches mobiles 25,4-cm-Schiffsgeschütz M.89/97

Kriegsjahr 1916

Bereits zu Beginn des dritten Kriegsjahres wurden die größten Problemfelder im Rahmen der Kriegsführung der Mittelmächte augenscheinlich. Das schlechte Verhältnis der beiden verbündeten Generalstabschefs Franz Conrad von Hötzendorf und Erich von Falkenhayn (1861–1922) konnte als geradezu symptomatisch für die mangelnde Zusammenarbeit und das Fehlen einer strategisch einheitlichen Ausrichtung der Operationen gewertet werden. Die deutsche Oberste Heeresleitung war bis dahin zwar an fast allen Fronten mit Truppen tätig geworden, ließ aber keinen Zweifel daran, dass die Westfront als Hauptkriegsschauplatz und die Niederringung Frankreichs als strategisches Hauptziel zu gelten hatten; alle an anderen Fronten durchgeführten Operationen sollten dem untergeordnet werden. Der Einsatz im Osten, auf dem Balkan und in Italien wurde daher immer als begrenztes Engagement angesehen, um etwaige Krisen bei den Verbündeten zu meistern oder Zeit für Operationen im Westen zu gewinnen. Andererseits hatte die deutsche Oberste Heeresleitung dem österreichisch-ungarischen Bundesgenossen die Hauptaufgabe der Russenabwehr im Osten zugedacht, die letztlich unter unsäglichen Verlusten mehr oder weniger erfolgreich bewältigt wurde. Daraus entwickelten sich zwei unterschiedliche Gesichtspunkte, die – jeder für sich – durchaus Berechtigung hatten: Während sich das k.u.k. Armeeoberkommando eine gerechtfertigte „Honorierung" der „Aufopferung" im Osten durch Zuführung deutscher Kräfte erwartete, entstand auf deutscher Seite der Eindruck, die k.u.k. Armee sei ohne Beistellung von Kräften nicht mehr operationsfähig und deutsche Truppen hätten oftmals „Krisenfeuerwehr" an österreichisch-ungarischen Abschnitten zu spielen.

Die internen Schwierigkeiten sollten sich 1916 weiter zuspitzen, da beide Mittelmächte unterschiedliche militärische Schwerpunkte zu setzen hofften. Conrad versuchte nach der Niederwerfung Serbiens auch Montenegro zu besetzen, die italienischen Brückenköpfe bei Durrës und Vlorë in Albanien zu eliminieren und die französisch-englische Orientarmee bei Saloniki endgültig zu vertreiben. Darüber hinaus sollte an der Südwestfront in Italien eine Offensive Entlastung bringen. Falkenhayn hatte dagegen eher untergeordnetes Interesse am Balkan, stattdessen suchte er die Entscheidung im Westen bei Verdun herbeizuführen. Dementsprechend setzten die Mittelmächte 1916 auch zwei unterschiedliche Schwerpunkte. Falkenhayns Verdun- und Conrads Südtirol-Offensive wurden jeweils isoliert durchgeführt und blieben letztlich erfolglos. Dafür fielen die Gegenoffensiven umso heftiger aus: Sowohl die am 1. Juli begonnene

Kriegsjahr 1916

Sondermeldung anlässlich der **Erstürmung des Lovćen-Massivs** östlich von Kotor/Cattaro und der Eroberung Montenegros im Jänner 1916

01 Antransport einer schweren 42-cm-Haubitze (Rohrwagen) für die Südtirol-Offensive 1916

02 Operationsplanung beim Stab eines k.u.k. Korps während der Südtirol-Offensive 1916

03 Abtransport eines erbeuteten italienischen 25,4-cm-Riesengeschützes nach Trient nach der Südtirol-Offensive 1916

Somme-Schlacht im Westen als auch die Anfang Juni einsetzende Brussilow-Offensive führten zu Krisen, die sich nur unter gewaltigen Anstrengungen meistern ließen.

Die Eroberung Montenegros war trotz des Winterwetters bereits für den Jänner 1916 vorgesehen. Zu diesem Zweck wurden die Streitkräfte der österreichisch-ungarischen 3. Armee sowie Truppen des „Kommandierenden Generals in Bosnien, Herzegowina und Dalmatien" (BHD) zusammengefasst. Als entscheidend bewertete man die Erstürmung des 1.300 bis 1.700 Meter hohen Lovćen-Massivs, das seitens der Montenegriner sowohl infanteristisch als auch artilleristisch besetzt worden war. Am 8. Jänner begann der Angriff unter maßgeblicher Unterstützung der Kriegsmarine, am 10./11. Jänner konnten große Teile des Lovćen bereits eingenommen werden. Damit schien der Durchhaltewille des montenegrinischen Heeres weitgehend erschöpft, die Reste der Armee streckten am 17. Jänner die Waffen. Die Offensive wurde Richtung Albanien fortgeführt. Wenngleich Durrës von den Italienern geräumt wurde, konnte eine komplette Besetzung Albaniens in Ermangelung von Truppen nicht erfolgen. Zwischen den österreichisch-ungarischen Streitkräften in Albanien und der in Mazedonien stehenden bulgarisch-deutschen Front blieb eine gewaltige Lücke unbesetzt. Mit der Niederlage Montenegros war jedoch die ungestörte Nutzung des strategischen Kriegshafens von Kotor/Cattaro für die k.u.k. Kriegsmarine möglich geworden.

An der Südwestfront rüstete Conrad im Raum Folgaria-Lavarone zu einer großen Offensive, die einerseits der schwer ringenden Isonzofront Luft verschaffen, andererseits durch einen tiefen Stoß den Austritt aus dem Gebirge herbeiführen sollte. Zu diesem Zweck wurden im Operationsraum nicht nur bedeutende Infanteriekräfte zusammengezogen, sondern auch erhebliche Artilleriemengen konzentriert, die man vor allem vom – im Südabschnitt fälschlicherweise für ungefährlich und daher vernachlässigenswert beurteilten – russischen Kriegsschauplatz abgezogen hatte. Ein gleichzeitig beabsichtigter Angriff am Isonzo musste unterbleiben, da das deutsche Heer aufgrund der eigenen Offensive bei Verdun keine Kräfte freimachen konnte … und dies wohl auch nicht wollte. Den entscheidenden Schlag hatten die österreichisch-ungarische 11. Armee unter Generaloberst Viktor Dankl (1854–1941) und die 3. Armee unter Generaloberst Hermann Kövess von Kövesshaza (1854–1924) zu führen. Die Offensive, deren Beginn aufgrund des schlechten Wetters mehrfach verschoben werden musste, begann am 15. Mai.

Nach anfänglichen Erfolgen wuchs der Widerstand der Italiener durch Zuführung entsprechender Reserven vom Isonzoabschnitt. Der entscheidende Durchbruch gelang letztlich nicht, da an der Nordostfront am 4. Juni 1916

02

03

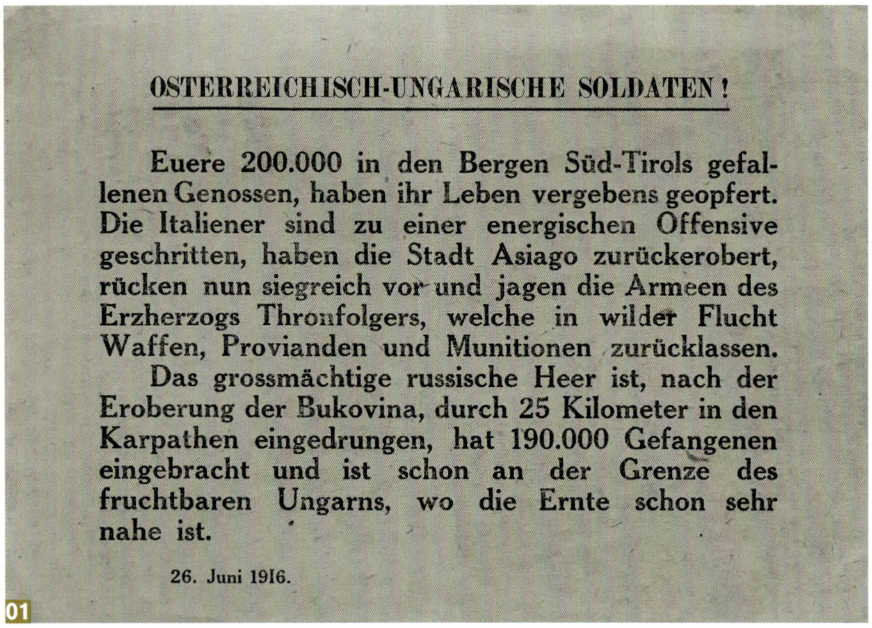

Kriegsjahr 1916

01

OSTERREICHISCH-UNGARISCHE SOLDATEN!

Euere 200.000 in den Bergen Süd-Tirols gefallenen Genossen, haben ihr Leben vergebens geopfert. Die Italiener sind zu einer energischen Offensive geschritten, haben die Stadt Asiago zurückerobert, rücken nun siegreich vor und jagen die Armeen des Erzherzogs Thronfolgers, welche in wilder Flucht Waffen, Provianden und Munitionen zurücklassen.

Das grossmächtige russische Heer ist, nach der Eroberung der Bukovina, durch 25 Kilometer in den Karpathen eingedrungen, hat 190.000 Gefangenen eingebracht und ist schon an der Grenze des fruchtbaren Ungarns, wo die Ernte schon sehr nahe ist.

26. Juni 1916.

01 **Italienisches Flugblatt** nach dem Scheitern der Südtirol-Offensive und der Katastrophe von Luck-Okna im Jahr 1916

02 03 04 Nach dem russischen Durchbruch bei Luck-Okna entsandte das Osmanische Reich das türkische XV. Korps zur Unterstützung an die Nordostfront. Wenngleich schlecht ausgerüstet, stellten die türkischen Truppen eine wichtige Verstärkung dieses Frontabschnittes dar.

eine groß angelegte Offensive unter General Alexei Brussilow (1853–1926) gegen die in Wolhynien befindlichen österreichisch-ungarischen Streitkräfte begann, deren Masse an schwerer Artillerie zuvor zugunsten der Südtirol-Offensive abgezogen worden war. Der russische Durchbruch bei Luck-Okna sollte sich im weiteren Verlauf zur militärischen Katastrophe entwickeln: Die österreichisch-ungarischen Stellungen wurden teilweise überrannt, sie ließen sich auch durch Gegenangriffe nicht mehr stabilisieren. Am 10. Juni hatte der Durchbruch bereits eine Breite von 85 und eine Tiefe von 48 Kilometern erreicht. Die österreichisch-ungarische 4. Armee war nach den russischen Erfolgen bei Luck bereits in einer besonders ernsten Situation, als am 10. Juni auch noch die Front der weiter im Süden stehenden österreichisch-ungarischen 7. Armee bei Okna aufgerissen wurde. Dass, wie sich zeigte, insbesondere Regimenter mit größtenteils slawischen Soldaten sehr rasch an Widerstandskraft einbüßten, verschärfte die Krisensituation noch weiter. Im Verlauf der Kämpfe stiegen die Verluste der dort stehenden k.u.k. Armeen auf über 400.000 Mann – die meisten von ihnen waren in Kriegsgefangenschaft gekommen. Zur Stabilisierung dieses Frontabschnittes mussten unverzüglich nicht nur Streitkräfte von der Südwestfront abgezogen werden – an eine Weiterführung der Südtirol-Offensive war damit nicht mehr zu denken –, sondern auch deutsche Truppen herangeführt werden. Zusätzlich stellte das Osmanische Reich im Rahmen des Kaiserlich-Ottomanischen XV. Korps auch zwei Truppendivisionen (19. und 20.) bei. Wenngleich es diesen türkischen Truppen vor allem an Artillerie und technischer Ausrüstung mangelte, die von den Verbündeten bereitgestellt werden mussten, erwies sich die Verstärkung im Bereich der „Südarmee" durchaus als entscheidend. Dennoch gelang es den Mittelmächten lediglich, die Front zu stabilisieren; die Bukowina und Ostgalizien wurden neuerlich von russischen Truppen besetzt. Neben den rein militärischen Verlusten wogen die politischen Folgen der Brussilow-Offensive besonders schwer, da dadurch nicht nur das Ansehen Österreich-Ungarns im Vierbund (Deutschland, Österreich-Ungarn, Osmanisches Reich, Bulgarien) – insbesondere gegenüber Deutschland – erheblich gelitten hatte, sondern auch der letzte neutrale Balkanstaat zum Kriegseintritt bewogen wurde.

Als Rumänien am 27. August 1916 auf der Seite der Entente in den Krieg eintrat, stand dies daher mit der „Katastrophe von Luck" in direktem Zusammenhang. Die geografisch-strategische Lage Rumäniens machte eine rasche Ausschaltung des neuen Gegners unmittelbar notwendig, doch waren aufgrund der Verluste während der Brussilow-Offensive vorerst keine Kräfte verfügbar. Der Vierbund entschied sich daher, vorerst defensiv zu bleiben und erst nach Verbesserung des Kräfteverhältnisses offensiv zu werden. Die Rumänen nutzten die vorläufige Schwäche der Mittelmächte und marschierten bereits am Tag der Kriegserklärung in das zur ungarischen Reichshälfte zählende Siebenbürgen ein, das nur von schwachen

Kriegsjahr 1916

Deckungstruppen gehalten wurde. Dennoch ließ sich der Vormarsch der Rumänen so lange hinauszögern, bis die Versammlung entsprechender Offensivkräfte abgeschlossen war. In einer gemeinsamen Operation gelang es der deutschen 9. Armee unter General der Infanterie Erich von Falkenhayn und der österreichisch-ungarischen 1. Armee unter General der Infanterie Arthur Arz von Straußenburg (1857–1935) schließlich, die Rumänen zu schlagen und Siebenbürgen zu befreien.

In der Dobrudža waren die Bulgaren inzwischen gleichfalls zur Offensive übergegangen und hatten den Rumänen mehrere Niederlagen zugefügt. Trotz entsprechender Entlastungsoffensiven der Russen im Nordosten und der Entente-Truppen an der Salonikifront verschlimmerte sich die militärische Situation für die rumänischen Streitkräfte kontinuierlich. Nach der Besetzung der Walachei konnten die Verbündeten bis 6. Dezember 1916 Bukarest einnehmen. Die rumänische Armee war geschlagen, sie hatte während des kurzen Feldzugs fast eine halbe Million Gefallene, Verwundete und Kriegsgefangene zu beklagen. Die rasche Niederlage Rumäniens stellte für Russland nun eine erhebliche Flankenbedrohung an seiner südlichen Grenze dar. Um die Situation zu stabilisieren, mussten dringend russische Truppen herangeführt und zum Einsatz gebracht werden, die in weiterer Folge in Galizien, der Bukowina oder im Baltikum fehlten. Der Kriegseintritt Rumäniens hatte also nicht nur nicht die entscheidende Wende für die Entente gebracht, sondern die militärische Gesamtsituation im Osten noch verschlechtert. Die auf die Moldau zurückgegangene rumänisch-russische Front wurde zu einem Nebenkriegsschauplatz, der letztlich gleichfalls in den Strudel der Oktoberrevolution in Russland hineingezogen wurde. Dem Waffenstillstand im Dezember 1917 sollte schließlich der Friedensschluss von Bukarest im Mai 1918 folgen, der territoriale Veränderungen zugunsten Österreich-Ungarns, Bulgariens und des Osmanischen Reiches brachte.

Aber auch an der Isonzofront war die Lage 1916 keinesfalls ruhig gewesen. Bereits von 11. bis 16. März 1916 war gegen den Monte San Michele und bei San Martino eine räumlich begrenzte italienische Offensive (5. Isonzoschlacht) durchgeführt worden, die jedoch keinerlei Auswirkung auf den Frontverlauf hatte. Am 6. August erfolgte ein neuerlicher Angriff, der für die Italiener – sie waren mit nahezu zweimal so vielen Soldaten und Material deutlich überlegen angetreten – mit der Einnahme von Görz sowie der Besetzung des Monte San Michele und der Hochfläche von Doberdò endete. Weitere Offensiven vom 13. bis zum 17. September (7. Isonzoschlacht), vom 9. bis zum 12. Oktober (8. Isonzoschlacht) und vom 31. Oktober bis zum 4. November 1916 brachten die italienische Front immer näher an die Hermada, die letzte geografische Erhebung vor Triest, heran, die als operatives Ziel der Isonzo-Offensiven angesehen wurde.

Überrannte österreichisch-ungarische Stellung bei Okna

01 Der Eroberer von Bukarest, der deutsche **Generalfeldmarschall August von Mackensen** (1849–1945), gemeinsam mit General Kövess von Kövessháza (li.)

02 Durch **osmanische Truppen** eingebrachte russische Gefangene

01

02

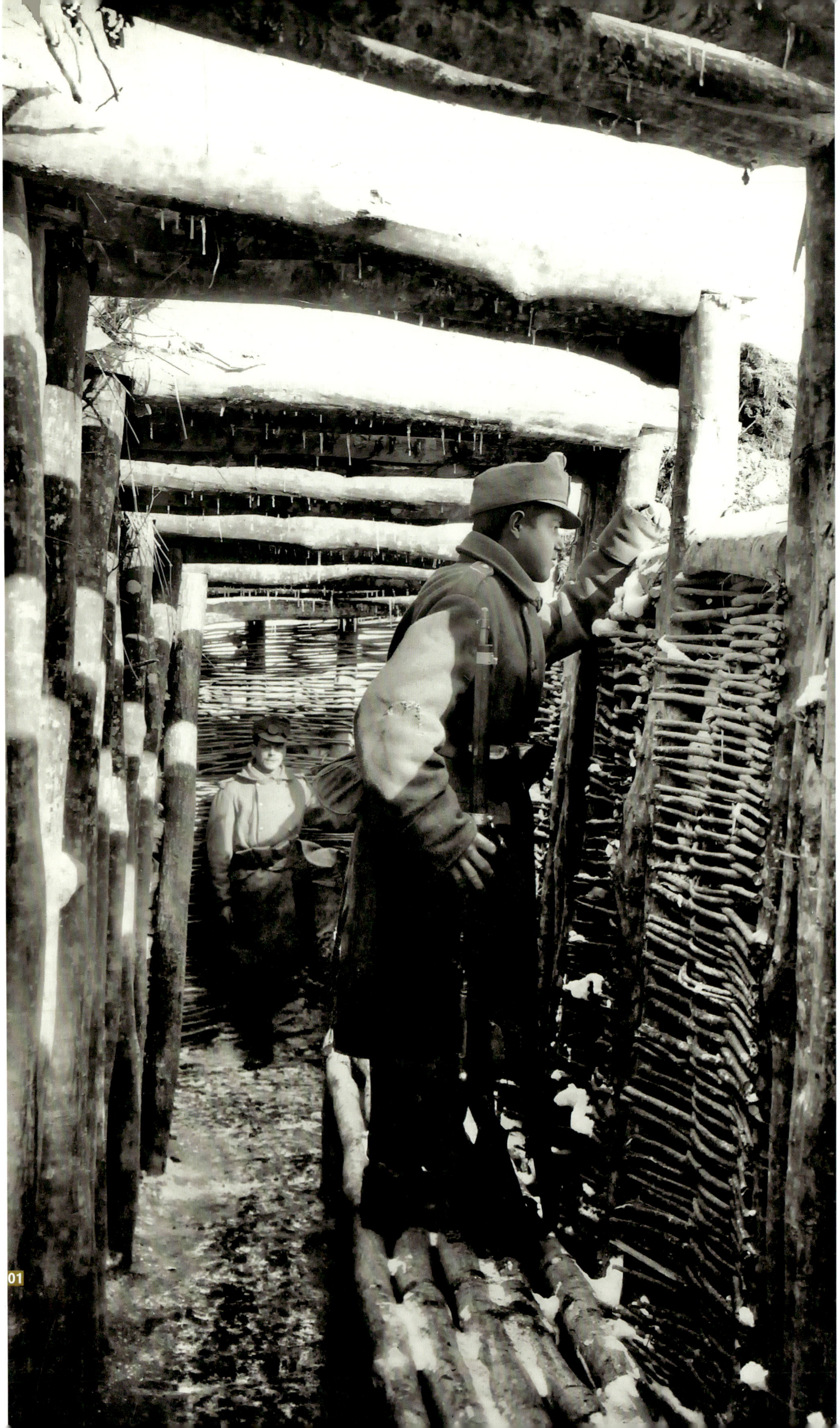

01

01 Österreichisch-ungarische Stellung an der rumänisch-russischen Front 1916/17

02 Laden eines österreichisch-ungarischen 12-cm-Luftminenwerfers durch osmanische Kanoniere an der galizischen Front

Zusammenfassend kann 1916 als das bis dahin blutigste Kriegsjahr des dreijährigen Ringens bezeichnet werden. Beide Seiten hatten an allen Kriegsschauplätzen Großoffensiven vorgenommen, die teilweise unter Aufbietung bis dahin unbekannter Personal- und Materialmengen die Entscheidung bringen sollten. Trotz ungeheurer Verluste schlug letztlich keine der beiden Seiten einen entscheidenden Vorteil heraus – manche der Schlachtfelder wie Verdun, Isonzo oder Folgaria-Lavarone sollten in weiterer Folge zu Synonymen des anonymen Massensterbens werden.

Glaube

Glaube

Religion und Glauben sollten angesichts von Tod, Verwundung und Not Trost spenden.

Militärgeistliche aller Konfessionen kamen ihrer seelsorgerischen Tätigkeit – teilweise unter schwierigen Bedingungen – auch in den vordersten Stellungen nach.

Militärjustiz

Militärjustiz

01 k.u.k. Militär- oder Kriegsgericht unter Vorsitz eines Auditors am russischen Kriegsschauplatz

02 Der am Würgegalgen durch den Wiener Scharfrichter Josef Lang (im Vordergrund) hingerichtete Reichsratsabgeordneter Cesare Battisti (1875–1916). Er hatte als Kriegsfreiwilliger in der italienischen Armee gekämpft, wurde im Juli 1916 am Monte Corno gefangen genommen und vor ein Kriegsgericht gestellt.

03 Gefangene Spione in Ostgalizien

04 Hingerichtete herzegowinische Deserteure auf dem Balkankriegsschauplatz

05 Wegen prorussischer Spionage hingerichtete Zivilisten – Pfarrer, Lehrer, Ortsvorsteher – eines ostgalizischen Dorfes

Militärjustiz

04
05

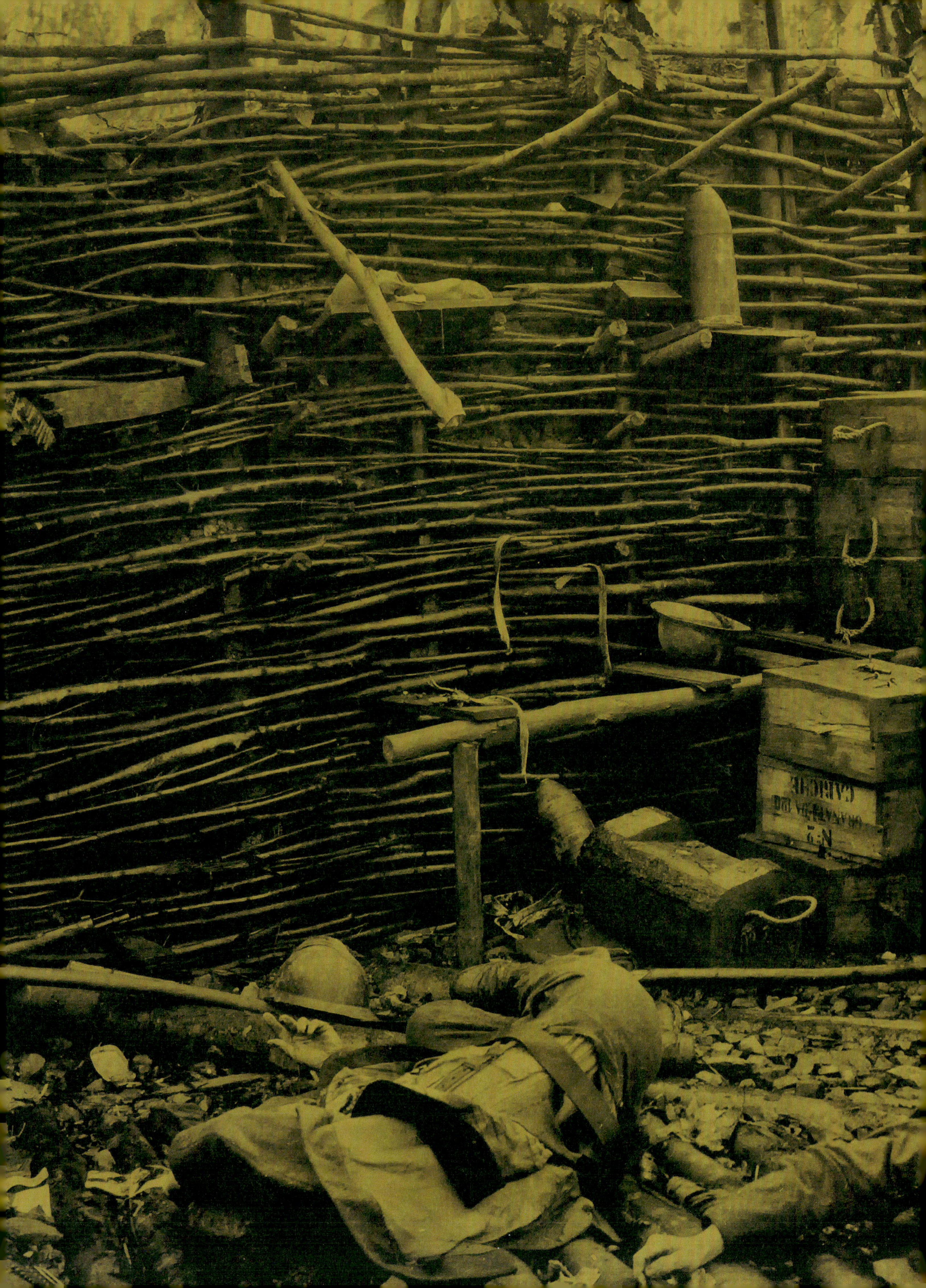

Kriegsjahr 1917

Abend-Ausgabe

Fremden-Blatt

mit militärischer Beilage
Die Vedette.

Nr. 326 — Wien, Freitag den 24. November 1916 — 70. Jahrg.

Kaiser Franz Joseph ✝

Kaiserin Auguste Viktoria und Kaiserin Zita.
Ein Depeschenwechsel.

K. Berlin, 24. November. Die „Nordd. Allg. Ztg." meldet:

Ihre Majestät die Kaiserin richtete an Ihre Majestät die Kaiserin und Königin Zita folgendes Telegramm:

„In dieser schicksalsschweren Stunde drängt es Mich auszusprechen, welch innigen Anteil Ich an dem Schmerz und der Trauer Eurer Majestät und der Völker von Oesterreich-Ungarn um den Heimgang Eurer Majestät erlauchten Oheims, Sr. Majestät des Kaisers und Königs Franz Joseph, nehme.

Herzliche Freundschaft hatte Mich im Leben mit Ihm verbunden, treue Verehrung werde Ich dem Entschlafenen bewahren.

Eurer Majestät aber harren neue schwere Pflichten, deren Erfüllung namentlich in dieser ernsten Kriegszeit an die Kräfte Eurer Majestät hohe Anforderungen stellen wird. Der Allmächtige möge Eurer Majestät hierzu seinen Beistand und Segen im reichsten Maße geben.

Auguste Viktoria."

Ihre Majestät die Kaiserin und Königin Zita antwortete darauf:

„Innigst gerührt durch die so überaus warmen herzlichen Worte der Anteilnahme, welche Eure Majestät so gütig waren anläßlich des Hinscheidens Meines innigst geliebten Oheims, des Kaisers und Königs Franz Joseph, an Mich zu richten, bitte Ich Eure Majestät, Meinen aus tiefstem Herzen kommenden Dank entgegennehmen zu wollen.

In dieser schicksalsschweren Stunde bitte Ich, die Freundschaft, welche Eure Majestät Meinem in Gott ruhenden Oheim in so hohem Maße zuteil werden ließen, auch auf Mich und Meine Familie zu übertragen.

Gott helfe uns weiter in dieser schweren Zeit!

Zita."

Vorstellung des österreichischen Gesamtministeriums bei Kaiser Karl.

Der Kaiser hat heute vormittags die Vorstellung des österreichischen Gesamtministeriums entgegengenommen.

Ankunft der Erzherzoge aus dem Felde.

Gestern sind hier die Herren Erzherzoge Max, Albrecht und Josef aus Anlaß des Ablebens Sr. Majestät Kaiser Franz Joseph I. eingetroffen.

Im Sterbegemache.

Heute nachts erfolgte die Konservierung der Leiche des Kaisers durch den Hofrat Professor Dr. Kolisko im Beisein des Leibarztes Generaloberstabsarzt Dr. Freiherrn v. Kerzl.

Der verblichene Monarch wurde sodann in die Gala-Marschallsuniform gekleidet, in den schwarzen Samtsarg gelegt und der Sarg auf das schwarze Schaubett gehoben. Dort bleibt der Sarg bis zum Montag. Hohe Silberleuchter mit brennenden Kerzen umgeben den Sarg, vor dem ein hohes Krucifix und ein Weihwasserkessel stehen.

Bei dem Sarge werden ununterbrochen Betstunden abgehalten.

Gestern hatten die Leibgarden und Schloßbediensteten von Schönbrunn die Leiche des Kaisers besichtigen können. Wie am Mittwoch sind auch am Donnerstag außer den Mitgliedern der kaiserlichen Familie und dem Hofstaate zahlreiche Persönlichkeiten aus der höchsten Aristokratie, Damen und Herren, im Schönbrunner Schlosse erschienen und hatten von der Leiche des Monarchen Abschied genommen.

Am Mittwoch hat der akademische Maler Professor Franz Edler v. Matsch eine Skizze von der Aufbahrung auf das Sterbebette angefertigt; sie ist für Frau Erzherzogin Marie Valerie bestimmt. Auch eine photographische Aufnahme des Sterbegemaches wurde angefertigt.

Die Leichenfeierlichkeiten.
Vorkehrungen der Polizei.

Im Polizeipräsidium hat heute vormittags unter dem Vorsitz des Polizeipräsidenten Baron Gorup eine Beratung im Anschluß an die gestrige Sitzung im Oberhofmeisteramte stattgefunden, in welcher an der Hand des vorliegenden Zeremoniells die Maßnahmen für die Sicherung am Abend der Überführung der Leiche des Kaisers und für den Nachmittag der Beisetzung getroffen wurden. Da die Bevölkerung ganz Wiens an diesen beiden Tagen in jenen Straßen zusammenströmen wird, die der Leichenzug passiert, steht die Polizei vor einer schweren Aufgabe, die sie nur mit Aufbietung ihres ganzen Apparates zu bewältigen imstande sein wird. Sämtliche Konzeptsbeamte, alle Organe der Sicherheitswache und des Polizeiagenteninstituts werden an beiden Tagen herangezogen und auch die Gewölbwache wird zu einzelnen Zweigen des Sicherungsdienstes herangezogen werden. An den beiden Tagen werden in den Hauptstraßen, welche der Zug passiert, Militärspaliere aufgestellt, hinter welchen sich die Reihen des Publikums entwickeln können. Um ein Zuströmen der Massen an einzelnen Stellen zu vermeiden, werden die Zugangsstraßen durch Riegel abgesperrt werden, wodurch man eine gleichmäßige Verteilung des Publikums auf den gesamten Weg, den der Zug nimmt, zu erreichen hofft. Wache und Militär werden angewiesen werden, ein Nachströmen der Massen nach dem Passieren des Zuges unbedingt hintanzuhalten und den Abmarsch der Bevölkerung in der Weise zu regeln, daß zum Heimweg womöglich die Quergassen in den einzelnen Bezirken mit Vermeidung der Hauptstraßen zu benützen sind.

In einer polizeilichen Kundmachung, die in den nächsten Tagen erscheinen wird, werden die Routen angegeben sein, die zum Heimweg aus der Inneren Stadt in die einzelnen Bezirke zu benützen sind. Auch wird das Publikum aufmerksam gemacht werden, daß Kinder und nervöse Personen unbedingt von den Ansammlungsstellen fern zu halten. Ferner wird in dieser Kundmachung darauf verwiesen werden, daß die Wohnungen so zu verwahren und auf Feuer und Licht zu achten ist, bevor man das Haus verläßt. Es empfiehlt sich, Wertgegenstände, Uhren, Brieftaschen mit ins Gebrange zu nehmen, da damit zu rechnen ist, daß sich Langfinger die Ansammlung von Hunderttausenden von Personen zunutze machen werden. Für den Sicherheitsdienst wird, wie erwähnt, die Gewölbwache herangezogen werden, deren Aufgaben speziell die Überwachung der großen Geschäfte, Wechselstuben und ähnlichen Institute sein wird. Die Aufstellung von Tribünen wird in dieser Kundmachung unbedingt verboten und darauf verwiesen werden, daß der Weg, den der Zug nimmt, genügend lang ist, um jedem die Möglichkeit zu geben, einen geeigneten Platz in den Straßen zu finden.

Die Vorbereitungen für den ärztlichen Dienst in den Straßen sind noch nicht abgeschlossen. Die Hauptaufgabe wird der Rettungsgesellschaft zufallen, außerdem werden aber auch die städtischen Sanitätsmannschaften und die Amtsärzte herangezogen werden. Es werden in den Straßen fliegende Ambulanzen errichtet, die weithin sichtbar durch ein rotes Kreuz gekennzeichnet sein werden und außerdem ist geplant, Tafeln aufzustellen, welche zur nächstgelegenen Ambulanz weisen. Auf diese Weise hofft man, das Zusammenströmen Hunderttausender von Menschen ohne ernste Störung regeln zu können.

Die Ueberführung in die Hofburgpfarrkirche.

Wie berichtet, erfolgt am 27. d. abends die Überführung der kaiserlichen Leiche aus dem Schönbrunner Schlosse in die Hofburgpfarrkirche. Zuvor wird der Samtsarg in einen Metallsarg gelegt, worauf die Einsegnung der kaiserlichen Leiche im Beisein der kaiserlichen Familie erfolgen wird. Sodann wird der Sarg über die große Freitreppe des Schönbrunner Schlosses in den großen Schloßhof getragen. An den von Sr. Majestät bei Lebzeiten bewohnten Fenstern der Schloßfront vorbei wird sich nun der Leichenzug unter Vortritt der Geistlichkeit bewegen. Der Trauerwagen wird dann seinen Weg durch den vom Kaiser Franz Joseph geschaffenen Vorpark über die Mariahilferstraße und Babenbergerstraße auf den Burgplatz und zur Botschafterstiege nehmen.

Die letzten Tage.

Aus Budapest, 24. d., wird uns gemeldet: Der Spezialberichterstatter des „Pester Lloyd" meldet aus Wien: Das Interesse des verstorbenen Kaisers an dem, was vorgeht, war noch am letzten Sonntag so stark, daß er das regelmäßige Referat der Militärkanzlei entgegennahm und mit erstaunlicher Geistesschärfe alle Reformationen zur Kenntnis nahm. Er wollte auch noch am Montag und Dienstag die Referate hören, doch gab er endlich dem Wunsche der Aerzte nach, sich Schonung aufzuerlegen.

Trauerkundgebung beim Verwaltungsgerichtshofe.

Heute fand beim Verwaltungsgerichtshofe aus Anlaß des Ablebens weiland des Kaisers Franz Joseph I. eine Trauerkundgebung statt, bei welcher der Erste Präsident Mrozis Bacquehem die Gedenkrede hielt. Zum Zeichen der Trauer werden beim Verwaltungsgerichtshofe am Tage des Leichenbegängnisses und an den Tagen, an welchen die Seelenmessen stattfinden, öffentliche Verhandlungen nicht abgehalten.

Die „Allzeit Getreue" in Trauer.

Aus Wiener-Neustadt wird berichtet: Unsere Stadt steht vollständig im Zeichen tiefster Trauer. Es wehen von allen Häusern ausnahmslos Trauerfahnen. In den Schulen wurde den Kindern Mittwoch Mitteilung von dem Tode des Monarchen gemacht, und die Lehrer würdigten seinen Lebenslauf und sein Wirken. Das Theater blieb gesperrt. Der Gemeinderat hielt gestern um halb 12 Uhr vormittags eine Trauersitzung ab. Die Gemeindevertreter waren in Schwarz erschienen, das mächtige Kaiserbild im Sitzungssaale war mit Trauerflor umrahmt. Bürgermeister Praschel hielt dem Kaiser einen innigen Nachruf. Er wurde ermächtigt, namens der Stadt an Allerhöchste Stelle eine Beileidskundgebung gelangen zu lassen und dem neuen Herrscher die Glückwünsche der „allzeit Getreuen" für seine Regierung zu entbieten.

Kriegsjahr 1917

Anlässlich des Todes von Kaiser Franz Joseph I. waren österreichisch-ungarische Zeitungen über mehrere Tage voll der entsprechenden Traueranzeigen.

Noch zu Jahresende 1916 kam es an der Spitze der österreichisch-ungarischen Monarchie zu einem Wechsel: Kaiser Franz Joseph I., der am 21. November nach 68 Regierungsjahren im 87. Lebensjahr verstorben war, folgte Erzherzog Carl Franz Joseph (1887–1922) als Karl I. auf dem Thron nach. Mit dem neuen Kaiser traten auch unübersehbare Veränderungen hinsichtlich des Verhältnisses zum deutschen Bundesgenossen ein. Karl I. versuchte unter allen Umständen, die Sonderstellung und Eigenständigkeit Österreich-Ungarns im Vierbund zu wahren, was gerade im Hinblick auf die schwierige militärische Situation zu zahlreichen Irritationen zwischen den Verbündeten führte. Noch im September 1916 hatten sich die Mittelmächte nach langwierigen Verhandlungen zur Formierung eines einheitlichen Oberbefehls durchgerungen, den der deutsche Kaiser Wilhelm II. formal übernahm. Die Souveränitätsrechte der Monarchen gegenüber ihren eigenen Streitkräften sollten dadurch nicht berührt werden. Dass Misstrauen gegenüber der Haltung des deutschen Kaisers und der Regierung in Berlin durchaus angebracht war, hatten bereits die deutschen Initiativen zur Abtretung österreichischen bzw. ungarischen Reichsgebietes an Italien (Trentino) und Rumänien (Siebenbürgen) gezeigt, um deren Kriegseintritt zu verhindern. Daher hatte man sich während der Verhandlungen die Integrität des Staatsgebietes der Donaumonarchie in einem geheimen Zusatzprotokoll durch den Bundesgenossen explizit bestätigen lassen.

Mit der Übernahme des Kommandos über alle österreichisch-ungarischen Truppen durch den neuen Kaiser galt es die Bestimmungen des gemeinsamen Oberbefehls zu adaptieren, da Karl I. gegenüber Wilhelm II. keinesfalls weisungsgebunden sein konnte. Dadurch wurde wiederum die Einheitlichkeit der Befehlsführung „aufgeweicht". Die gemeinsame Kriegsführung war künftig durch die beiden Generalstabschefs im direkten Einvernehmen zu regeln, was – zumindest für Deutschland und Österreich-Ungarn – mehr oder weniger eine Rückkehr zu den Verhältnissen von 1914/15 bedeutete. Zu einer Entfremdung der beiden Verbündeten führten nach deren Bekanntwerden („Sixtus-Affäre") auch die direkten und indirekten Friedensinitiativen des neuen Kaisers, den Krieg für Österreich-Ungarn unter Inkaufnahme einer eigenständigen Lösung, sprich: unter Umgehung des deutschen Bundesgenossen, zu beenden.

Daneben kam es auch in den Spitzenpositionen der k.u.k. Armee zu Veränderungen. Bekanntlich übernahm der Kaiser persönlich das

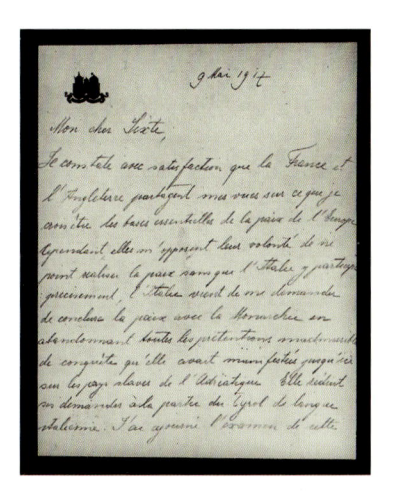

„Sixtus-Brief": Friedensavancen Kaiser Karls I. an Frankreich über seinen Schwager Prinz Sixtus von Bourbon-Parma

Kriegsjahr 1917

01 Kaiser Karl I. und die Spitzen der militärischen Hierarchie im Jahre 1917:
sitzend (von li.) Feldmarschall Kövess, Feldmarschall Erzherzog Eugen, Kaiser Karl I., Generaloberst Erzherzog Josef, Feldmarschall Conrad;
stehend (von li.) die Generalobersten Wurm und Kritek, Feldmarschall Krobatin, General Arz von Straußenburg, die Generalobersten Böhm-Ermolli, Scheuchenstuel, Boroević und Kirchbach

02 Der neue **Generalstabschef Arthur Freiherr Arz von Straußenburg** (1857–1935) mit seinen Adjutanten

03 Kriegsminister Rudolf Stöger-Steiner Freiherr von Steinstätten (1861–1921)

Offiziersunterstand an der Tiroler Front im Jahre 1917

Oberkommando der k.u.k. Streitkräfte und stellte den bis zu diesem Zeitpunkt tätigen Erzherzog Friedrich „zur Disposition". Nach außen hin wurde die Neuausrichtung der militärischen Hierarchie deutlich, indem Kaiser Karl I. das k.u.k. Armeeoberkommando von Teschen/Cieszyn nach Baden verlegte, um eine engere Koordination zwischen den militärischen und den zivilstaatlichen Einrichtungen zu gewährleisten. Die Entscheidung war aber wohl auch als Abgrenzung zur deutschen Obersten Heeresleitung zu verstehen, deren Hauptquartier sich in der Nähe von Teschen in Pleß/Pszczyna befand. Im Februar 1917 wurde der langjährige Generalstabschef Franz Conrad von Hötzendorf in seiner Funktion durch General der Infanterie Arthur Arz von Straußenburg ersetzt, erhielt jedoch eine Heeresgruppe an der Italienfront (Tirol). Auch in den Fachabteilungen des Armeeoberkommandos erfolgten zahlreiche Neubesetzungen, wobei man danach trachtete, fronterfahrene Stabsoffiziere nachrücken zu lassen. Dem Kriegsminister Alexander Freiherr von Krobatin folgte im April Rudolf Stöger-Steiner Freiherr von Steinstätten (1861–1921) nach, und schließlich kam es auch noch innerhalb der Militärkanzlei des Kaisers zu personellen Veränderungen: Die beiden hochbetagten Generaladjutanten Franz Josephs I., Eduard Graf Paar (1837–1919) und Arthur von Bolfras (1838–1922), wurden durch die Feldmarschall-Leutnants Zdenko Fürst Lobkowitz (1858–1933) und Ferdinand Ritter von Marterer ersetzt.

Die Pläne für das Kriegsjahr 1917 hatte Conrad für die österreichisch-ungarischen Streitkräfte noch dahingehend festgelegt, dass – nicht zuletzt, um weiteren Offensiven der Italiener zuvorzukommen – ein Angriff an der italienischen Front erfolgen sollte; damit wollte man auch die Bedrohung für Ljubljana und Triest endgültig aus der Welt schaffen. Die Einschätzung der Lage an der Isonzofront basierte auf der Annahme, dass es den Italienern aufgrund ihrer materialbedingten Überlegenheit innerhalb der folgenden Monate gelingen würde, den operativen Durchbruch zu erzielen. Den russischen Kriegsschauplatz glaubte man nach der Niederlage Rumäniens vorerst vernachlässigen zu können. Zudem waren die harten Kämpfe des Jahres 1916 auch an der Armee des Zaren und im Hinterland nicht spurlos vorübergegangen. Aufgrund der prekären Versorgungslage war es in zahlreichen russischen Städten zu Unruhen gekommen, die durch Soldaten des nördlichen Frontabschnittes niedergeschlagen werden sollten. Die Weigerung zahlreicher Regimenter, auf Demonstranten zu schießen, hatte am 12. März 1917 schließlich eine Meuterei der St. Petersburger Garnison und den Ausbruch der (1.) Russischen Revolution zur Folge. Mit deutscher Unterstützung wurde der unter seinem Pseudonym „Lenin" bekannte Führer der russischen Bolschewiki- bzw. Kommunistischen Partei, Wladimir Iljitsch Uljanow (1870-1924), in einem versiegelten Sonderzug aus seinem Schweizer Exil über deutsches Territorium nach Russland verbracht. Abdankung des Zaren, Gründung eines Sowjets der Arbeiter- und Soldatendeputierten

01

02

03

107

Kriegsjahr 1917

11 - 4 - 1917

Soldaten!

Die Vereinigten Staaten Amerika's haben Deutschland und Oesterreich den Krieg erklärt. Es sind 120 Millionen Mann die sich gegen eure Regierung gewendet haben, denn diese Regierung bedeutet Sklaverei der Nationen und Despotismus der Herrscher. Ihr - Soldaten - seit nicht schuldig, aber die Führer sind es. Diesen letzten will das grosse, freie amerikanische Volk die mit den angeordneten Greueltaten wohlverdiente Strafe zufügen, um dann Euch in Frieden nach Hause zu schicken.

Wenn ihr noch Hoffnungen eines Sieges über die Entente hattet, so kann es jetzt nicht mehr so sein.

Die Türkei is hin, Bulgarien kämpft nicht mehr. Oesterreich und Deutschland haben die ganze Welt gegen sich.

Wer den Sieg hofft ist töricht oder dumm! Verlanget den Frieden!

Alliiertes Flugblatt anlässlich der Kriegserklärung der Vereinigten Staaten, April 1917

Frontbesuch des Kaisers bei einem bosnisch-herzegowinischen Infanterieregiment

und allgemeine Versorgungsschwierigkeiten prägten die März- und Apriltage des Jahres 1917. Die Auswirkungen auf die russische Armee waren verheerend. Gegen das Offizierskorps gerichtete Aufrufe zur Insubordination und Befehlsverweigerung des Sowjets führten mehr und mehr zu Auflösungserscheinungen an der Front, die jedoch sowohl von deutscher als auch von österreichisch-ungarischer Seite überschätzt wurden.

An der deutschen Westfront waren die Truppen inzwischen auf die verkürzte, aber sehr gut ausgebaute Siegfried-Linie zurückgenommen worden, an deren nachhaltiger Verteidigung die Frühjahrsoffensiven der Alliierten unter enormen Verlusten scheiterten. Innerhalb des französischen Heeres führte dies zu einer ernsten Zerrüttung der Moral; man drängte die Verbündeten zu Entlastungsangriffen an den anderen Kriegsschauplätzen, um die Verlegung deutscher Verbände von der Westfront zu erzwingen. Da die französischen Wünsche für die Verbündeten verständlicherweise nicht rasch und unmittelbar realisierbar waren, veränderte sich das Kräftegleichgewicht an der Westfront vorerst auch nicht. Um Befehlsverweigerungen und Meutereien in den Griff zu bekommen, Disziplin und „Ordnung" durchzusetzen und das innere moralische Gefüge der Fronttruppe wieder zu stärken, griff das französische Oberkommando zu teilweise drastischen Mitteln und drakonischen Strafen.

An der Südwestfront brauchte die italienische Armeeführung bis Mitte Mai 1917, um wieder operationsbereit zu werden und – dem französischen Ansuchen entsprechend – erneut an der Isonzofront anzugreifen (10. Isonzoschlacht). Am 12. Mai eröffnete weit überlegene Artillerie ein Vorbereitungsfeuer von bis dahin kaum gekanntem Ausmaß. Trotz des erheblichen Widerstands gelangen zahlreiche Einbrüche in die österreichisch-ungarische Abwehrfront. Der Kommandant der österreichisch-ungarischen 5. Armee, Generaloberst Svetozar Freiherr Boroević von Bojna (1856–1920), musste bereits vorzeitig Reserven heranführen. Nach kurzer Unterbrechung begann am 23. Mai der Hauptschlag, der sich gegen den Südflügel der 5. Armee richtete. Die Krise wog so schwer, dass sich das k.u.k. Armeeoberkommando veranlasst sah, Kräfte aus dem Nordosten abzuziehen. Das Kommando der Südwestfront führte Truppen aus Tirol und Kärnten heran. Bis 4. Juni 1917 gelang es den k.u.k. Streitkräften, die „Flondarstellung" weitgehend wiederherzustellen. Die kaum nennenswerten Geländegewinne (Kuk-Höhe) hatten die Italiener mit einem gewaltigen Blutzoll erkauft: 36.000 Toten, 96.000 Verwundeten und 27.000 Kriegsgefangenen auf ihrer Seite standen 7.300 gefallene, 45.000 verwundete und 23.400 kriegsgefangene österreichisch-ungarische Soldaten gegenüber. Bereits am 18. Juni griffen die Italiener die durch die Verluste aus den vorherigen Schlachten geschwächte k.u.k. 5. Armee neuerlich an und erreichten insbesondere nördlich des Monte San Gabriele/Škabrijel

Kriegsjahr 1917

Lokale Waffenstillstandsverhandlungen zwischen russischen und österreichisch-ungarischen Offizieren nach Ausbruch der russischen Frühjahrsrevolution 1917

01 Gruppenfoto der ersten „Kriegspromotion" des Militär-Maria-Theresien-Ordens in der Villa Wartholz, August 1918

02 Russische Parlamentäre nach Waffenstillstandsverhandlungen beim Stab der österreichisch-ungarischen 40. Infanterie-Division

Geländegewinne; das 5. Armeekommando sah sich veranlasst, den Abschnitt im Norden des Berges zurückzunehmen und die Hochfläche von Bainsizza/Banjščice dem Gegner zu überlassen. Der Monte San Gabriele nahm damit als Eckpfeiler des Görzer Abschnittes eine Schlüsselrolle ein. Trotz intensivsten Material- und Truppeneinsatzes konnten ihn die Italiener jedoch nicht nehmen. Deren Opferzahlen in der 11. Isonzoschlacht waren mit 40.000 Toten und 108.000 Verwundeten wieder enorm. Die österreichisch-ungarische 5. Armee verzeichnete 10.000 Tote und 45.000 Verwundete; 30.000 Soldaten galten als vermisst, 20.000 waren infolge der Strapazen erkrankt.

Der Bündnispflicht gegenüber der Entente versuchte nun auch die Mitte Mai gebildete bürgerliche russische Regierung Alexander Kerenskis (1881–1970) im Rahmen eines Großangriffs („Kerenski-Offensive") nachzukommen. Dabei setzten die Russen erstmals eine aus tschechischen Überläufern und Kriegsgefangenen gebildete Infanteriebrigade ein, die bei ihrem Angriff im Raum Zborów auf zwei größtenteils aus Tschechen bestehende Infanterieregimenter (Nr. 75 und 35) stoßen sollte. Die Hoffnung, diese k.u.k. Regimenter durch nationale Agitation zum Überlaufen zu bewegen, bewahrheitete sich nicht – in der tschechischen Nationalhistoriographie wurde der Einsatz der tschechischen Brigade jedoch nachträglich übertrieben dargestellt.

Die russische Offensive begann am 29. Juni 1917, sie sollte in allgemeiner Richtung Lemberg geführt werden. Mit den zur Verfügung stehenden Massen an Truppen und Material schien der Erfolg durchaus möglich. Die gegenüberliegenden österreichisch-ungarischen Armeen (2. und 3.) – durch kontinuierliche Abgaben an die Italienfront geschwächt und dem Ansturm der überlegenen Kräfte daher nicht gewachsen – wichen zurück, lediglich die deutsche Südarmee hielt. Trotz tiefer Einbrüche und dem Zurückgehen auf rückwärtige Stellungen gelang der entscheidende operative Durchbruch jedoch nicht. Die moralischen Auswirkungen auf die Russen waren trotz anfänglicher Erfolge infolge der hohen Verluste und der bolschewistischen Agitation katastrophal, letztlich hatte die Offensive die letzten Reserven gekostet – die Angriffskraft der russischen Armee war endgültig gebrochen.

Der ab 19. Juli einsetzenden Gegenoffensive konnten die angeschlagenen russischen Truppen dann auch kaum nennenswerten Widerstand entgegensetzen. Bis Mitte August vermochten die Mittelmächte Ostgalizien und die Bukowina zurückzuerobern; danach erstarrten die Fronten entlang der Reichsgrenze zu Russland. Spätestens ab diesem Zeitpunkt kam, ausgelöst durch die angespannte Versorgungslage, durch Kriegsmüdigkeit und Bolschewisierung, der Zersetzungsprozess der russischen Armee in vollem

01
02

Kriegsjahr 1917

Der Rat der Volkskommissare in Petrograd, d. h. die proletarische Regierung Russlands, hat am 5. Dezember folgenden Aufruf an die deutschen Soldaten gerichtet. Aus Angst vor dem Widerhall, den die Worte des russischen Proletariats bei dem deutschen Volke finden könnten, hat die deutsche Regierung jede Veröffentlichung und Verbreitung dieses Aufrufs verboten.

Russlands Aufruf an die deutschen Soldaten.

Die provisorische Regierung ist gestürzt worden, die Macht ist jetzt in den Händen des russischen Volkes, und die neue Regierung betrachtet den sofortigen Friedensschluss als ihre vornehmste Aufgabe.

Wir haben alle Massnahmen getroffen, damit allen kriegführenden Mächten der Text unseres Friedensangebotes mitgeteilt wird.

Wir fordern nun euch Soldaten auf, auch euerseits uns beizustehen im Kampfe für Frieden und Sozialismus, denn allein der Sozialismus wird dem Arbeiterstande einen dauernden Frieden geben; er allein ist imstande die Wunden zu heilen, die der Krieg geschlagen hat.

Soldaten, Brüder! Das leuchtende Beispiel, das euch euer Führer Liebknecht gegeben hat, der Kampf, den ihr in den Versammlungen und in der Presse führt, endlich die revolutionären Ereignisse in der deutschen Flotte geben uns die Gewissheit, dass eure Arbeiterbataillone bereit sind zum Kampfe für den Frieden.

Brüder, wenn Ihr uns unterstützt, so ist das Friedenswerk gesichert. Alle anderen Mächte werden einem gerechten und demokratischen Frieden beistimmen.

Wenn ihr uns beisteht in dem Kampfe für den Sozialismus, so wird euer Organisationsgeist, eure Erfahrung dem Sozialismus überall zum Siege verhelfen. Unsere Soldaten haben die Waffen niedergelegt, an euch ist es nun, der Fahne des Friedens zu folgen.

Es lebe der Friede!
Es lebe die soziale und internationale Revolution!

Petrograd, den 5. Dezember 1917.

Für den Rat der Volkskommissare:

gez.: LENIN.   TROTZKI.

Maße in Gang; er führte auch im Hinterland zur Auflösung der staatlichen Strukturen. Nach der „Oktoberrevolution" Anfang November 1917 wurden im Dezember ein Waffenstillstand mit dem Deutschen Reich und Österreich-Ungarn geschlossen und Friedensverhandlungen in Brest-Litowsk geführt. Sie sollten im März 1918 in einen Sonderfrieden Russlands und der nun selbstständigen Ukraine mit den Mittelmächten münden.

Das Schwergewicht der österreichisch-ungarischen militärischen Planungen hatte sich bereits nach dem Scheitern der russischen Augustoffensive wiederum auf den italienischen Kriegsschauplatz verlagert. Das Armeeoberkommando in Baden musste sich aufgrund der Erfahrungen aus der 10. und der 11. Isonzoschlacht bewusst sein, dass die k.u.k. Isonzoarmee im Verlauf der nächsten italienischen Angriffsoperationen nicht mehr in der Lage sein würde, den Durchbruch in den Raum Triest zu verhindern. Eine Angriffsoperation aus dem Raum Flitsch/Bovec–Tolmein/Tolmin wurde als aussichtsreichste Variante angesehen, den nunmehr als „Heeresgruppe Boroević" zusammengefassten, aus der 1. und 2. Isonzoarmee bestehenden Streitkräften am Isonzo Entlastung zu verschaffen. Zur Durchführung der vorerst als begrenzte Entlastungsoffensive geplanten Unternehmung leistete die deutsche Oberste Heeresleitung nach eingehender Prüfung des Kampfraumes Unterstützung durch sieben Divisionen sowie zahlreiche Artillerie- und Minenwerfer-Verbände (darunter auch Gaswerfer-Verbände), die gemeinsam mit fünf österreichisch-ungarischen Divisionen die neue deutsche 14. Armee unter General der Infanterie Otto von Below (1857–1944) zu bilden hatten. Die Zufuhr deutscher Truppen brachte aber auch einen bedeutenden Nachteil mit sich: Da deren Antransport von der deutschen Westfront mittels österreichisch-ungarischer Eisenbahnen zu erfolgen hatte, standen weder das rollende Material noch die benötigte Kohle für eigene dringende Versorgungstransporte im Hinterland zur Verfügung.

Trotz sorgfältiger Tarnung konnte die italienische Armeeführung die Angriffsabsichten rechtzeitig erkennen, übergelaufene Offiziere tschechischer und ruthenischer Herkunft bestätigten entsprechende Vermutungen. Die im Angriffsraum eingesetzte italienische 2. Armee ging hinsichtlich ihres Kräfteansatzes aber nicht zur operativen Defensive über, sondern beließ die Masse der Truppen in den vorderen Stellungen, um nach Zufuhr entsprechender Verstärkungen möglichst rasch selbst wieder offensiv zu werden. Als am 24. Oktober 1917 das Artillerievorbereitungsfeuer der Verbündeten begann, ließen sich aber schon nach wenigen Stunden große Teile der italienischen Artillerie durch die Verwendung deutscher Gasmunition ausschalten. Bei Flitsch und Tolmein wurden bereits am Morgen des Angriffstages tiefe Einbrüche erzielt und unzählige Gefangene eingebracht. Der falsche Einsatz der italienischen Reserven und die viel zu dicht

01 Die Verbündeten: Kaiser Wilhelm II., Kaiser Karl I. und Generalstabschef Arz von Straußenburg

02 Russisches Flugblatt nach der „Oktoberrevolution" 1917

03 Kaiser Karl I. in der Uniform eines Obersten der Kaiserschützen mit dem Chef des Generalstabes Arz von Straußenburg bei der Heeresgruppe in Tirol

besetzten vordersten Stellungen ermöglichten den angreifenden Truppen letztlich den operativen Durchbruch. Auch erwiesen sich die italienischen Gasschutzmasken gegenüber dem ungewohnten deutschen Giftgas als wenig effizient. Bereits am 28. Oktober wurde Udine genommen. Die italienische Armee verlor in den ersten Tagen mehr als 200.000 Gefangene, gewaltige Massen an Material und Kriegsgerät konnten erbeutet werden. Das k.u.k. Kommando der Südwestfront ordnete aufgrund des Zurückgehens der italienischen Armeen deren Verfolgung an den Tagliamento an, dessen Überschreitung bereits am 3. November gelang. Am 7. November überquerte man die Livenza und erreichte schließlich die Piave. Ein Überschreiten des mächtigen Flusses gelang jedoch nur begrenzt; die Brückenköpfe ließen sich mangels Artillerie, die aufgrund der Schnelligkeit des Vormarsches nicht folgen konnte, nicht halten.

Aufgrund der prekären Lage in Italien sah sich die Entente veranlasst, dem Bundesgenossen zur Stabilisierung seiner Fronten Truppen zu überstellen, die letztlich bis Kriegsende im Oktober/November 1918 am italienischen Kriegsschauplatz verbleiben sollten. Im Gegenzug begann der deutsche Bundesgenosse, seine für die 12. Isonzoschlacht beigestellten Truppen für die große Frühjahrsoffensive 1918 wieder an die Westfront zurückzuverlegen. Trotz des enormen militärischen Erfolges, den das „Wunder von Karfreit" bzw. die „Schlacht von Caporetto" gebracht hatte, verschob sich das quantitative und qualitative Kräftegleichgewicht an der Piave dadurch zugunsten der Alliierten. Dennoch sind der Erfolg der gemeinsamen Offensive und die Wirkung auf die Moral der Truppen nicht zu unterschätzen. Die Masse an Kriegsbeute war gewaltig: Die sich zurückziehende italienische Armee konnte sowohl Waffen und Munition als auch sonstige Nachschubgüter nicht mehr abtransportieren. Die Rückzugsstraßen waren von liegengebliebenen Geschützen und Nachschubkolonnen übersät, sie fielen den Verbündeten in die Hände und waren teilweise nach kurzer Instandsetzung für eigene Zwecke verwendbar. Andererseits verkamen auch viele Güter – vor allem Verpflegung, die mangels entsprechender Vorbereitungen nicht fachgerecht geborgen und gesichert werden konnte. Die Versorgungslage für die vor Ort eingesetzten Truppen entspannte sich zwar kurzzeitig; einen nachhaltigen Effekt auf die Gesamtversorgungslage in der Donaumonarchie verzeichnete man jedoch nicht.

01 „Unter die Masken!" Der Erfolg der 12. Isonzoschlacht wurde durch den Einsatz deutschen Giftgases maßgeblich begünstigt.

02 Noteinquartierung in Eisenbahnwaggons. Mangels ausreichender fester Unterkünfte im Etappenraum an der Piave wurden k.u.k. Truppen auch in erbeuteten italienischen Waggons untergebracht.

03 Österreichische 7,5-cm-Gebirgskanone M.15 in improvisierter Fliegerabwehrstellung

Gebirgskrieg

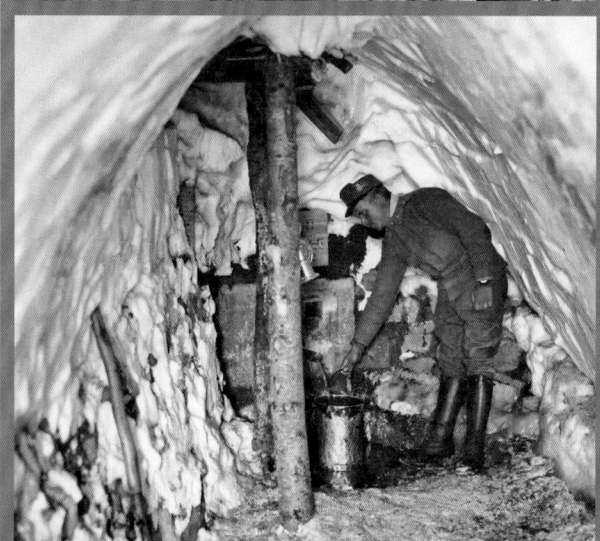

Gebirgskrieg

Mit der Kriegserklärung Italiens im Mai 1915 war der Krieg auch „hochalpin" geworden.

Die höchste Gebirgsstellung des Weltkrieges befand sich am Ortler in den Ostalpen in rund 3.800 Metern Höhe.

Der Kampf gegen den Gegner und ständige alpine Gefahren stellten für beide Seiten eine besondere Herausforderung dar und widersprachen den oftmals romantisierenden Darstellungen der Kriegspropaganda.

Gebirgskrieg

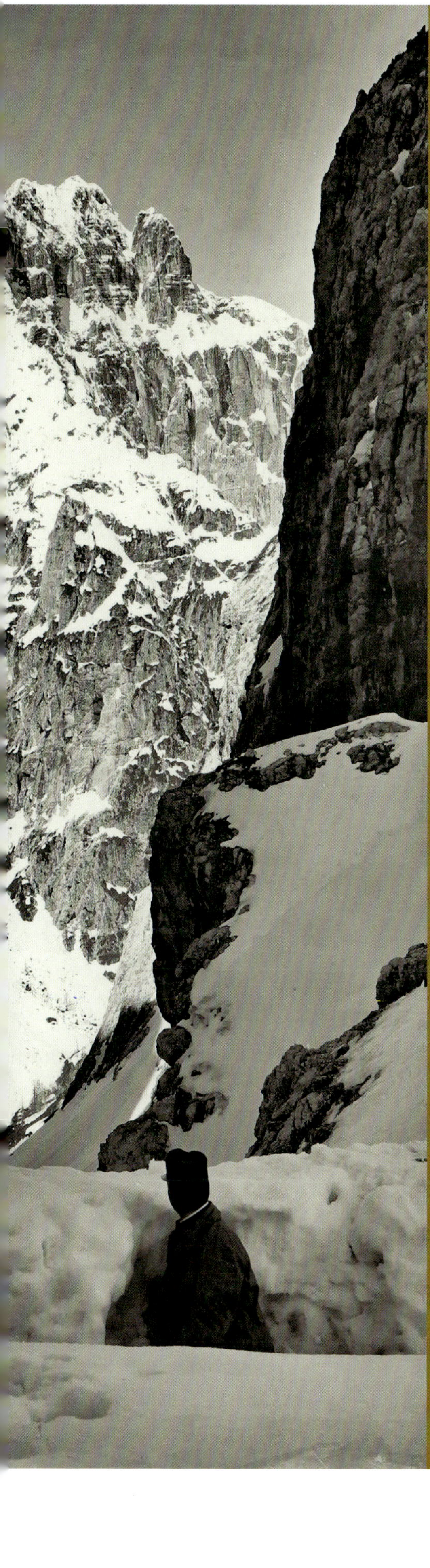
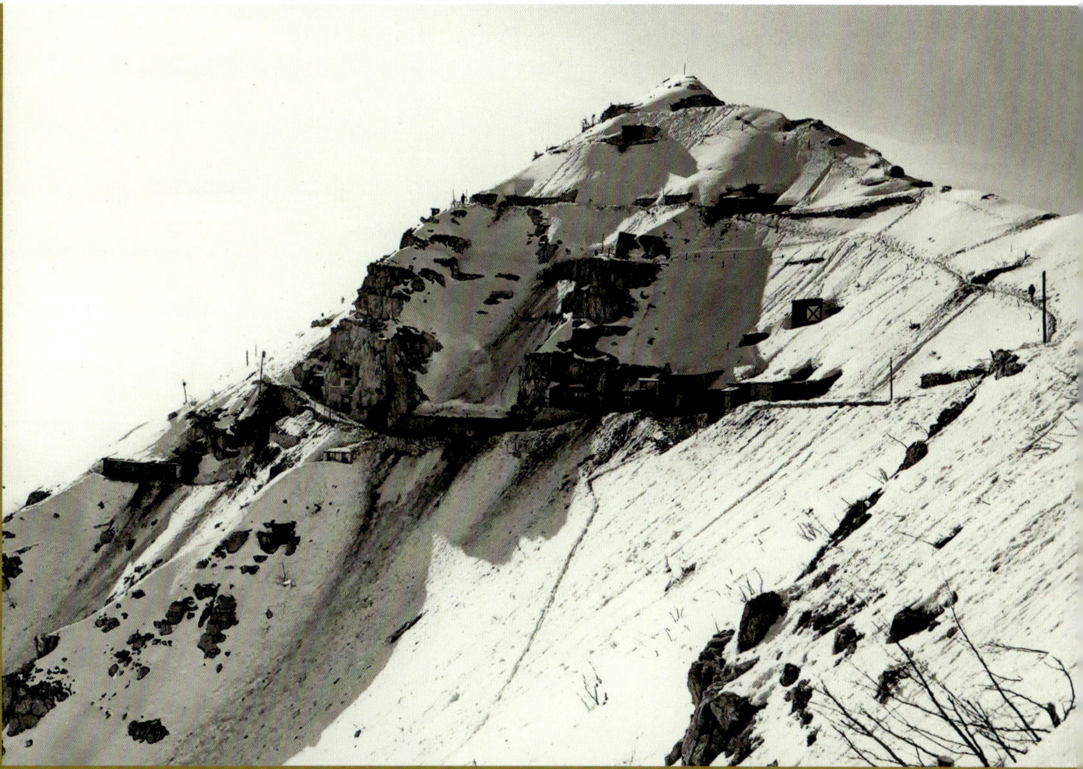
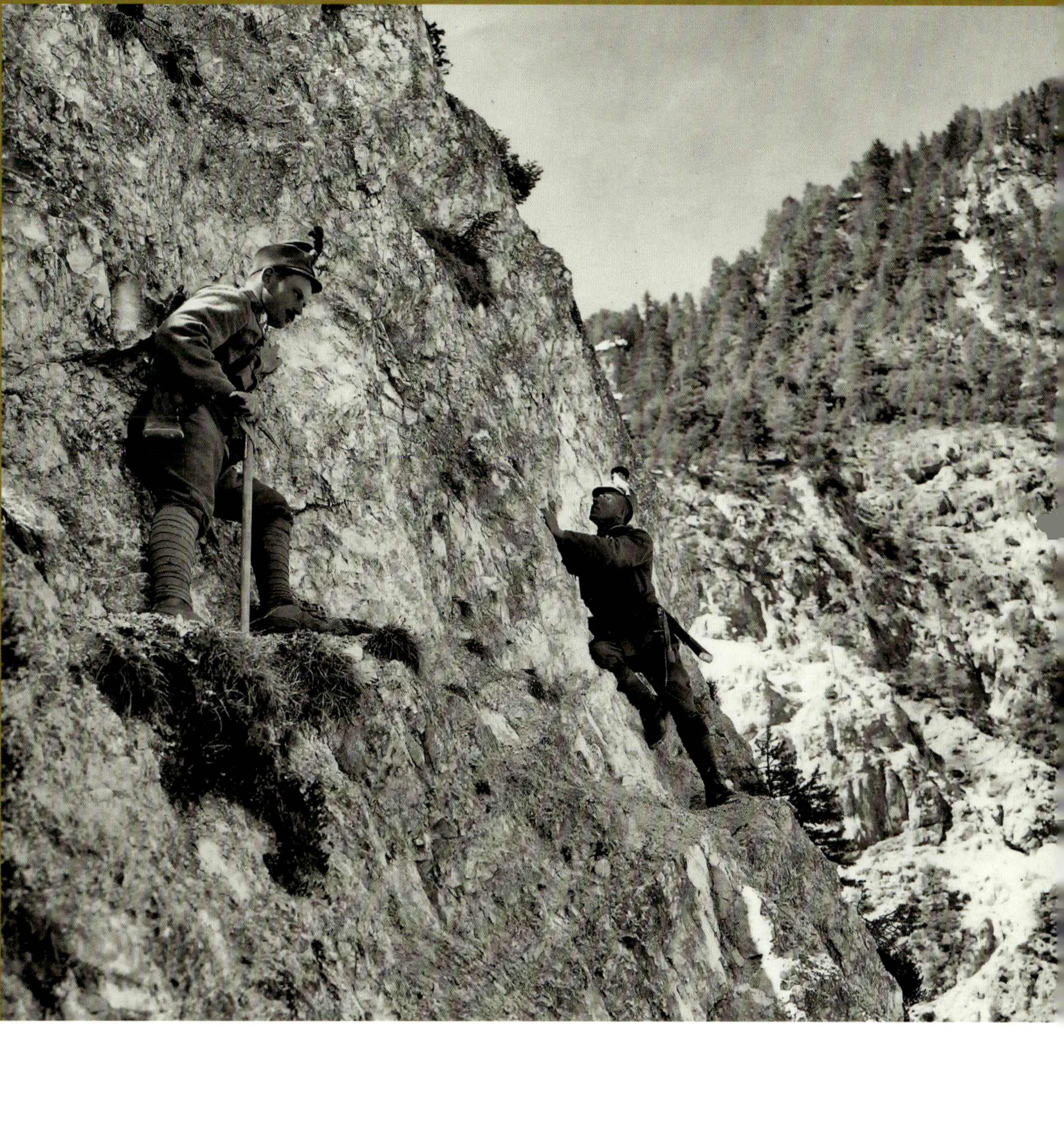

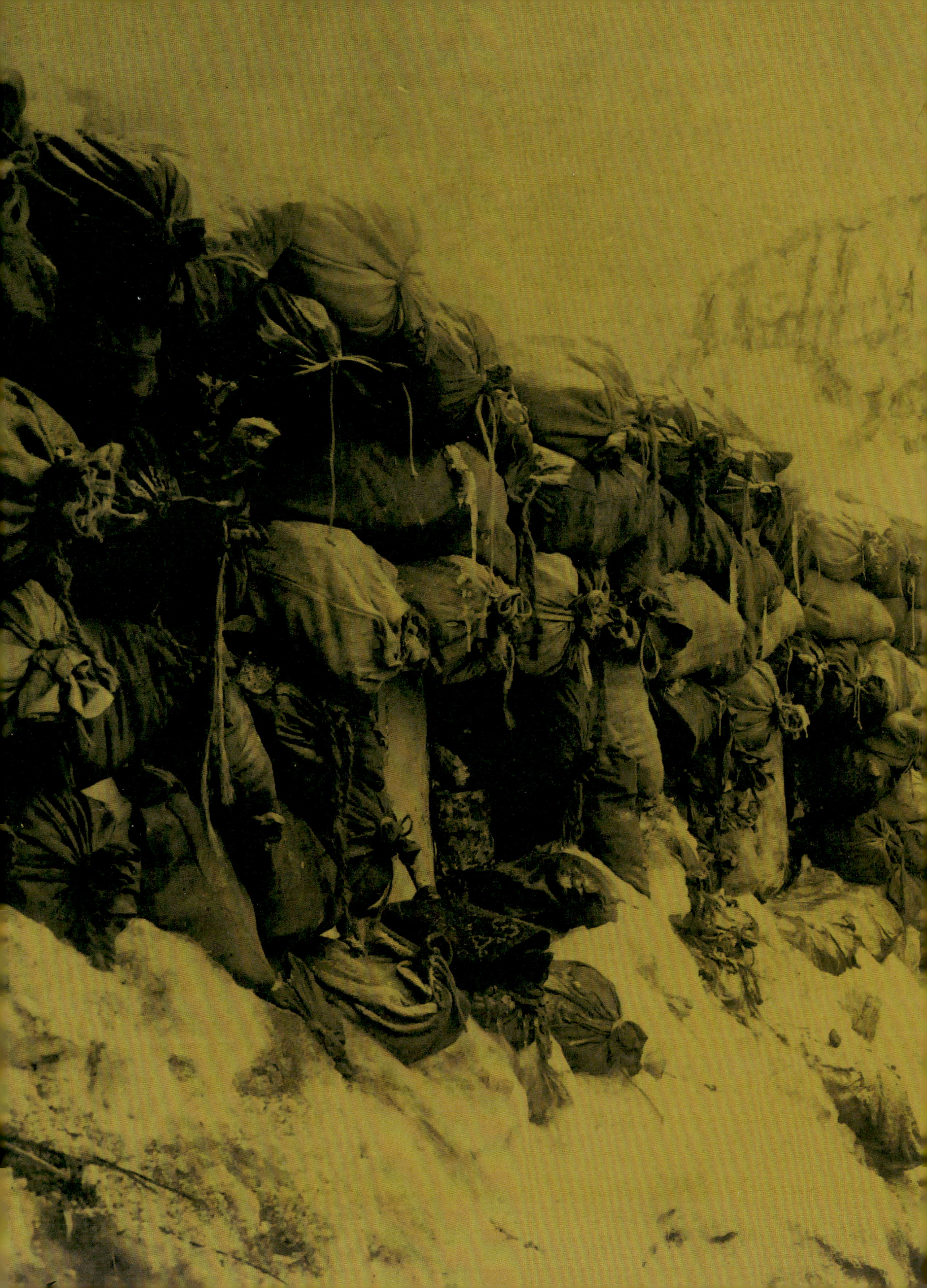

Kriegsjahr 1918
und Zusammenbruch

Kriegsjahr 1918 und Zusammenbruch

Kriegsjahr 1918 und Zusammenbruch

Wenngleich der glänzende Sieg der Verbündeten in der 12. Isonzoschlacht neben der Erreichung der italienischen Tiefebene und der damit verbundenen Frontverkürzung einen erheblichen militärisch-operativen Vorteil brachte und die ungeheuren Massen an erbeutetem Material den weiteren Ausbau der Streitkräfte sowie deren zeitweise Versorgung aus Beutegut ermöglichen: Dass auch die Monarchie in ihrem fünften Kriegsjahr allmählich auszubluten begann, konnte nicht übersehen werden. Die Handelsblockade der Alliierten in der Adria („Otrantosperre") wirkte sich bereits eklatant auf Qualität und Quantität der Rüstungsgüter aus, deren Produktion immer noch Priorität gegenüber jener ziviler Konsumgüter zukam. Die Rüstungsindustrie rang sämtlichen Beschäftigten Höchstleistungen ab; der gewaltige Materialbedarf der Armee verschärfte die Versorgungslage trotz des Übergangs zu Mangelwirtschaft und Rationierungen im Hinterland ebenso wie an den Fronten zunehmend.

Streiks und Demonstrationen im Jänner 1918 sollten nur die Vorboten des nahen wirtschaftlichen Zusammenbruchs sein: Ausgelöst durch die Halbierung der Mehlrationen traten die Arbeiter mehrerer Industriebetriebe im Wiener Neustädter Raum Mitte Jänner 1918 in den Ausstand; ihnen schlossen sich nach und nach auch jene der Industriegebiete nahe Wien, in Böhmen und Mähren an. Als Ursachen für die krasse Reduktion der Lebensmittelrationen lassen sich mehrere Faktoren anführen: Neben einer hinter den Erwartungen zurückbleibenden Ernte 1917 fielen bereits einkalkulierte Getreideimporte aus Rumänien aus, da die Donau wegen Eisbildung nicht befahren werden konnte. Darüber hinaus hatte der strenge Winter enorme Transportprobleme zur Folge. Zahlreiche Eisenbahnstrecken waren tief verschneit und nicht benutzbar. Andererseits spitzte sich der Kohlenmangel durch den Bedarf an den Fronten erheblich zu, da die Rüstungsindustrie für die Produktion der von der k.u.k. Armee benötigten Güter immer größere Kontingente beanspruchte, die bereits 1917 mehr und mehr aus Reserven hatten abgedeckt werden müssen. Zufuhren an Steinkohle waren ausschließlich über das Deutsche Reich möglich, das aber wegen seines eigenen ambitionierten Rüstungsprogramms („Hindenburg-Programm") bereits erhöhten Eigenbedarf geltend machte. Auf dem Höhepunkt des „Jännerstreiks" hatten rund 700.000 Arbeiter ihre Arbeit niedergelegt. Man forderte nicht nur eine Verbesserung der Lebensmittelversorgung, sondern kritisierte auch die schleppenden Friedensverhandlungen mit Russland und der Ukraine in Brest-Litowsk.

Gebirgskanone
eines Gebirgsartillerieregiments auf der Rattendorfer Alpe in verdeckter Stellung

Kriegsjahr 1918 und Zusammenbruch

Friedensverhandlungen mit Rumänien im Frühjahr 1918 in Bukarest:

01 Der k.u.k. Minister des Äußeren Ottokar Graf Czernin, Feldmarschall August von Mackensen und der deutsche Staatssekretär Richard von Kühlmann

02 Schloss Cotroceni, der Verhandlungsort

03 Die österreichisch-ungarische Verhandlungsdelegation mit Minister Czernin in der Mitte

Aber auch die Arbeitsbedingungen selbst gaben Anlass zu berechtigtem Unmut, waren doch zahlreiche Rüstungsbetriebe im Rahmen der rechtlichen Bestimmungen zur Kriegsleistung herangezogen und solchermaßen „militarisiert" worden. Damit unterstanden die dort beschäftigten Arbeiter dem Militärstrafrecht. Zur Eindämmung der Streikbewegung kam, da mit den zivilen Sicherheitskräften kaum das Auslangen gefunden werden konnte, auch Militär im Rahmen von Assistenzleistungen zum Einsatz. Durch Zusicherung eines raschen Friedens im Osten („Brotfrieden") und die Intervention der wichtigsten Persönlichkeiten der Sozialdemokratie, die eine Bolschewisierung der Arbeiterschaft befürchtete, erreichte man ein Abebben der Streiks; das k.u.k. Armeeoberkommando sowie das für das Hinterland zuständige k.u.k. Kriegsministerium einigten sich darauf, eine bestimmte Anzahl von Divisionen ausschließlich im Hinterland aufzufrischen, um stets über ein markantes Militärpotenzial für allfällige Assistenzzwecke verfügen zu können.

Sonderausgabe der „Amstettner Zeitung" anlässlich des Friedensschlusses mit Russland

Der Jännerstreik hatte aber auch bereits Auswirkungen auf das Militär selbst gezeigt: Ersatzformationen mit vor allem südslawischer und tschechischer Mannschaft meuterten aufgrund der niedrigen Verpflegssätze. Auch im Seearsenal von Pula/Pola kam es zu Streiks, denen sich in weiterer Folge Matrosen der im Hafen liegenden Schiffe anschlossen, was sich im Februar 1918 zu einem umfassenden Matrosenaufstand in der Bucht von Cattaro entwickelte. Zwar waren die Meutereien durch die Verpflegskrise ausgelöst worden, in weiterer Folge kamen jedoch auch politische Forderungen auf, die sich an der russischen Oktoberrevolution orientierten. Trotz dieser Erscheinungen, die auch in der deutschen, französischen oder italienischen Kriegsmarine bzw. Armee Parallelitäten fanden, zeigten sich k.u.k. Heer und Kriegsmarine zu diesem Zeitpunkt immer noch als loyales Instrument der Monarchie.

Als viel entscheidender und für die Verlässlichkeit der Truppen besonders negativ sollte sich die Rückführung der ehemaligen Kriegsgefangenen aus Russland erweisen. Bis Dezember 1917 waren rund zwei Millionen Mannschaften und Unteroffiziere sowie rund 55.000 Offiziere in russische Kriegsgefangenschaft geraten. Beim Waffenstillstand im Osten hatte man zwar die Frage der Rückführung vorerst ausgeklammert. Da jedoch mit der Oktoberrevolution die Kriegsgefangenen in Russland größtenteils entlassen wurden und durch den Einmarsch österreichischer wie deutscher Truppen in die Ukraine leichte Übertrittsmöglichkeiten bestanden, setzte bereits unmittelbar danach ein unkontrollierter Rückfluss ein, der mit dem Abschluss des Friedensvertrages von Brest im März 1918 in geordnete Bahnen gelenkt wurde. Bis April 1918 waren bereits 380.000, bis Ende Juni 517.000 und bis Kriegsende insgesamt 670.000 Kriegsgefangene zurückgekehrt.

Für die militärische Führung ergab sich aus den Rückkehrerströmen eine ambivalente Situation. Einerseits boten die Heimkehrer eine willkommene Entlastung für die angespannte Personalsituation, andererseits war davon auszugehen, dass die Kriegsgefangenschaft die körperliche Konstitution der Soldaten stark beeinträchtigt hatte. Auch bestand die Gefahr der Einschleppung von Seuchen. Das Armeeoberkommando hegte zudem Bedenken, dass sozialrevolutionäres Gedankengut in die Armee eingeschleust würde. Zahlreiche Kriegsgefangene hatten Revolution und Bolschewismus ja hautnah miterlebt, und viele der politischen Parolen klangen wohl auch für österreichisch-ungarische Soldaten mehr als überzeugend. Die Eingliederung sollte daher langsam und in mehreren Stufen vonstatten gehen. An der Ostgrenze der Monarchie entstanden Heimkehrerübernahme- und Quarantänestationen, die der sanitären und ärztlichen Untersuchung bzw. Behandlung der Rückkehrer dienten. Nach einer „disziplinären Nachschulung" bei den Armeeausbildungsgruppen gelangten sie dann über Austauschsammelstellen wieder zu den Ersatztruppenkörpern ihrer früheren Friedensregimenter. Dort hatten die Soldaten im Rahmen eines sogenannten Rechtfertigungsverfahrens auch die genauen Umstände ihrer Kriegsgefangenschaft darzustellen. Zweck dieses beschämenden Procederes war es, etwaige Deserteure herauszufiltern. Bei den Offizieren wickelte eine Offiziersversammlung ein eigenständiges Verfahren ab, in dem neben den allgemeinen Begleitumständen der Gefangenschaft auch mögliche Verstöße gegen die Offizierspflichten und das Verhalten in der Kriegsgefangenschaft untersucht wurden. Bei negativem Ausgang kam es zur Einleitung von Disziplinar- bzw. „ehrenrätlichen" Verfahren. Den der Kriegsgefangenschaft gerade entronnenen Heimkehrern wurde dabei wenig Sympathie entgegengebracht; Argwohn und Misstrauen herrschten vor, zumal die Untersuchungen auch von reaktivierten, meist alten Offizieren des Ruhestandes vorgenommen wurden, deren Haltung und Auftreten noch den Charakter der Vorkriegszeit hatten. Diese Maßnahmen waren kaum dazu angetan, patriotische Stimmung und Dienstbereitschaft der Neuankömmlinge zu stärken. Unmut und große Enttäuschungen rief auch die schlechte Verpflegs- und Versorgungslage – den Heimkehrern konnten teilweise nicht einmal neue Monturen zur Verfügung gestellt werden – in Verbindung mit dem anstrengenden Ausbildungsdienst hervor. Verständlicherweise wurden viele Heimkehrer dadurch für Nationalismus oder sozialrevolutionäres Gedankengut empfänglich und trugen diese über die Ersatzformationen auch in die Fronttruppe hinein.

Materiell hatte die Armee im Frühjahr 1918 durch die bedeutende Beute aus der 12. Isonzoschlacht zwar eine große Menge an Kriegsmaterial übernommen, doch war der Großteil davon nicht sofort einsatzfähig, da etwa Munition oder Zubehör für die zahlreichen italienischen Beutegeschütze weitgehend fehlten. Der Munitionsbereich hatte bereits von Kriegsbeginn an den Schwachpunkt der Rüstung sowohl für Infanterie als auch für

Eintreffen von Mannschaftsergänzungen bei der (gemischten) Deutschen Südarmee im Frühjahr 1918

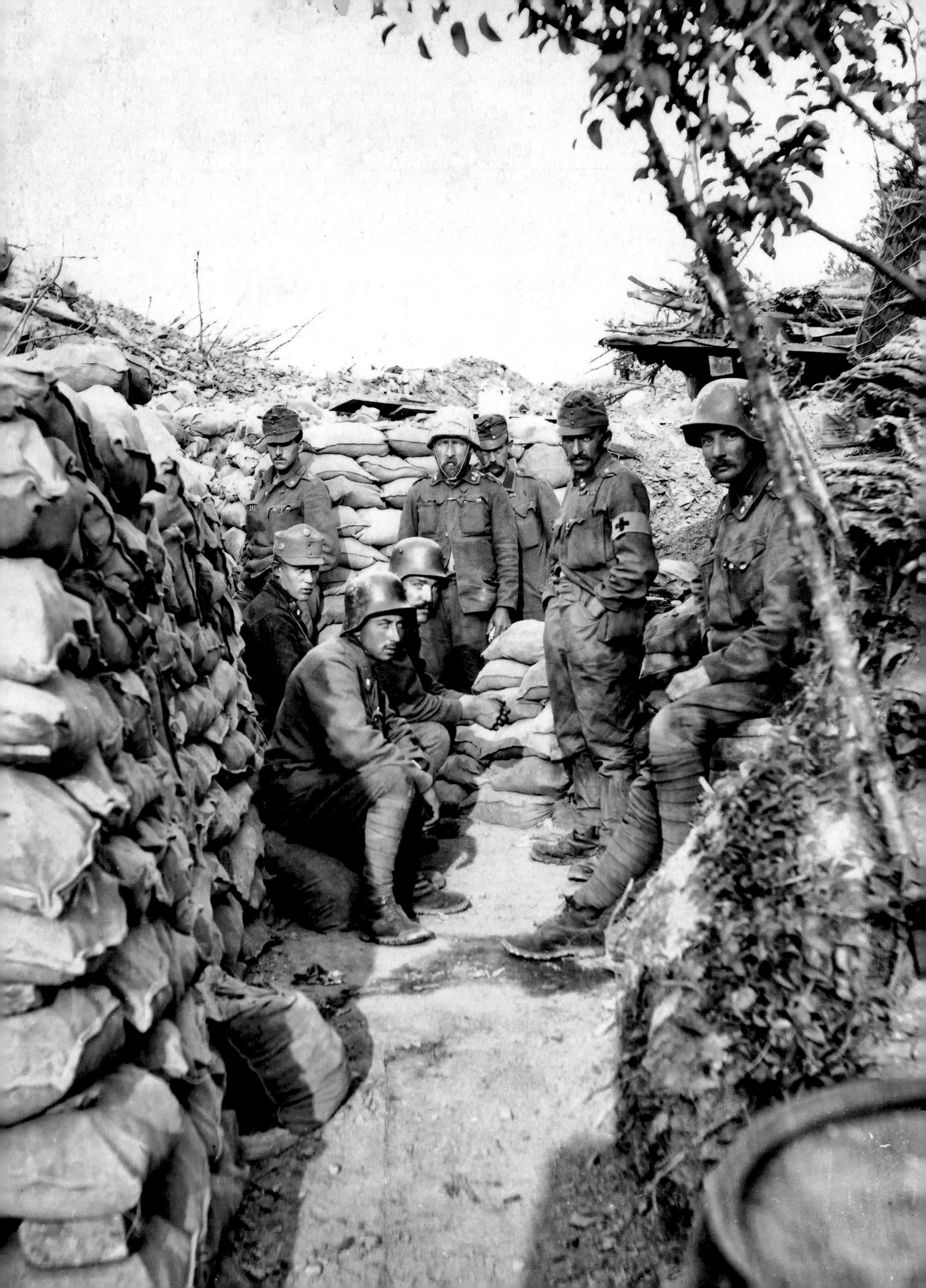

Artillerie dargestellt, da es an entsprechenden Produktionskapazitäten gleichwie an den notwendigen Rohstoffen mangelte. Dieser Bereich litt dann während der Rohstoff- und Produktionskrise des Winters 1917/18 am stärksten. Bis zur Junioffensive 1918 konnte die Industrie beispielsweise lediglich 35 Prozent der benötigten Munitionsmengen beistellen. Darüber hinaus verminderte sich auch die Qualität des gelieferten Materials aufgrund der ernsten Rohstoffkrise bedeutend. Sparmetalle wie Kupfer oder Blei wurden durch Surrogate ersetzt, welche die Effizienz verminderten – gerade im Bereich der Artillerie war dies von entscheidender Bedeutung, wenn etwa mangelhafte Granaten wegen schlechten Pulvers „zu kurz" feuerten und die eigenen Stellungen gefährdeten.

Bei Bekleidung und Verpflegung waren die Fronttruppen zwar noch bevorzugt beteilt worden, doch stießen auch hier Qualität und Quantität ab Mitte 1918 an ihre Grenzen. Dem Ledermangel begegnete man mit der vermehrten Abstützung auf Karton oder Papiergewebe, Patronentaschen aus Karton oder Leibriemen aus geflochtenem Spagat waren keine Seltenheit. Bekleidung wurde aufgrund des Fehlens von Baumwolle aus minderwertiger tierischer Wolle, Spinnstoff oder textilen Surrogaten wie Brennesselfaser hergestellt („Brennesselstoff"), deren Qualität dem harten Frontalltag kaum Genüge tat.

In einem Schützengraben an der Tiroler Front, Frühjahr 1918

Damit bestand in der Donaumonarchie ab dem Frühjahr 1918 eine markante Ambivalenz zwischen der militärisch-strategischen Gesamtsituation einerseits und der materiellen sowie politischen Situation im Inneren andererseits. Aber auch die militärische Lage an den Fronten begann sich während des Frühjahres 1918 kontinuierlich zu verschlechtern. Die deutsche Oberste Heeresleitung begann Truppen von anderen Fronten für die im März 1918 geplante „große Schlacht in Frankreich" abzuziehen. Dies betraf neben den in der 12. Isonzoschlacht zum Einsatz gekommenen Verbänden an der italienischen Front auch die in Mazedonien stehenden Truppen. Die Herauslösung der dort als stabilisierende Kräfte für die geschwächte bulgarische Armee eingesetzten deutschen Truppen hatte letztlich auch erhebliche moralische Auswirkungen zur Folge, die im September 1918 nach ersten Angriffen der Orientarmee (Salonikifront) zum raschen Zusammenbruch und zur Kapitulation der Bulgaren führten.

An der Piave hatte sich die Situation nach der italienischen Niederlage vom Herbst 1917 mehr und mehr zugunsten der Alliierten verändert. Die personellen Verluste der Italiener waren bis zum Frühjahr 1918 ausgeglichen, das verloren gegangene Kriegsgerät von den Verbündeten ersetzt und auch französische bzw. britische Divisionen in die Front eingeschoben worden. Darüber hinaus hatte man aus den Erfahrungen von Flitsch-Tolmein gelernt und die Kräfte nicht mehr dem linearen Stellungskrieg entsprechend eingesetzt, sondern die sogenannte Zonenkampfführung

k.u.k. Stellungen an der Piave im Frühjahr 1918

Kriegsjahr 1918 und Zusammenbruch

übernommen. Dabei spielten nicht mehr linear angelegte Gräben die Hauptrolle für die Verteidigung, sondern tief gestaffelte, einander flankierende, gedeckt oder verdeckt aufgestellte Maschinengewehre, die, unterstützt durch kleinere Infanteriestützpunkte, das Erreichen des dahinter gelegenen Artillerieaufstellungsraumes fast unmöglich machten. Gleichzeitig wurde dadurch die benötigte Zahl an Angriffsartillerie und Munition vervielfacht, was die verfügbaren Kapazitäten der k.u.k. Armee bei Weitem überstieg. Im Grunde hatte die österreichisch-ungarische Armee spätestens zu diesem Zeitpunkt ihre Angriffsfähigkeit bereits eingebüßt. Dementsprechend wurde für die italienische Front vorerst auch die kräftesparende Defensive angestrebt.

Im Rahmen der im März 1918 begonnenen „großen Schlacht in Frankreich" ersuchte die deutsche Oberste Heeresleitung den österreichisch-ungarischen Generalstabschef, Generaloberst Arz von Straußenburg, dringend, durch die Vornahme einer Offensive das etwaige Abziehen von Entente-Truppen von der Piave an die deutsche Westfront zu verhindern. Arz meinte, dies mit einer begrenzten Offensive im Raum Monte Grappa und an der Piave erreichen zu können, um bis zur Brenta vorzustoßen. Conrad, Kommandant der Heeresgruppe in Tirol, empfahl den Angriff zwischen Piave und Astico mit dem Hauptstoß an der Gebirgsfront in südlicher Richtung, während Boroević den Hauptstoß an der Piave für effektiver erachtete. Die Tragik lag nun darin, dass das k.u.k. Armeeoberkommando beide Entwürfe überlegte und eine „Kompromisslösung" erarbeitete: Jede der beiden Heeresgruppen sollte zangenartig offensiv werden, ohne jedoch hinsichtlich der zugewiesenen Kräfte ein Schwergewicht zu bilden. Damit war keine der Angriffsspitzen stark genug, den italienischen Truppen mit numerischer Überlegenheit gegenüberzutreten.

Der ursprünglich für den 20. Mai 1918 angesetzte Termin für den Angriff wurde mehrmals verschoben, er begann letztlich am 15. Juni. Die k.u.k. 11. Armee erlitt schon am Angriffstag auf der Hochfläche von Asiago und ostwärts der Brenta trotz einiger kleiner Erfolge derart hohe Verluste, dass die Offensive in diesen Abschnitten bereits am 16. Juni eingestellt werden musste. An der Piave erzwang die Isonzoarmee wider Erwarten an mehreren Stellen den Übergang, teilweise konnten Einbrüche von vier Kilometern in das italienische Stellungssystem erzielt werden. Gleichzeitig zeigte sich jedoch, dass eine Ausweitung des Einbruchs ausschließlich durch frische Kräfte hätte erfolgen können – diese Reserven standen aber teilweise in Tirol und damit kurzfristig nicht zur Verfügung. Ein weiteres Problem ergab sich aus den Kriegsbrücken, die durch die Hochwasser führende Piave und die italienische Artillerie permanent gefährdet waren. Letztlich musste man die Offensive am 20. Juni abbrechen und die Truppen wieder zurücknehmen. Die beiden Offensiven kosteten die österreichisch-ungarischen

Truppenaufmarsch für die Offensive aus Tirol und an der Piave im Juni 1918, im Vordergrund der Heeresgruppenkommandant, Feldmarschall Franz Conrad von Hötzendorf

Kriegsjahr 1918 und Zusammenbruch

Offensive an der Piave im Juni 1918: Übersetzen von Angriffsinfanterie und Bau einer Pontonbrücke über den Fluss

Streitkräfte fast 150.000 Soldaten. Weitaus schwerer wogen jedoch die moralischen Konsequenzen und die innere Zerrüttung des Vielvölkerheeres. Obwohl das Armeeoberkommando glaubte, im Herbst wieder offensiv werden zu können, zeigten sich nach Beendigung der Piave-Schlacht die massiven materiellen Probleme der Donaumonarchie in eklatanter Weise. Das verloren gegangene Kriegsgerät ließ sich nur schwer ersetzen, die Ernährungslage verschlechterte sich sowohl an der Front als auch im Hinterland. Zu den mehr und mehr um sich greifenden nationalistischen Tendenzen, die auch in der Armee merklich spürbar wurden, und den schwer wiegenden sozialen Problemen des Hinterlandes gesellten sich politische Zersetzungserscheinungen.

Der Zerfallsprozess der Streitkräfte wirkte sich vor allem im Etappenbereich der Südwestfront besonders negativ aus. Den Italienern war dieser Vorgang natürlich nicht verborgen geblieben. Lokal begrenzte Angriffe und Unternehmungen sollten den moralischen Verfall möglichst beschleunigen, doch erwiesen sich die Frontverbände der österreichisch-ungarischen Armee immer noch als äußerst widerstandsfähig und wehrten sämtliche Angriffe ab. Inzwischen waren die Alliierten nach dem Fehlschlag der deutschen Frühjahrsoffensive zum Gegenangriff angetreten; es konnte nur eine Frage der Zeit sein, bis die deutsche Front unter der Material- und Personalüberlegenheit der Alliierten zusammenbrechen würde.

Die innenpolitische Situation Österreich-Ungarns begann sich im Oktober zuzuspitzen. Ermuntert durch die Aufrufe des amerikanischen Präsidenten Thomas Woodrow Wilson (1856–1924), der in seinem berühmten 14-Punkte-Programm das Selbstbestimmungsrecht der Völker eingefordert hatte, gründeten kroatische, serbische und slowenische Volksvertreter am 6. Oktober den südslawischen Nationalrat, einen Tag später wurde in Warschau die Wiedererrichtung eines unabhängigen polnischen Staates proklamiert (ein „Regentschaftskönigreich" in den durch die Mittelmächte besetzten Gebieten Russisch-Polens war bereits im November 1916 errichtet worden). Selbst das am 16. Oktober 1918 von Kaiser Karl I. verfasste Kaiser- bzw. „Völkermanifest", das die Umstrukturierung der österreichischen Reichshälfte in einen Bundesstaat – bei weitgehender Autonomie der einzelnen Nationen – vorgesehen hätte, konnte den bereits viel zu weit fortgeschrittenen Zerfallsprozess nicht mehr aufhalten. Im Gegenteil beschleunigte die mit dem Manifest initiierte Bildung von Nationalräten die Auflösung des Vielvölkerstaates. Am 21. Oktober formierten die sich selbst als „deutsch" bezeichnenden Reichsratsabgeordneten der österreichischen Reichshälfte eine „Provisorische Nationalversammlung für Deutsch-Österreich" in Wien. Ihnen sollten am 28. Oktober die Tschechen, zwei Tage später die Slowaken folgen. Bosnien und die Herzegowina schieden wenig später ebenfalls aus dem Staatsverband aus.

Kriegsjahr 1918 und Zusammenbruch

Dazu kam im September 1918 der Zusammenbruch der Mazedonien-Front infolge der Kapitulation Bulgariens; dadurch wurde der Vormarsch der dort befindlichen alliierten Orientarmee gegen die Donau möglich und somit der Einbruch nach Ungarn wahrscheinlich. Das bedrohte Heimatland sollte durch eine neue Heeresgruppe unter dem Kommando Erzherzog Josephs (1872–1962) verteidigt werden. Bereits am 22. Oktober war es zu zahlreichen Befehlsverweigerungen ungarischer und kroatischer Einheiten gekommen, zu denen sich rasch auch tschechische und bosnische Kompanien gesellten. Diese Entwicklung erfasste bald ganze Regimenter. Daraus resultierte eine bereits erhebliche Schwächung der Frontlinie, noch ehe die Alliierten am 24. Oktober mit ihrem Großangriff an der Südwestfront begannen. Mit einer gewaltigen Übermacht versuchten italienische und französische Truppen den Durchbruch Richtung Feltre und Vittorio, den aber die österreichisch-ungarische Armeegruppe Belluno – sogar entgegen den Erwartungen des eigenen k.u.k. Armeeoberkommandos – verhindern konnte. Trotzdem gelang es den Alliierten, am linken Piave-Ufer Brückenköpfe zu bilden. Von Boroević angeordnete Gegenangriffe scheiterten jedoch: Zahlreiche Regimenter folgten den Befehlen nicht mehr. Da den unmittelbar in der Frontlinie stehenden Truppen die weitere Abwehr der Angreifer ohne den Einsatz von Reserven nicht möglich war, mussten die Truppen der Heeresgruppe Boroëvić stark zersplittert auf die Livenza und später auf den Tagliamento zurückgehen. Die Südwestfront befand sich in allgemeiner Auflösung.

Inzwischen hatte sich das k.u.k. Armeeoberkommando aufgrund der militärischen Vorgänge um den Abschluss eines raschen Waffenstillstandes bemüht, um den Zerfall der k.u.k. Armee, aber auch der Vielvölkermonarchie vielleicht noch verhindern zu können. Der Chef der österreichisch-ungarischen Delegation, General Viktor Weber von Webenau (1861–1932), musste die am Sitz des italienischen Oberkommandos in der Villa Giusti bei Padua formulierten Bedingungen, die einer bedingungslosen Kapitulation gleichkamen, letztlich annehmen. Obwohl die Waffenruhe gemäß Waffenstillstandsvertrag erst am 4. November, 15 Uhr, in Kraft treten sollte, ordnete das österreichisch-ungarische Armeeoberkommando in Baden die Einstellung der Feindseligkeiten bereits in der Nacht vom 2. auf den 3. November an. Dieses vorschnelle Agieren sollte die Streitkräfte der Monarchie fast 400.000 Gefangene kosten: Während die Masse der k.u.k. Truppen bereits die Waffen niedergelegt hatte, nutzten die Italiener die Gelegenheit zum Vormarsch.

Die verbliebenen österreichisch-ungarischen Formationen begannen sich aufzulösen und strebten ihren neuen Heimatländern zu. Der bereits Mitte Oktober eingeleitete Rückzug der in der Ukraine stehenden Ostarmee vollzog sich nach dem Zusammenbruch des militärischen Gefüges unter

Erzherzog Joseph (1872–1962) ersetzte Franz Conrad von Hötzendorf nach dem Scheitern der Junioffensive 1918 als Heeresgruppenkommandant in Tirol. Er sollte in weiterer Folge die Verteidigung Ungarns übernehmen.

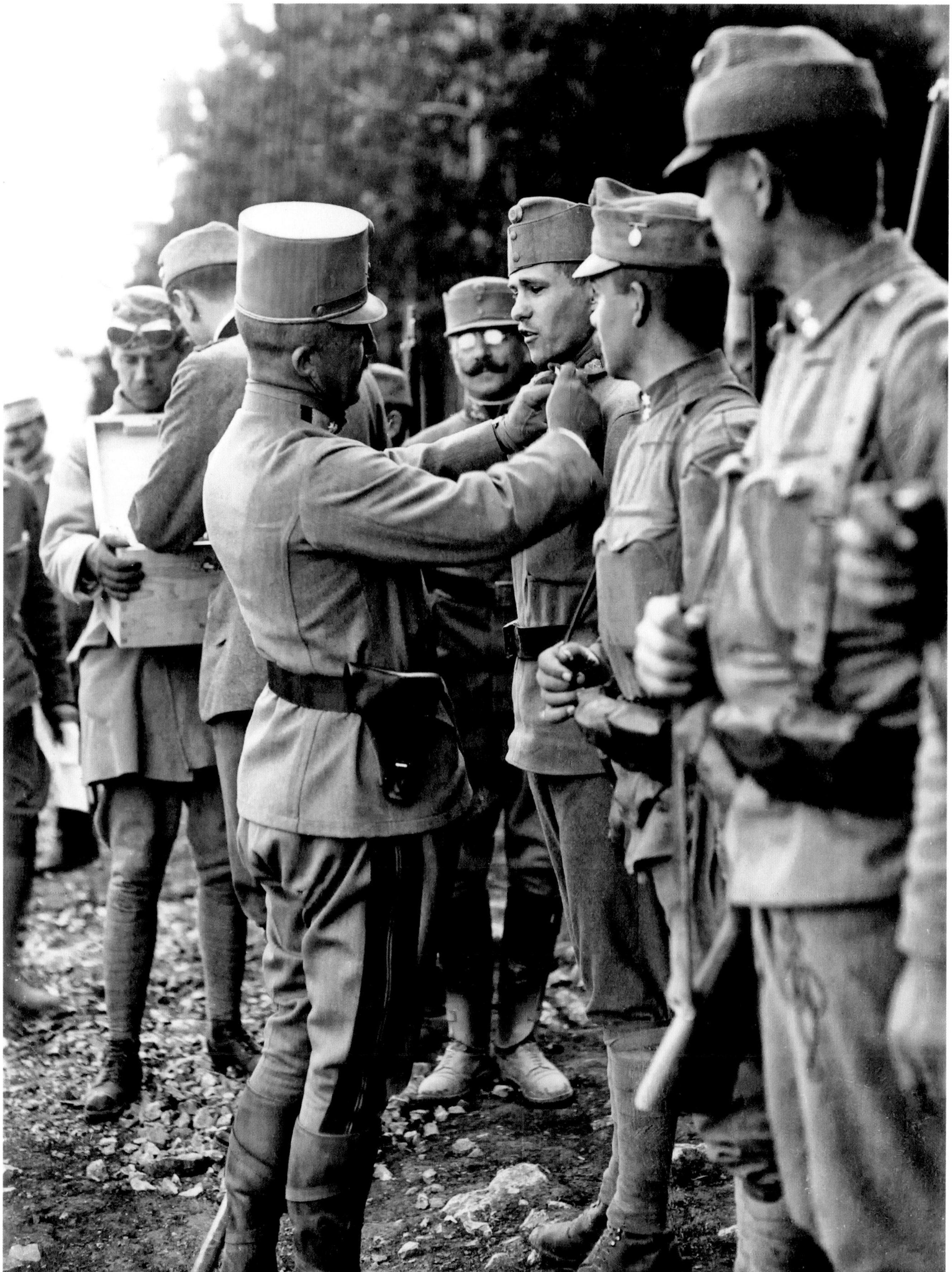

Kriegsjahr 1918 und Zusammenbruch

chaotischen Umständen. Die österreichisch-ungarische Armee hatte zu existieren aufgehört. Die an der deutschen Westfront stehenden k.u.k. Truppen des XVIII. Korps (vier Infanterie-Divisionen) wurden ab dem 3. November aus der Front gelöst, übergaben am 5. November den Gefechtsabschnitt Ornes nordöstlich von Verdun und machten sich, nach nationalen Abteilungen gegliedert, ab Mitte November auf den Rückmarsch in ihre Heimatländer. Die im osmanischen Heer eingeteilten Angehörigen der k.u.k. Armee – vor allem Artillerie-, Sanitäts- und Autoformationen – waren in den September- und Oktobertagen des Jahres 1918 noch in heftige Kämpfe verwickelt, bis auch sie aufgrund des Waffenstillstandes mit dem Osmanischen Reich am 30. Oktober 1918 ihren teilweise sehr abenteuerlichen Rückmarsch antraten.

Insgesamt dienten während des Ersten Weltkriegs rund acht Millionen Soldaten in der österreichisch-ungarischen Armee – von ihnen kehrten 1,016.200 Mann nicht zurück, 1,943.000 Soldaten wurden verwundet, 1,691.000 gerieten in Kriegsgefangenschaft. Das Offizierskorps hatte mit 13,5 Prozent Gefallenen relativ betrachtet den höchsten Blutzoll zu tragen, bei Unteroffizieren und Mannschaften starben 9,8 Prozent.

Hinrichtung eines während der Junioffensive gefangen genommenen Angehörigen der auf alliierter Seite kämpfenden Tschechischen Legion

Versorgung

Versorgung

Die Verpflegslage an den Fronten verschlechterte sich infolge der Seeblockade sowie des Arbeitskräfte- und Pferdemangels in der Heimat stetig.

Im Frühjahr 1918 musste die tägliche Brotration bereits auf rund 350 Gramm reduziert werden.

Das in den Divisions- bzw. improvisierten Erdbäckereien hergestellte Brot wurde mit Birkenholzmehl gestreckt.

Fleisch ging den Truppen über „mobile Schlachtviehdepots" zu. Auch verendete Pferde sollten zur Fleischgewinnung herangezogen werden, waren jedoch zuvor von Veterinär-Offizieren auf ihre Qualität zu prüfen.

Versorgung

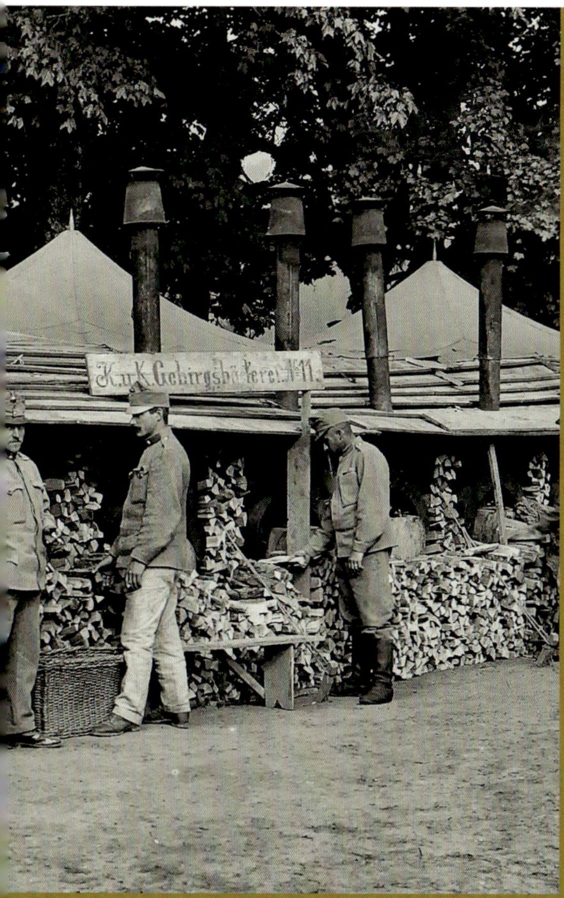
K.u.K. Gebirgsbäckerei №11.

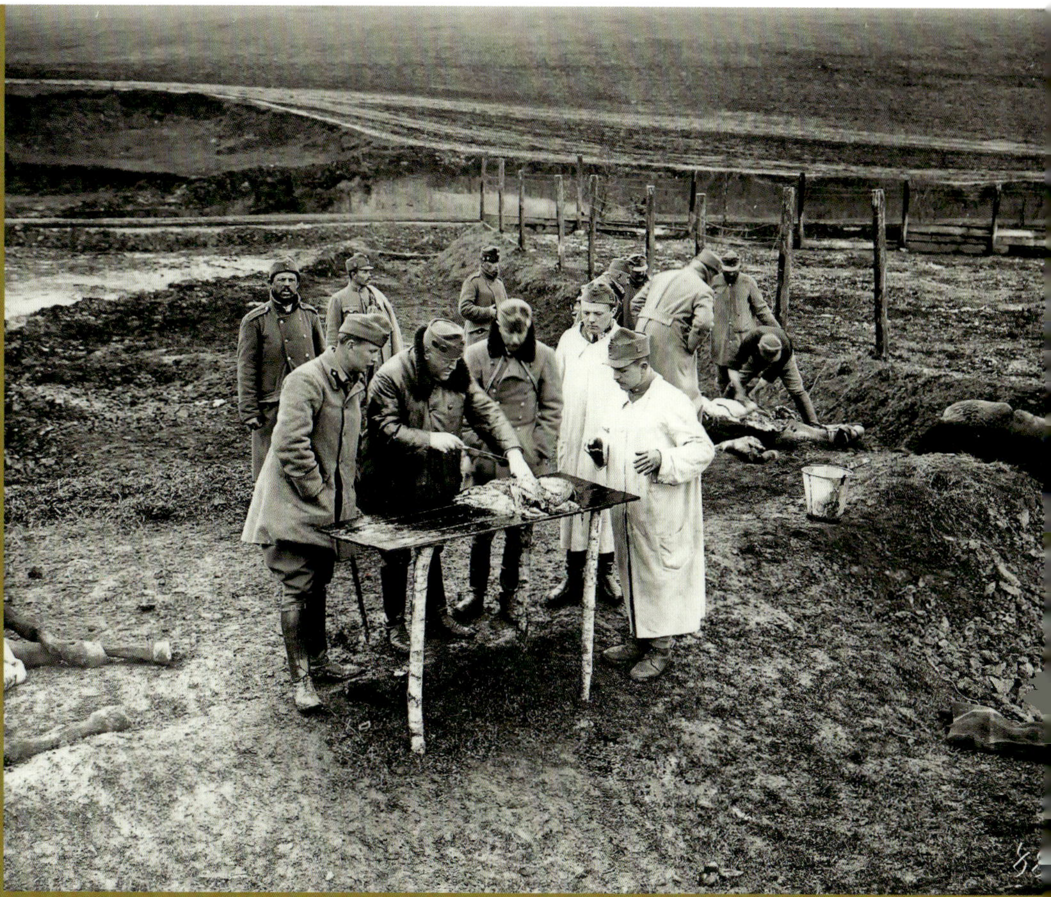

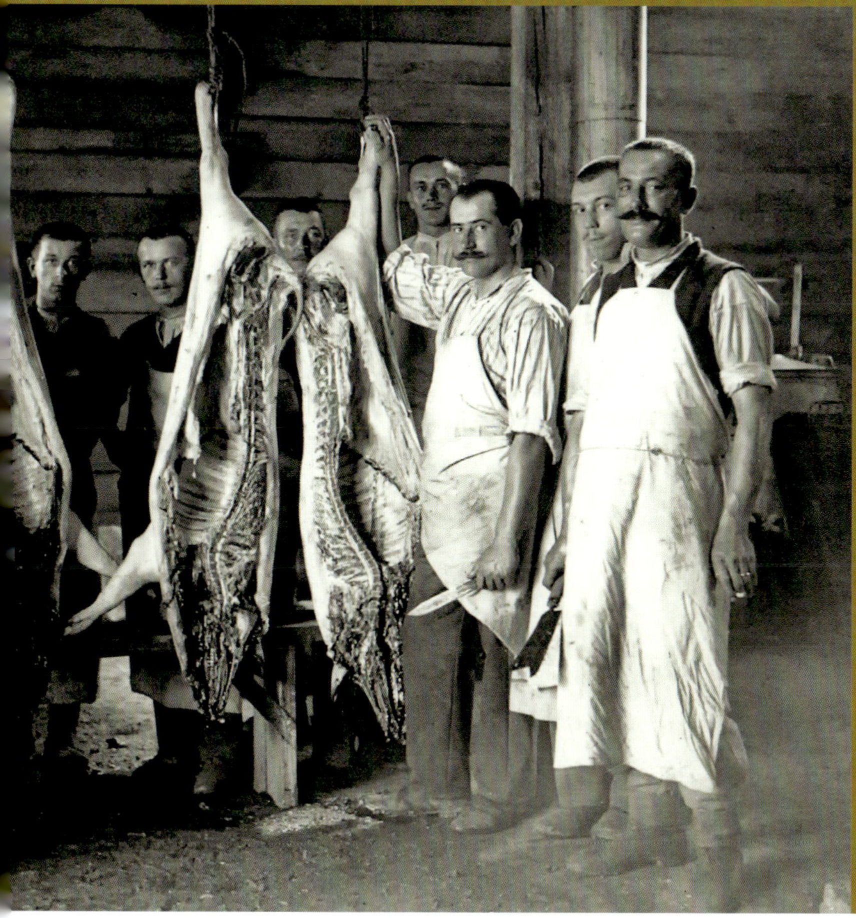

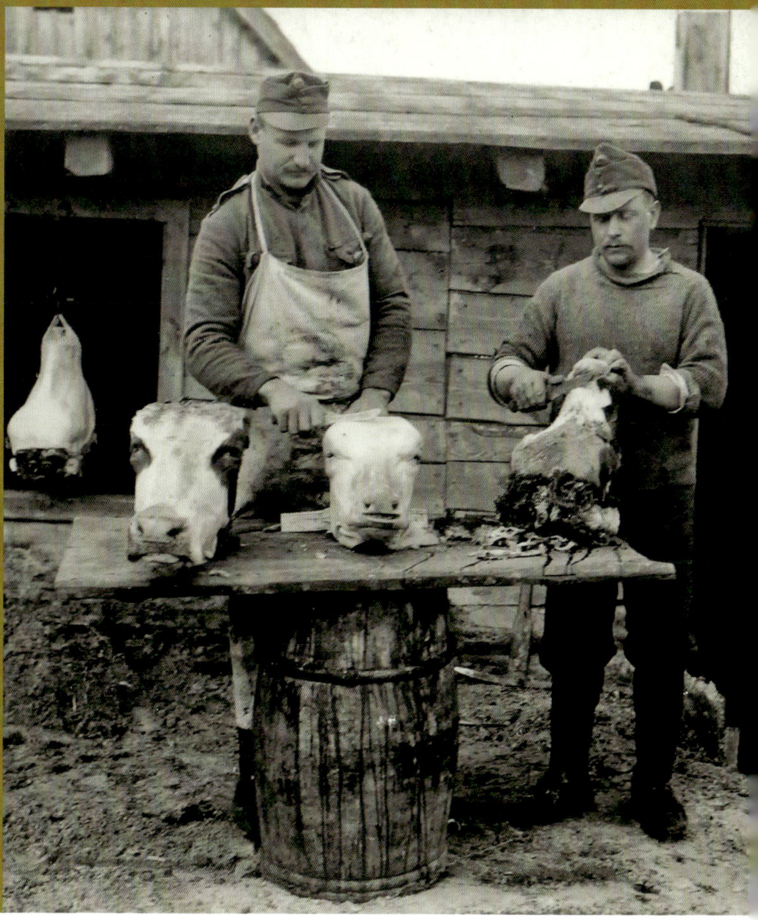

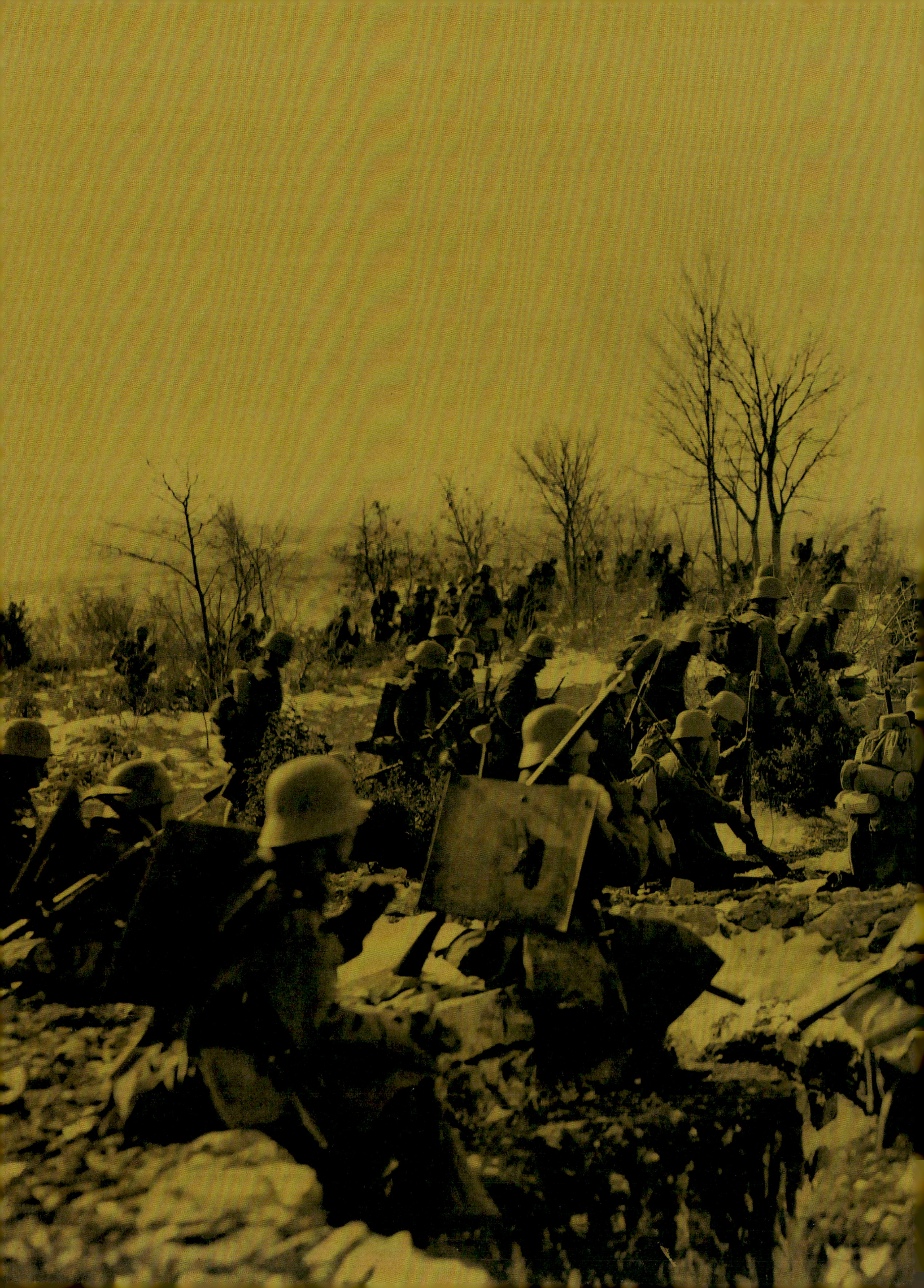

Entwicklung des österreichisch-ungarischen Kampfverfahrens

Entwicklung des österreichisch-ungarischen Kampfverfahrens

Entwicklung des österreichisch-ungarischen Kampfverfahrens

Im Hinblick auf die Entwicklung eines modernen Kampfverfahrens stellte der Erste Weltkrieg eine wichtige Zäsur dar. Auch wenn sich schon vor Kriegsbeginn 1914 zahlreiche Militärschriftsteller mit den möglichen Szenarien eines „modernen" Krieges beschäftigt hatten und entsprechende Erfahrungen in Asien, Südafrika oder manchen Kolonien gesammelt worden waren: Die Dimension dessen, wie sich die „alten" Vorstellungen bereits nach wenigen Monaten als vollkommen überholt erwiesen, und der hohe Blutzoll überstiegen dann doch alle Erwartungen. Noch ganz den Vorkriegsplanungen entsprechend waren mobilisierte Millionenheere mittels Eisenbahnen an die Grenzen gebracht worden, um den jeweiligen Gegner, unterstützt von Reitermassen und tausenden Geschützen, in beweglichen Operationen auszumanövrieren, zu umfassen und dann zu vernichten. In diesem „Bewegungskrieg" wurden sie von Offizieren und Unteroffizieren geführt, die man gleichfalls noch nach klassischen Vorkriegsdoktrinen im Zuge von Friedensmanövern ausgebildet hatte.

Wenige Monate später waren die Fronten bereits erstarrt und gingen unter die Erde, ein Großteil des Friedensoffizierskorps im Subalternbereich sowie die letzten beiden noch im Frieden eingerückten Rekrutenjahrgänge waren zu diesem Zeitpunkt bereits gefallen, verwundet oder kriegsgefangen. Der moralische Schock, den das neue Kriegsbild mit dem „industriellen Tod" durch Artillerietrommelfeuer und Maschinengewehre auslöste, war in der österreichisch-ungarischen Armee besonders deutlich ausgeprägt, hatte sich die k.u.k. Armee 1914 doch gerade am Beginn einer umfassenden Reform befunden und versinnbildlichte gerade im supranational ausgerichteten Berufsoffizierskorps noch den Geist der alten kaiserlichen Armee. Unglücklicherweise musste man schließlich im August 1914 auch noch gegen die Armeen eben jener Staaten antreten, die in dem neuen Jahrhundert bereits Kriege geführt hatten und die zumindest hinsichtlich ihrer Kriegserfahrungen zu den modernsten Europas zählten – nämlich Serbien und Russland.

Der Ausbildungsstand der österreichisch-ungarischen Soldaten bei Kriegsbeginn lässt sich am besten anhand der vorhandenen Reglements und Vorschriften bestimmen – da diese bei allen drei Armeeteilen identisch waren, bestanden diesbezüglich keinerlei Unterschiede zwischen gemeinsamem Heer (k.u.k.) und den beiden Landwehren (k.k., k.u.). Die letzte vor dem Krieg zur Anwendung gebrachte allgemeine Dienstvorschrift, in der österreichischen Diktion als „Exerzierreglement" bezeichnet, war 1911/12 bei der Infanterie eingeführt worden. Darin hatte man dem „Angriff um jeden Preis"

Zwei Leutnants eines Infanterieregiments überwachen die Ausbildung neuer Rekruten. Unter den als Zugs- und Kompaniekommandanten eingesetzten „Subalternoffizieren" waren in den ersten Kriegsmonaten die höchsten Verluste zu beklagen.

unbedingt den Vorzug als wichtigste Kampfform gegeben, den „Angriff" als beste und allein Erfolg versprechende Kampfführung angesehen, wodurch einerseits unmittelbar während des Gefechtes bzw. der Schlacht bei der eigenen Führung die Initiative erhalten bleiben, andererseits die Entscheidung im Großen herbeigeführt werden sollte. Dies stellte aber keinesfalls eine Eigenheit der österreichisch-ungarischen Armee dar: Auch die deutsche, die französische oder die russische Armee versprachen sich durch Angriff und Offensive die Herbeiführung der Schlacht- oder Kriegsentscheidung.

Im Mittelpunkt der Vorkriegsausbildung stand die Schulung des Rekruten zum „Plänkler", der seinen Dienst in der Schwarm- beziehungsweise Feuerlinie versah. Ihm oblag es, die Kampfentscheidung durch das Feuergefecht oder nötigenfalls durch den Bajonettkampf zu erzwingen. Um die Voraussetzungen für die taktische Verwendung des Soldaten innerhalb der verschiedenen Formen der Schwarmlinie zu schaffen, waren neben einer intensiven Schießausbildung, die eine perfekte und drillmäßige Handhabung des Repetiergewehres in jeder Lage und Situation gewährleisten sollte, verstärkte Gymnastik- und Sportübungen zur Steigerung der körperlichen Leistungsfähigkeit notwendig. Aber auch die mentalen Eigenschaften des Soldaten sollten geschult werden. Die klare Hervorhebung des moralisch-psychischen Aspektes verrät nur allzu deutlich den Einfluss von Generalstabschef Franz Conrad von Hötzendorf bei der Ausarbeitung des Exerzierreglements von 1911/12. Conrad war in seinen Analysen zum Französisch-Deutschen Krieg von 1870/71 zu dem Schluss gekommen, dass neben der unmittelbaren materiellen Wirkung des Gewehrfeuers dessen Effekt auf die Moral der Truppe diese noch stärker beeinträchtigen würde, dass neben dem Gefechtslärm vor allem Tote und Verwundete dem Einzelnen die Gefahr des Schlachtfeldes allzu deutlich machten. Conrads Betrachtungen fußten letztendlich auf einer Einschätzung, die – wie oben gezeigt – auch Eingang in das Exerzierreglement von 1911/12 fand: dass nämlich ein Truppenverband bis zu 50 Prozent Verluste verkraften könnte, wenn er dabei nur moralisch standhaft bliebe und nicht in Panik geriete.

Ein weiterer Kernaspekt manifestierte sich in der Bedeutung der Infanterie als Hauptwaffengattung. Sie sollte in der Lage sein, während aller Eventualitäten des Gefechtes – sei es nun im Tag- oder im Nachtkampf, beim Angriff im kultivierten oder im offenen Gelände – die Entscheidung herbeizuführen. Der Kampf der „verbundenen Waffen", also das Zusammenwirken aller Waffengattungen zur Erreichung eines militärischen Zieles, wurde zwar allgemein postuliert, fand aber wenig konkreten Niederschlag in den Vorschriften. Den Unterstützungswaffen, vornehmlich der Artillerie, kamen laut Reglement nur Nebenaufgaben zu; so hatte die Artillerie zwar den Infanterieangriff wirksam vorzubereiten, durfte jedoch nicht als Bedingung für das Vorgehen angesehen werden.

Obwohl bereits nach wenigen Kriegswochen als nicht mehr zweckmäßig erkannt, wurde der **Bajonettkampf** in den Armeeausbildungsgruppen noch bis Kriegsende geübt.

Während einer Infanterieangriffsübung: Die mitgeführten Leitern sollten das Überwinden des Stacheldrahtverhaus ermöglichen.

Die bereits im alten, 1903 ausgegebenen Reglement von 1901 beanstandete Isolation der einzelnen Waffengattungen blieb somit weiterhin bestehen. In einem Punkt unterschieden sich die beiden Reglements jedoch voneinander: in der Konkretisierung der Führungskompetenzen und einer gleichzeitigen Verschiebung derselben nach unten. Den am nächsten am Feind stehenden unteren Ebenen, vornehmlich Zugs- und Kompaniekommandanten, wurde die Möglichkeit zugebilligt, eigenständig Entschlüsse zu fassen, was vor allem für das „Rencontregefecht" (Begegnungsgefecht) eine positive Neuerung darstellte. Gleichzeitig barg dies jedoch die Gefahr, dass sich Offiziere zu ungestümen Angriffen hinreißen ließen, die in keinem Verhältnis zur Gesamtlage standen.

Taktik und Gefechtsführung waren, so wie die Ausbildung des Plänklers, auf Offensive im Großen und Angriff im Kleinen ausgerichtet. Der Grundgedanke jedes Angriffes manifestierte sich darin, die eigenen Kräfte so zu manövrieren, dass sie entweder den Feind direkt aus seiner Stellung treiben oder ihn durch Beifügung hoher physischer Verluste zerrütten und solcherart zur Aufgabe der eigenen Position zwingen sollten.

Der geschlossene Infanteriezug mit einem Kriegsstand von rund 40 bis 50 Mann stellte die unterste taktische Gruppierung dar, die bereits über eine gewisse – wenn auch nur sehr eingeschränkte – Entscheidungsfreiheit verfügte. Dem Kommandanten, Subalternoffizier, Fähnrich/Kadett oder älteren Feldwebel wurde dabei auch die Möglichkeit einer selbstständigen Lageeinschätzung eingeräumt. Der sich auf dem Gefechtsfeld grundsätzlich in Schwarmlinie mit zwei Gliedern bewegende Zug – der Breite nach in Schwärme (rund acht Mann), der Tiefe nach in Rotten (jeweils zwei Mann) gegliedert – hatte zwei grundlegende Gefechtsaufgaben: einerseits die Führung des Feuerkampfes auch unter Ausnutzung etwaiger natürlicher Deckungsmöglichkeiten, andererseits die kontinuierliche Bewegung nach vorne. Dem Kommandanten fiel hierbei die Aufgabe zu, den Feuerkampf mittels Aufsatzanweisungen für das Gewehr und Zielansprachen zu leiten und in der Vorwärtsbewegung die Einnahme der nächsten Feuerlinie oder den Sturm zu befehlen.

Die Infanteriezüge wurden jedoch nur selten einzeln eingesetzt. In der Regel bildeten vier Züge eine Kompanie (Kriegsstand rund 250 Mann), die bereits über komplexere Aufstellungsarten verfügte. Im Anmarsch formierte sie sich in Kolonne – das heißt, die Züge marschierten hintereinander in Linien zu zwei Gliedern –, auf dem Gefechtsfeld in entwickelter Linie, wobei die Züge nebeneinander aufschwenkten. Auf dieser Führungsebene kam es bereits zu unterschiedlichen Aufgaben für die unterstellten Truppen. Während der Zug bei jedem der Kampfaufträge, zum Beispiel im Angriff, geschlossen blieb, schied die Kompanie in jedem Fall eine Reservekomponente aus. Sie sollte vorerst außerhalb der feindlichen Waffenwirkung bleiben und wurde für jegliche Eventualitäten verfügbar gehalten. Für den Kompaniekommandanten gestaltete sich der Gefechtsdienst mit den unterschiedlichen Gefechtsformationen höchst anspruchsvoll, da sich die Verschiebung der Züge mit unterschiedlichen Direktionen als ziemlich komplexe Aufgabe erwies.

Bataillon (Kriegsstand rund 1.000 Mann) und – aufgrund militärischer Traditionen und des daraus resultierenden Zusammengehörigkeitsgefühls von Offizierskorps und Mannschaft oft als geschlossenste Führungsebene in Krieg und Frieden bezeichnetes – Regiment (Kriegsstand je nach Bataillonszahl zwischen 3.500 bis 4.500 Mann) verfügten dagegen bereits über eigene Stäbe, womit sich Führung und Lagebeurteilung delegieren ließen. Das Gefecht selbst wurde jedoch entsprechend den taktischen Vorschriften der Vorkriegszeit auf Zugs- und Kompanieebene ausgetragen. Die Regimenter traten eher selten geschlossen in den Kampf, sondern führten das Gefecht vorwiegend mittels Zuweisung von Marschdirektionen beziehungsweise Gefechtsabschnitten und der Koordination der Kompanien oder Bataillone untereinander. Die Regimenter verfügten neben ihren

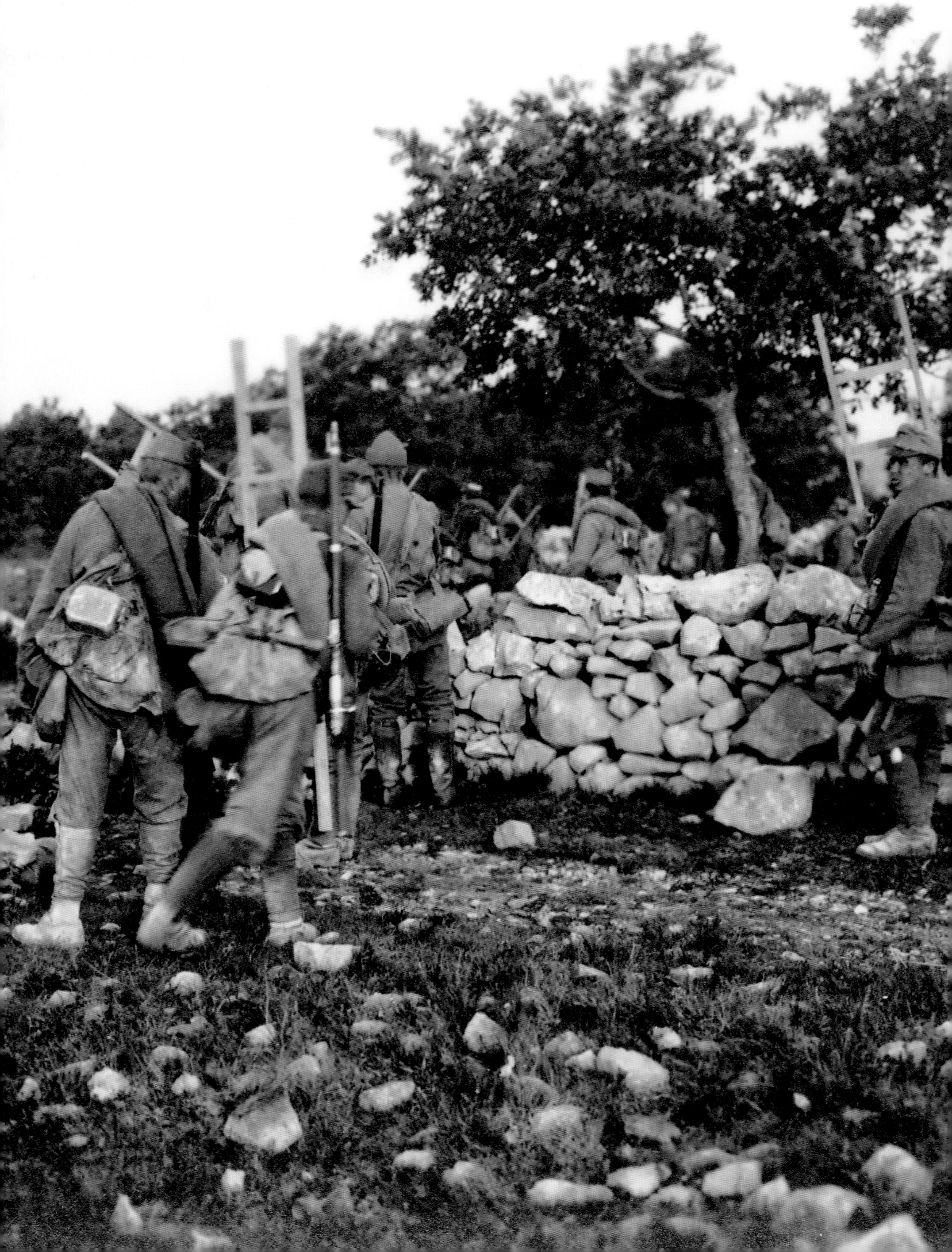

Bataillonen – beim Heer waren zu Kriegsbeginn in der Regel vier, bei den Landwehren jeweils drei vorhanden – auch über Unterstützungselemente: Maschinengewehrabteilungen, eine Regimentspionierabteilung und Sanitätsformationen sowie Munitionskolonnen und den Regimentstrain. Das Regiment entsprach daher eher einem ökonomisch-administrativen Körper, während das Bataillon mit seinen vier Kompanien als das klassische Kampfelement zu betrachten war.

Die Kämpfe des August 1914 wurden von österreichisch-ungarischer Seite hinsichtlich Kräftegruppierung und Bereitstellung dann genau so eingeleitet, wie man es alljährlich bei den großen Manövern geübt hatte. Die Offensive um jeden Preis – von Conrad als absolute Notwendigkeit erkannt, um den Gegner im Osten noch vor Beendigung seines Aufmarsches zu schlagen – manifestierte sich für die Truppen in einem massiven Vorwärtsdrängen: im Angriff. Dieser sollte entsprechend den Vorschriften entweder im „Rencontre" (Begegnungsgefecht), dem meist der Vorzug gegeben wurde, oder als „Angriff auf befestigte Stellungen" ablaufen. Für die Truppenkörper, die zu Kriegsbeginn nach und nach in den Aufmarschräumen eintrafen, bedeutete dies, nach der Einnahme der Brigade- oder Divisionsgliederung Richtung Feind loszumarschieren. Bei der Infanterie schien man sich für die notwendige Gefechtsaufklärung nur begrenzt und dann lediglich im eigenen Nahbereich zu interessieren, schließlich waren dafür ja die großen, von den höheren Kommanden (ab Korps) im Vorfeld eingesetzten Kavalleriekörper vorgesehen: In Truppendivisionen zusammengefasst, hatte man diese im August 1914 sofort an die Reichsgrenzen detachiert, um den Aufmarsch der österreichisch-ungarischen Armeen im Nordosten weitreichend abzusichern. Die Infanterieregimenter nahmen daher Sicherung und Aufklärung als gegeben an. Bei den Stäben der Infanteriebrigaden und Infanterie-Truppendivisionen waren zwar einzelne Kavallerie-Eskadronen eingeteilt, die aber der Melde- und Ordonnanzdienst der Stäbe derartig in Anspruch nahm, dass sie für Nahaufklärung kaum mehr zur Verfügung standen.

Das Auftreffen auf den Feind lief daher in den Augusttagen 1914 meist in unkontrollierter Weise ab – ein Umstand, der eigentlich im „Rencontre"-Gefecht hinreichend geübt worden war. Stieß nun die Vorhut eines in Gefechtsmarsch vorrückenden Regimentes auf feindliche Kräfte, so ging die Hauptkolonne sofort in entwickelte Linie über und drängte vorwärts – unabhängig davon, ob es sich nur um eine vorgeschobene Sicherung oder einen zur Verteidigung eingerichteten gegnerischen Truppenverband handelte. Konnte man den Gegner nicht klar erkennen, griff man einfach in die Richtung an, in der man ihn vermutete. In der Absicht, eine sichere Umfassung des Gegners zu erreichen – denn nur dies konnte eine schnelle Entscheidung herbeiführen –, nahmen die Gefechtsbreiten überaus große Ausdehnungen an, die Schwarmlinien wurden dadurch erheblich

Mit einem „Schrapnell-Dach" gegen Granatsplitter und Schrapnellkugeln eingedeckte Stellung in Galizien

Entwicklung des österreichisch-ungarischen Kampfverfahrens

„ausgedünnt". Blieb die feindliche Gegenwehr gering, wurde der Feind in exerziermäßiger Weise entweder frontal oder im Flankenmarsch geworfen. Erwies sich der Gegner jedoch als stärker, so nahm man den Feuerkampf auf und brachte die hinter der Schwarmlinie befindlichen Reserven zum Einsatz. Sie sollten entweder die Verluste der Feuerlinie ausgleichen oder als Umfassungselemente dienen. Wo sich das Zahlenverhältnis nicht allzu ungünstig (maximal eins zu zwei zugunsten des Verteidigers) entwickelte, ließen sich mit dieser Taktik die Angriffsziele größtenteils nehmen.

Anders verhielt es sich mit bereitgestellten Angriffen im Korps- oder Armeerahmen auf einen abwehrbereiten Gegner. Die Truppen der russischen Armee hatten – und hierbei wurde deren Kriegserfahrung augenscheinlich – überall starke, mit Maschinengewehren verstärkte Sicherungen vorgeschoben. Dies zwang die angreifenden österreichisch-ungarischen Truppen bereits relativ früh dazu, ihre Gefechtsgruppierung einzunehmen und in voller Angriffsbreite aufzuschwenken – was zwar hinsichtlich des zu erwartenden feindlichen Artilleriefeuers den Vorteil eines wenig tiefgestaffelten Zieles bot, gleichzeitig aber den Nebeneffekt hatte, dass die Truppen bereits vorzeitig kräfteraubende Verschiebungen vornehmen mussten. Die entwickelten Kolonnen strömten nunmehr mit der ihnen anerzogenen Hast Richtung Feind. Die feindlichen Sicherungen wurden, weil quantitativ schwächer, geworfen; dabei mussten die Schwarmlinienreserven aufgrund der im Frontalangriff erlittenen hohen Verluste bereits frühzeitig in der Feuerlinie eingesetzt werden. Da das russische Abwehrfeuer im Zwischengelände relativ schwach war, gelangten die Schwarmlinien danach bis dicht an die Hauptstellung des Gegners. Gerade auf nächste Entfernung verdichtete sich aber das Infanterie- und Artilleriefeuer der Russen schlagartig, wodurch die Kompaniekommandanten dazu gezwungen wurden, auch ihre letzten Reserven, so überhaupt noch vorhanden, einzusetzen. Um, wie im Reglement vorgesehen, den Gegner durch erhöhte Feuertätigkeit physisch und psychisch zu erschüttern und dann zum Sturm anzusetzen, bildeten die Kompanien in der Folge dicht gedrängte Schwarmlinien, gegen die wiederum die russischen Truppen Maschinengewehre zum Einsatz brachten. Dadurch wurde jegliche Vorwärtsbewegung gänzlich unterbunden, die Verluste häuften sich noch weiter. Auch setzte nun das gegnerische Artilleriefeuer mit voller Wucht und – da auf die kurzen Distanzen leicht zu beobachten und zu leiten – ungeheurer Präzision ein. Auf die Truppen wirkte es wie ein Schock. Etwa 500 bis 600 Schritt vor der feindlichen Stellung waren die Schwarmlinien in Deckung gegangen, um nicht von den gegnerischen Maschinengewehren niedergemäht zu werden. Konnte man dem infanteristischen Flachfeuer so einerseits entgehen, war man andererseits den Schrapnellen und den Sprengstücken der Artilleriegeschoße hilflos ausgeliefert. Die psychische Belastung durch das feindliche Feuer, das in noch nie gekannter Stärke über die Soldaten niederprasselte, brach letztendlich

01 k.u.k. Husaren wärmen sich an einem „Schwarm-Ofen". Der Stellungskrieg machte auch vor der Kavallerie nicht halt. Taktische Veränderungen und Pferdemangel zwangen die stolzen Kavallerieregimenter nach und nach in die Schützengräben.

02 Gefechtsabschnitt eines Infanterieschwarms mit Beobachter an der Front in Galizien. Lange Gefechtspausen ermöglichten auf dem russischen Kriegsschauplatz den intensiven Stellungsbau.

03 Der Bau der Stellungssysteme erfolgte in mehreren Etappen. Vorrangig wurden Kampfstellungen, dann Unterstände und zuletzt Verbindungswege ausgebaut.

01
02

Entwicklung des österreichisch-ungarischen Kampfverfahrens

auch den Durchhaltewillen der besten Truppen. Der Rückwärtsdrang der Soldaten ließ sich nicht mehr aufhalten; beschleunigt wurde er durch Gerüchte über die noch schlimmere Lage in Nachbarabschnitten und die Gefahr des Abgeschnittenwerdens, die teilweise geradezu panikartige Reaktionen auslösten. Der letztlich dann doch befohlene Rückzug schützte jedoch nur wenig vor dem Artilleriefeuer, das mit den zurückgehenden Schwarmlinien vorverlegt wurde. Die mitten in den Linien einschlagenden Geschoße wirkten sich auf die Gefechtsgliederung verheerend aus, die Truppen strömten unter Verlust jeglicher Ordnung zurück. Die Opferzahlen waren enorm.

Die Artillerie führte ihr Gefecht ebenfalls nach den in den Vorkriegsmanövern praktizierten Grundsätzen; sie fuhr (soweit es sich um Feldkanonenbatterien handelte) offen auf und versuchte, durch direktes Feuer auf erkannte Ziele in den Feuerkampf einzugreifen. Feuerleitung und Stellungswahl oblagen dem Kommandanten des eingesetzten Artilleriekörpers. Dieser beurteilte Angriffsziel und Terrain nach eigenem Ermessen und disponierte seine Batterien dementsprechend. Obwohl wegen des übergeordneten Kommandos in der ersten Phase des Angriffes sicherlich eine Koordination zwischen Infanterie und Artillerie durch Einzelbefehle gegeben war, blieben während des Gefechtes selbst schon aus kommunikationstechnischen Gründen jegliche Absprachen zwischen Angriffsinfanterie und der Artillerie aus. Da Telefonverbindungen zur Infanterie organisatorisch nicht vorgesehen waren, standen weder Feldkabel noch Apparate zur Verfügung.

Die Batterien sandten ihre Aufklärer aus und etablierten Beobachter zur Schusskorrektur. Da das gegnerische Infanterieflachfeuer erst auf kurze Distanzen und viel später als erwartet eröffnet wurde, überwanden die Schwarmlinien innerhalb kurzer Zeit weite Strecken und gelangten außerhalb des Wirkungsbereichs der eigenen Artillerie. Die nun nicht mehr ausreichende Tragweite der Geschütze machte es unmöglich, die eigene Angriffsinfanterie zu unterstützen. Ein Stellungswechsel der Batterien wurde unumgänglich, und dieser beanspruchte natürlich Zeit. Somit verfügten die Schwarmlinien meist genau in jenem Moment, da sie in ihrer Vorwärtsbewegung durch den Aufprall auf die feindliche Hauptstellung gestoppt wurden, über keinerlei artilleristische Unterstützung. Waren die Batterien dann endlich in ihren neuen Feuerstellungen eingetroffen, agierten sie wiederum nach artilleristischen Prioritäten. Die Beobachter leiteten das Feuer verständlicherweise nach erkannten Feindzielen. Bei den Russen erwiesen sich nun die wichtigen Erfahrungen aus dem Russisch-Japanischen Krieg als überaus wertvoll: Die russische Infanterie grub sich bereits zu Beginn des Krieges grundsätzlich in der Verteidigung ein und war damit kaum sichtbar, auch die Artillerie kam fast ausschließlich verdeckt zum Einsatz und feuerte indirekt. Damit waren klare Zielzuweisungen für die österreichisch-ungarischen Batterien schwierig. Ein Großteil des eigenen Artilleriefeuers wurde auf vermutete Stellungen verfeuert und verpuffte so oftmals wirkungslos. Kam es schließlich zum Rückzug der Infanterie, verlegte die Artillerie wiederum zuerst, sofern sie sich nicht aufopferte, um den Rückmarsch zu decken. Damit entfiel im entscheidenden Augenblick des Loslösens vom Gegner die Artilleriewirkung nahezu gänzlich.

Dass die praktizierte Kampfweise keineswegs den tatsächlichen Erfordernissen entsprach, musste jedem Kommandanten klar werden, der nach den Gefechten die Verlustlisten vorgelegt bekam. Die Zahl der Toten und Verwundeten war weit höher als erwartet, und das ließ sich keinesfalls nur auf die quantitative Stärke des Gegners zurückführen. Die Hauptproblematik ergab sich aus dem Umstand, dass die unmittelbar während des Gefechtes gemachten Erfahrungen kaum übergreifend verwertet werden konnten. Wie viele Gefechte vermochte ein Subalternoffizier während der Bewegungskriegsphase überhaupt heil hinter sich zu bringen, um daraus allgemein gültige Eindrücke über die Qualität der eigenen Taktik zu gewinnen und diese weiterzugeben? Aus den hohen Offiziersverlusten des Jahres 1914 kann man schließen, dass – rein statistisch gesehen – ein truppendiensttuender Offizier im unteren Rangbereich während der ersten Kriegsmonate sein zweites, spätestens aber sein drittes Gefecht nicht verwendungsfähig überstand. Dass die untere

Entwicklung des österreichisch-ungarischen Kampfverfahrens

Ein österreichisch-ungarisches Infanteriebataillon erwartet in einem Graben der 1. Stellung seine Ablöse.

Truppenführung dennoch Erfahrungen sammelte und diese teilweise auch zu nutzen wusste, zeigten die Kämpfe zu Jahresende 1914. Man vermied Angriffe über offenes Terrain so weit wie möglich, brachte dafür aber den Infantcriespaten vermehrt in Tätigkeit. Diese Relativierung des gültigen Exerzierreglements blieb jedoch auf die mittlere Führungsebene, meist Bataillon und Regiment, beschränkt. Bestenfalls veränderten auch Brigaden, seltener Truppendivisionen ihre Dispositionen, indem sie die Koordination der Waffengattungen verbesserten. Zu einer grundsätzlichen Änderung des Angriffsverhaltens kam es jedoch noch nicht.

Stellungskrieg und „Lineartaktik"

Obwohl die Gefechtsformen des Jahres 1914 vornehmlich auf Offensive und Beweglichkeit basierten, machte die taktische Lage mancherorts ein zeitweiliges Übergehen in die Defensive erforderlich. Der Gebrauch des Spatens war hierbei sogar innerhalb des geltenden Reglements keineswegs verpönt. Ihm gemäß bestand der Grundgedanke der Kampfart „Verteidigung" darin, Kräfte zu sparen beziehungsweise zu „retablieren", um sie nach gegebener Zeit wieder als Offensivelement verwenden zu können.

Die permanente Furcht vor groß angelegten Flanken- und Umfassungsangriffen führte vor allem auf dem russischen Kriegsschauplatz auf beiden Seiten nach und nach unbewusst zur Entstehung einer gleichmäßig besetzten, vor allem aber durchlaufenden Linie („Dauerstellung"), die mit allen verfügbaren Mitteln verstärkt und ausgebaut wurde. Die dahinter liegenden Reserven waren für die ihnen im Rahmen des Exerzierreglements zugedachte Rolle als Gegenangriffskraft vorgesehen. Der eigentliche Gefechtsvorgang spielte sich dann grundsätzlich als Kampf um diese eine Linie ab, die unter allen Umständen und mit allen verfügbaren Kampfmitteln zu halten war.

Auf dem serbischen Kriegsschauplatz waren die Erscheinungsformen des Stellungskrieges bereits während des Sommers 1914 zutage getreten, weniger jedoch aus taktischen Überlegungen als vielmehr aufgrund personeller und materieller Erschöpfung auf beiden Seiten. Die entsprechenden Gefechtsvorschriften wiesen an, die letztlich in eigenem Besitz befindlichen Geländeteile unbedingt zu halten. Dies manifestierte sich je nach verfügbarer Zeit in der Errichtung von einzelnen Schützenlöchern bis hin zu kompletten Grabenanlagen, wobei auch hier der Ausbau einer einzigen Linie im Vordergrund stand. Die ablaufenden Gefechte trugen teilweise sogar Charakteristika des Festungskrieges; permanente Sappeur- und Minierarbeiten sollten die Distanzen zum Gegner und damit die Sturmentfernung erheblich verringern.

Entwicklung des österreichisch-ungarischen Kampfverfahrens

Die „Ein-Linien-Taktik" erwies sich zwar als erheblich kräftesparender als die bewegliche Kampfführung, stellte aber trotzdem nicht die optimale Lösung dar, wie auch der Führung bald klar werden musste. War während der Bewegungskriegsphase dem Umfassungsangriff der Vorzug gegeben worden, der bei Gelingen entweder die Vernichtung erheblicher Truppenteile oder zumindest das Zurückdrängen der gegnerischen Kräfte zur Folge hatte, so bestand nun die Gefahr der Zurücknahme ganzer Frontteile im Falle eines auch nur geringfügigen Durchbruchs durch besagte, nur nach vorne verteidigungsfähige Linie. Weithin sichtbar, war diese gleichzeitig ein durch Minenwerfer und Artillerie leicht zu bekämpfendes Ziel.

Dementsprechend wurde das Verfahren zur „Lineartaktik" weiterentwickelt. Im Frühjahr 1915 bereits in Ansätzen vorhanden, letztlich jedoch erst im Herbst 1915 fixiert und in das Vorschriftenwesen aufgenommen, stellte sie eine fundamentale Neuorganisation der gesamten Gefechtsführung dar, die für alle Soldaten – Mann und Offizier – eine grundlegende Umstellung zur Folge hatte. Ihre taktische Konzeption basierte gleich den alten Reglements darauf, jeden blutig eroberten Geländeteil unter allen Umständen zu halten. Die im gegnerischen Feuer liegen gebliebene Infanterie hatte sich daher sofort an Ort und Stelle einzugraben und granatsichere Unterstände anzulegen. 100 Schritte dahinter sollte eine weitere, wieder 100 Schritte dahinter eine dritte Linie gebaut werden. Zusammen bildeten die miteinander durch Kommunikations- und Laufgräben verbundenen Linien (1a, 1b, 1c) die sogenannte 1. Stellung. Um Einbrüche in diese gegebenenfalls auffangen zu können, wurden ab November 1915 dahinter in einem Abstand von jeweils zwei bis drei Kilometern zweite (2a, 2b, 2c) und dritte Stellungen angelegt. Diese Art der Kräftedisposition, die sich an der deutschen Westfront bereits etabliert hatte und nach diesem Vorbild innerhalb der österreichisch-ungarischen Armee angewendet wurde – so berechnete man die Distanzen anhand der Reichweite französischer und britischer Geschütze –, bot mehrere Vorteile: Die feindliche Artillerie konnte nicht gleichzeitig zwei Stellungen niederkämpfen; nur weittragendes Geschützmaterial vermochte die 2. Stellung überhaupt zu erreichen. Dagegen waren die mit Masse hinter der 2. Stellung eingesetzten Batterien des Verteidigers in der Lage, ohne Stellungswechsel beide Stellungen mit Sperrfeuer zu unterstützen. Um operativ überhaupt ausgenützt werden zu können, musste ein feindlicher Durchbruch daher eine Tiefe von mindestens vier bis sechs Kilometern erreichen (2. und 3. Stellung).

Gelang dem Angreifer der Durchbruch durch die gesamte 1. Stellung, so hatte er erst das Vorverlegen seiner Angriffsartillerie abzuwarten, bevor der Angriff auf die 2. Stellung erfolgen konnte – gesetzt den Fall, es waren nicht schon vor Angriffsbeginn speziell für den Kampf um die 2. Stellung

Als Sturmabwehrgeschütz eingebaute 9-cm-Kanone M.75/96 bei einem bosnisch-herzegowinischen Infanterieregiment

Feldwachenlinie mit eingebautem 8-mm-Maschinengewehr M.7/12 auf dem russischen Kriegsschauplatz

Entwicklung des österreichisch-ungarischen Kampfverfahrens

bestimmte Batterien vorgeschoben worden, die allerdings, um sich den Artilleriebeobachtern des Verteidigers nicht vorzeitig zu offenbaren, erst nach Einnahme der 1. Stellung das Feuer eröffnen sollten. In der Regel genügte jedoch die Zeitspanne, die der Angreifer brauchte, seine durcheinander gekommenen Truppen zu ordnen, um einen geplanten Gegenangriff durch den Verteidiger anzusetzen. Meistens war diesem Erfolg beschieden, da der Kampf in der 1. Stellung den Angreifer bereits so dezimiert hatte, dass an ein Halten des genommenen Grabenstückes nicht zu denken war; dann wurde die 1. Stellung wieder in Besitz genommen und instandgesetzt. Gelang der Gegenangriff nicht, wurde einfach die vormalige 2. Stellung zur neuen 1. Stellung, die ehemals 3. zur neuen 2. Stellung ausgebaut und dahinter eine vollkommen neue 3. Stellung errichtet.

Die Kampfentscheidung selbst bestimmten, abgesehen von dem quantitativen Moment, letztlich zwei maßgebliche Faktoren: zum einen, ob der Artilleriebeobachter des Verteidigers die Rückverlegung des Artillerievorbereitungsfeuers des Angreifers erkennen und damit das eigene Sperrfeuer auslösen konnte; und zum anderen, ob die Grabenbesatzung in der Lage war, ihre Unterstände so rasch zu verlassen, dass die eigenen Schießscharten noch vor der angreifenden feindlichen Infanterie erreicht wurden. Letzten Endes liefen die Gefechte in der „linearen" Stellungskriegsphase auf den Kampf der Artillerie gegen die technische Ausgestaltung der Stellung des Verteidigers, insbesondere des Hindernisgürtels, sowie den Wettlauf der Infanterien um die Besetzung der vordersten Brustwehr hinaus. Dabei konnte die Artillerie zwar nichts entscheiden, jedoch die maßgebliche Voraussetzung schaffen: die Zerstörung des Hindernisgürtels und der Kampfstände. Waren diese weitgehend intakt, stockten die Angriffswellen und wurden von den Maschinengewehren des Verteidigers im deckungslosen Zwischengelände niedergemäht; wies das Hindernisfeld genügend große Lücken auf, so ließen sich die Gräben der 1. Linie bei nicht allzu großer Distanz überrennen.

Der moderne Stellungskrieg – „Zonentaktik"

Die gewaltigen Veränderungen des Jahres 1917 – vor allem der große Erfolg der 12. Isonzoschlacht im Oktober, die am italienischen Kriegsschauplatz eine erhebliche Frontverkürzung mit sich brachte, und das stetige Zurückgehen der Kampfintensität bis zum Abschluss des Waffenstillstandes mit Russland im Nordosten – schufen die Vorbedingungen für ein grundsätzliches Überdenken der taktischen Anschauungen. Von den Erfahrungen an der deutschen Westfront beeinflusst, lösten nunmehr „Kampfzonen" die linearen Stellungen ab.

Reservestellung inmitten eines ostgalizischen Dorfes

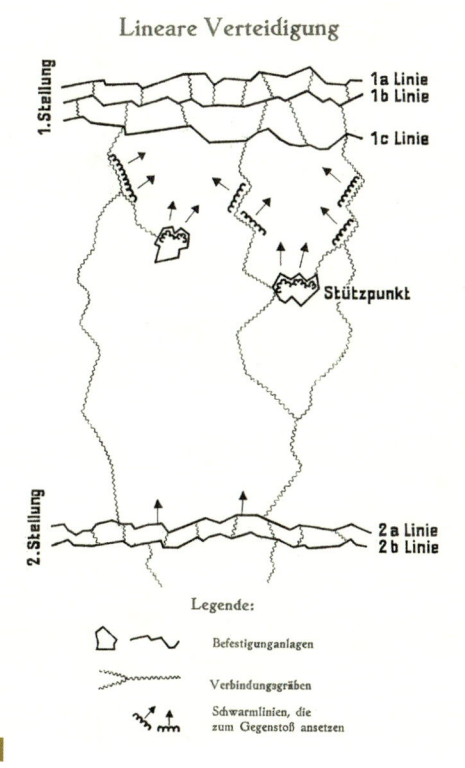

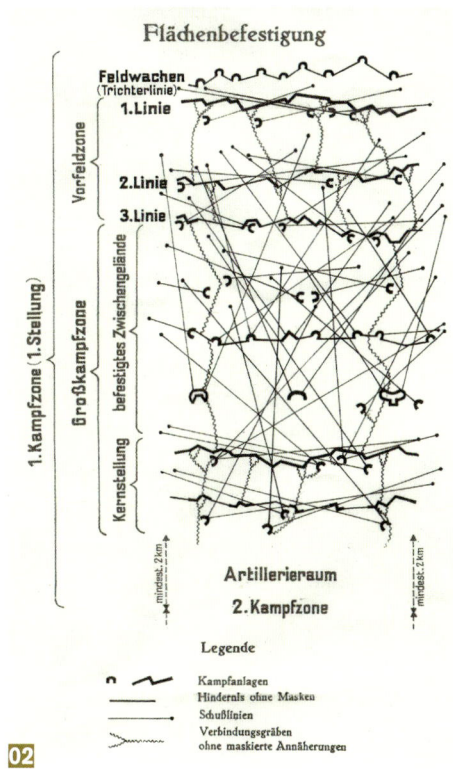

Die taktischen Vorschriften bestimmten, jeden Meter eroberten Geländes unbedingt zu halten und sich einzugraben. Zivile Bauwerke wurden dabei nicht geschont.

Schematischer Vergleich der Systeme „lineare Verteidigung" 01 und „Zonenkampfführung" 02 im Stellungskrieg

Entwicklung des österreichisch-ungarischen Kampfverfahrens

Ausgebauter Beobachtungsstand mit Grabenperiskop in Ostgalizien

Vorschriftsmäßig angelegtes Stacheldraht-Hindernisfeld vor der 1. Linie der 2. Stellung

Interessanterweise vollzog sich der Wandel von der Linear- zur Zonentaktik überaus schnell und radikal. Von nicht unerheblicher Bedeutung dabei waren sicherlich die enge Verbindung zwischen österreichisch-ungarischen und reichsdeutschen militärischen Zentralstellen, vor allem was gemeinsame Ausbildungskurse und Informationsreisen zu den verschiedenen Kriegsschauplätzen durch höhere Kommanden betraf, sowie die Ähnlichkeit der geländespezifischen Gegebenheiten an der Piave- und an der deutschen Westfront. Grundsätzlich veränderte sich durch den Übergang von der Linear- zur Zonentaktik nicht viel. Im Prinzip kam es lediglich zu einer Vertiefung des Stellungssystems noch weiter nach hinten; möglich wurde dies durch die Vorverlegung der Front vom Isonzo an die Piave und das Heraustreten aus den gebirgigen Karstgebieten. Die damit gleichzeitig verbundene Verkürzung dieses Frontabschnitts erlaubte bei weitgehend gleichbleibenden Truppenstärken eine kräftemäßige Tiefenstaffelung. An die Stelle der 1., 2. und 3. Stellung traten nunmehr sogenannte Zonen, denen verschiedene Aufgaben zukamen.

Die „Vorfeldzone" entsprach im Grunde genommen der früheren 1. Stellung, erreichte aber, da die drei Linien jeweils bis zu je 400 Meter voneinander entfernt sein sollten, bereits eine Tiefe von rund 800 Metern. Eine weiterhin bestehende vorgelagerte Feldwachenlinie diente neben der Abwehr feindlicher Patrouillen im Falle eines Angriffes dazu, den wahren Stellungsverlauf zu verschleiern und die Angriffsverbände bereits in Unordnung zu bringen. Feldwachenlinie und Vorfeldzone waren, trotz Minimalbesatzung an Maschinengewehren und Infanterie, durchaus in der Lage, begrenzte Angriffe gemeinsam mit dem Sperrfeuer der Artillerie abzuwehren. Das eigentliche Schwergewicht der Truppen wurde jedoch erst in der rund 2.000 bis 2.200 Meter hinter der Feldwachenlinie befindlichen „Kernstellung" zum Einsatz gebracht, wo man nicht mehr im unmittelbaren Feuerbereich der feindlichen leichten und mittleren Minenwerfer lag. Die Kernstellung, vergleichbar mit der vormaligen 2. Stellung, bestand aus zwei 150 Meter voneinander entfernt liegenden Linien, die jeweils über ein eigenes vorgelagertes Hindernisfeld verfügten. Gleich dem Linearsystem wurden in der Kernstellung neben der eigentlichen Grabenbesatzung bereits erhebliche Reserven für Gegenstöße bereitgehalten. Daneben schützte die Kernstellung den Artillerieraum, da die überwiegende Anzahl der Geschütze dahinter zur Aufstellung kam. Im Unterschied zur linearen Verteidigung erwies sich die technische Ausgestaltung des Geländes zwischen der 3. Linie der Vorfeldzone und der 1. Linie der Kernstellung als eminent wichtig. Sie wurde sowohl linear als auch punktuell befestigt. Diesen bereits in der Lineartaktik angedeuteten Riegelstellungen und Stützpunkten kam in der Zonenkampfführung eine weitaus größere Bedeutung zu: Sie verhinderten nicht nur das rasche Vorstoßen des Angreifers zur Kernstellung, sondern unterbanden ein Ordnen der Angriffsverbände nach Einnahme der Vorfeldzone sowie das Nachziehen der Artillerie.

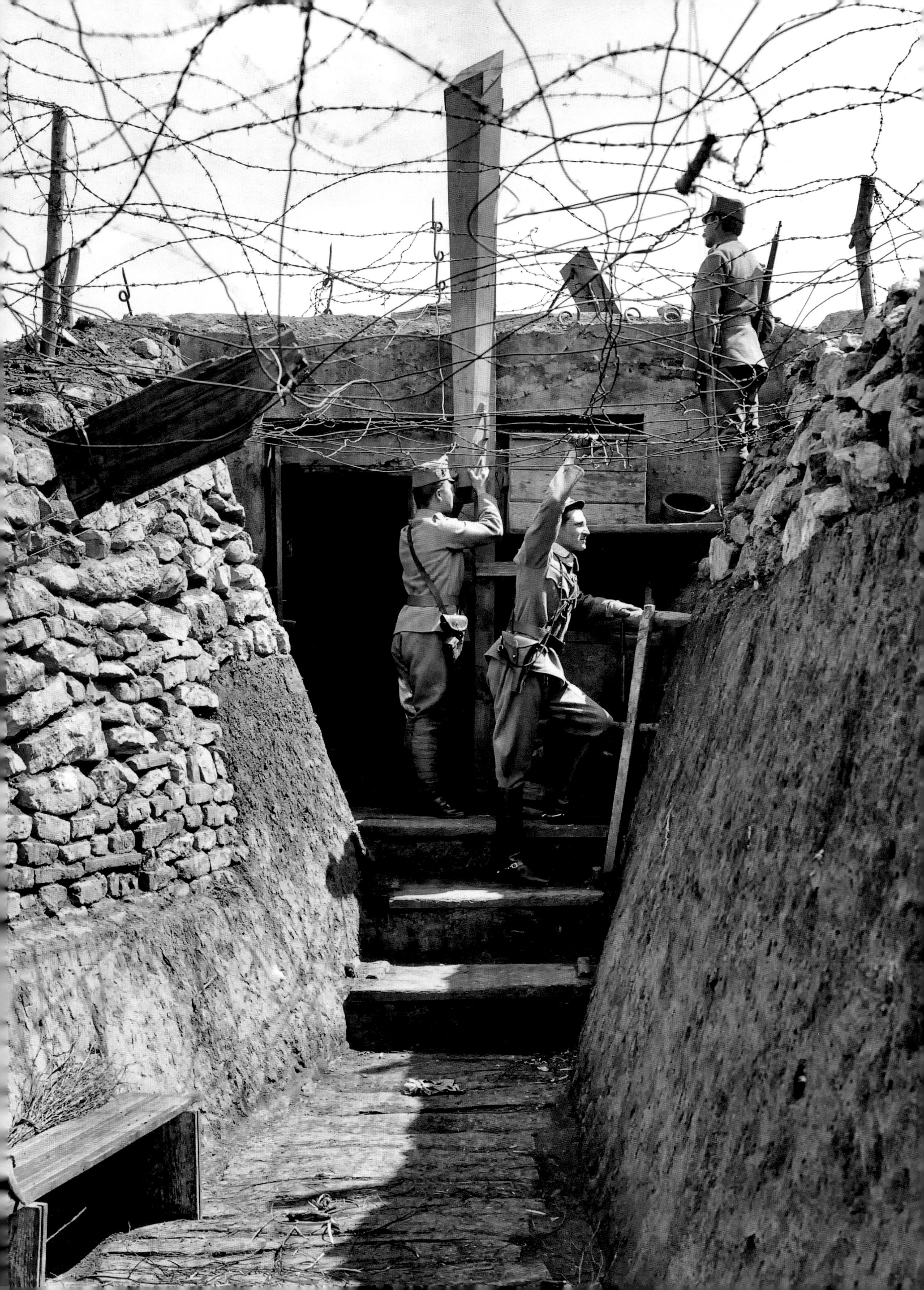

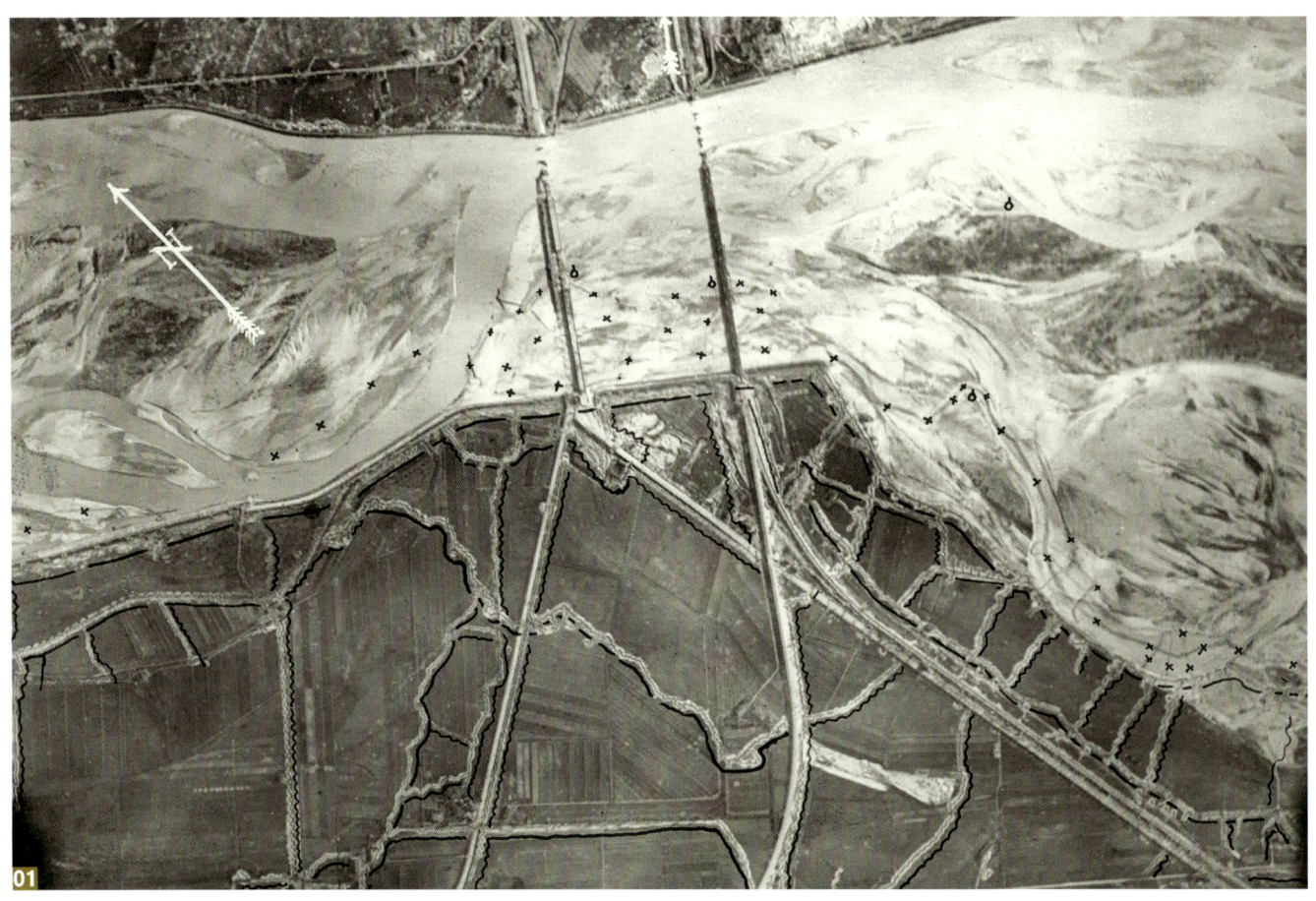

Entwicklung des österreichisch-ungarischen Kampfverfahrens

Das befestigte Zwischengelände und die Kernstellung bildeten gemeinsam die „Großkampfzone"; sie erreichte eine Tiefe von bis zu zwei Kilometern und gewährte genügend Raum für eine bewegliche Kampfführung. Letztendlich entstand durch den parallel beginnenden Ausbau der Gräben und Unterstände eine mehr als drei Kilometer tiefe Verteidigungszone aus Feldwachenlinie, Vorfeld- und Großkampfzone, deren Besetzung mit Maschinengewehren und Minenwerfern sich nach hinten immer weiter verdichtete. Hinter dem Artillerieraum, der eine Tiefe von zirka zwei Kilometern nicht überschritt, wurde gewissermaßen als „Reservestellung" eine weitere Großkampfzone ausgebaut, jedoch nicht besetzt.

Der Einsatz der Truppen in den einzelnen Zonen erfolgte nach einem standardisierten Turnusplan. Die (Truppen-)Division verfügte in der Regel über vier Infanterieregimenter zu je drei Bataillonen (nach der Reorganisation im Oktober 1917 wurden die Regimenter des k.u.k. Heeres ähnlich jenen der Landwehren auf drei Bataillone reduziert). Den gesamten Divisionsbereich teilte man in drei Regimentsabschnitte, die je nach Gelände zwei bis vier Kilometer breit sein konnten. Der Einsatz des Regimentes erfolgte gestaffelt: Ein Bataillon wurde in der Vorfeldzone und im befestigten Zwischengelände, eines in der Kernstellung eingesetzt, das dritte Bataillon meist in einen Ruheraum im Bereich der 2. Großkampfzone verlegt. Die in der Regel monatliche Ablöse gewährleistete, dass jedes Bataillon eines Regimentes seinen Dienst abwechselnd in der Vorfeldzone, der Kernstellung oder im Ruheraum versah. Alle Regimentsangehörigen lernten so nach und nach den gesamten Regimentsabschnitt und die für diesen geplante Kampfführung kennen. Das vierte Regiment wurde indes als Divisionseingriffskraft verwendet und für den Einsatz in allen drei Abschnitten gründlich geschult. Teilweise entstanden, durch die niedrige Kampftätigkeit begünstigt, imposante Stellungs- und Grabensysteme, die allerdings so verwirrend angelegt waren, dass sich – abgesehen von der jeweiligen Besatzung – kaum jemand ohne Führung zurechtfand.

Tarnung und Auflockerung des Stellungssystems ergaben für die als regelrechte „Abwehrschlacht" konzipierte Kampfführung erhebliche Vorteile; sie wiesen die „Verteidigung" gegenüber dem Angriff nun endgültig als die stärkere Kampfform aus. Einer dieser Vorteile manifestierte sich in der Zerstreuung der Wucht des gegnerischen Artilleriefeuers, das nur auf erkannte Ziele wirksam zum Einsatz gebracht werden konnte. Das Feuern auf nicht aufgeklärte und lediglich vermutete Stellungen bei einer Tiefe von mehr als drei Kilometern (ohne Artillerieaufstellungsraum) musste wohl eher als ineffizient bezeichnet werden. Sollte der Angriff überhaupt Aussicht auf Erfolg haben, war jedoch gerade diese Tiefe zu durchstoßen, um den dahinter liegenden Artillerieraum einzunehmen. Für diesen Durchbruch hatte der Angreifer aber ein Vielfaches des bisher

01 Luftaufnahme aus 4.700 Metern Höhe: Straßen- und Eisenbahnbrücke über die Piave südlich von Susegana mit roter Kennzeichnung erkannter gegnerischer Stellungen, April 1918

02 Theodolit-Vermessung einer Batteriestellung zur Ermittlung der genauen Schießdaten für indirektes Feuern an der Isonzofront

Fernaufklärung zur Festmachung feindlicher Stellungen mit binokularem Spezialfernrohr

Vorgeschobener Beobachter einer Artilleriegruppe am Winkelfernrohr mit einer Telefonpatrouille

Die Überwachung des zwischen den gegnerischen Stellungen gelegenen Niemandslandes erfolgte über „Zielfernrohrschützen" bzw. Scharfschützen

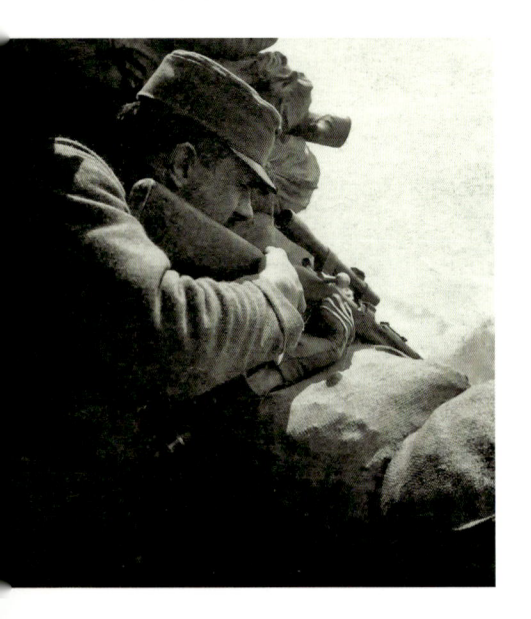

Notwendigen an Truppen und Kriegsmaterial bereitzustellen, wollte er im unübersichtlichen Terrain, von versteckten Flankierungsanlagen unter Kreuzfeuer genommen, überhaupt eine gewisse Chance haben, geordnet die Vorfeldzone zu durchqueren. Gelang es dem Verteidiger also, das Artillerievorbereitungsfeuer einigermaßen unbeschadet zu überstehen und blieben umgangene Grabenbesatzungen in ihren Stellungen, so konnten die planmäßig einsetzenden Gegenstöße die vorhandenen Einbrüche fast immer bereinigen.

Der „operative Durchbruch" oder die „Durchbruchsschlacht", aus dem taktischen Einbruch in die Vorfeldzone resultierend, war dagegen als Übergang zum Bewegungskrieg konzipiert. Damit war jedoch nicht die neuerliche Anwendung des Kampfverfahrens der ersten Kriegsmonate gemeint, sondern die Verfolgung geschlagener Feindteile analog den Folgekämpfen nach dem als „Wunder von Karfreit" bekannten Durchbruch bei Flitsch/Tolmein im Oktober 1917. Von einem räumlich begrenzten Angriff unterschied sich der Durchbruch nicht nur durch den erheblich höheren Kräfteaufwand und einen breiteren Angriffsstreifens; er erforderte in Bezug auf die mentale Einstellung der Truppen auch ein deutliches Umdenken der Angriffsinfanterie. Das im August 1914 als so fatal eingeschätzte „Durchgehen der Infanterie" nach vorne erschien für den operativen Durchbruch geradezu wünschenswert, wenn auch das Vorgehen selbst an die gegebenen Gefechtsverhältnisse anzupassen war. Somit stellte die Schnelligkeit, mit der ein Angriff durchgeführt wurde, wieder einen gefechtsentscheidenden Faktor dar. Der Angriff durchlief grundsätzlich fünf Phasen: Artillerie- und Minenwerferschießen, Vorbrechen der Sturmtrupps und der Angriffswelle, Vorbrechen der 2. und 3. Infanteriewelle, Durchbruch, Einrichtung des Angriffszieles zur Verteidigung.

Die Kampfführung im linearen Stellungskrieg ebenso wie in der Zonentaktik machte es notwendig, dass die Stellungsinfanterie die in den Vorkriegsjahren praktizierten Ausbildungsinhalte adaptierte. Weniger Handfeuerwaffe und Bajonett als vielmehr „neue" Kampfmittel wie Handgranate, Dolch und Grabenkeule sowie Minen-, Granat- und Flammenwerfer wurden zu den entscheidenden Waffen des Grabenkriegs. Um den Umgang mit diesen neuen Kampfmitteln einerseits selbst zu erlernen, sie andererseits allgemein geläufig zu machen, wurde bei der k.u.k. 5. Armee (Isonzofront) in Parje ein „technischer Übungsplatz" eingerichtet. Dort fanden für die Front- und Ersatztruppen entsprechende Einweisungskurse statt; zudem konnte man in Bezug auf den im Stellungskrieg nunmehr häufiger vorkommenden „Nahkampf" besser ausbilden.

Zu diesem Zeitpunkt wurden an der Deutschen Westfront bereits spezielle „Sturmkurse" zur Ausbildung der Stellungsinfanterie im Grabenkampf,

167

Entwicklung des österreichisch-ungarischen Kampfverfahrens

insbesondere für den Angriff, durchgeführt. Um ein Instruktionskader für gleichartige eigene Kurse heranzubilden, suchte das österreichisch-ungarische Armeeoberkommando (AOK) darum an, die 14-tägige Ausbildung auch österreichisch-ungarischen Soldaten zugänglich zu machen. Die deutsche Oberste Heeresleitung genehmigte die Abhaltung von drei Instruktionskursen, die ausschließlich Angehörigen der k.u.k. Armee vorbehalten bleiben sollten. Im November und Dezember 1916 sowie im Jänner 1917 durchliefen jeweils 40 Offiziere und 100 Unteroffiziere die zweiwöchige Ausbildung, um nach ihrer Rückkehr bei den einzelnen k.u.k. Armeen „Sturmpatrouillen" zu instruieren. Diese wurden in weiterer Folge auf Armee-, später auf Divisionsebene zu „Sturmbataillonen" zusammengefasst. Besondere Bedeutung sollte den Sturmtruppen sowohl bei örtlich begrenzten als auch bei operativen Angriffsvorhaben zukommen. Auf die Angriffsinfanterie aufgeteilt, fungierten sie zunächst als erste Welle; nach Schaffung von Gassen durch die Hindernisfelder des Niemandslandes und Ausschaltung von Feldwachenlinien ebneten sie den Angriffstruppen dann den Weg zum Einbruch in die erste Linie (1a). In der Verteidigung setzte man die Sturmtruppen meist als Gegenangriffskraft zur Wiedergewinnung verlorener Stellungen ein, so etwa während der 10. Isonzoschlacht im September 1917. Als erfolgreiches Beispiel für die angriffsweise Verwendung von Sturmtruppen im linearen Stellungskrieg lässt sich der Durchbruch bei Flitsch/Tolmein in der 12. Isonzoschlacht heranziehen.

Zwar schien man mit der Schaffung von Sturmtruppen und dem daraus resultierenden Kampfverfahren (tief gestaffelte Kolonnen statt breiter Schwarmlinien) den Schlüssel für die Überwindung linear angelegter Stellungssysteme in der Hand zu haben – in der Zonenkampfführung erwies sich die neue Taktik allein letztlich jedoch nicht als effizient. Die starke Tiefenstaffelung der Verteidigungsanlagen hatte eine rasche Abnützung der Angriffskräfte zur Folge und erforderte eine bedeutend höhere quantitative Überlegenheit an Sturmtruppen gegenüber dem Verteidiger – eine Voraussetzung, die keine der beiden Seiten erfüllen konnte. Daraus resultierte letztlich eine Pattstellung zwischen Angreifer und Verteidiger, die sich erst mit der Schaffung eines revolutionären neuen Kampfmittels beenden ließ: Der Tank, in dem Artillerie, Flachfeuerschutz und Bewegung vereinigt wurden, stellte die Durchbruchsfähigkeit des Angreifers wieder her.

Angriffsverfahren im Stellungskrieg:
02 Bereitstellung der Infanterie
01 Überwinden des Stacheldrahtverhaus
03 Eindringen in die feindliche Stellung
04 Sicherung des genommenen Geländeteils unter Benützung eines Beute-MGs
05 Errichtung vorgestaffelter Sperren

169

Verwundung

Verwundung

01 02 Neben der flächendeckenden Impfung der Truppen gegen Cholera und Typhus sowie fast friedensmäßiger Zahnheilkunde stand die Verwundeten- und Versehrtenversorgung im Mittelpunkt der Tätigkeit der militärischen Sanitätstruppe.

03 06 Der Rücktransport erfolgte auch über provisorische Feldbahnen.

05 Der Souveräne Malteser-Ritter-Orden betrieb im Rahmen der freiwilligen Sanitätspflege gleichfalls Sanitätseinrichtungen.

04 07 08 Die Letztversorgung der Verwundeten sollte dann in Garnisons- und Reservelazaretten im Hinterland erfolgen, wo auch die Rehabilitation und Prothesenversorgung dauerhaft Versehrter vorgenommen wurden.

Verwundung

07

08

173

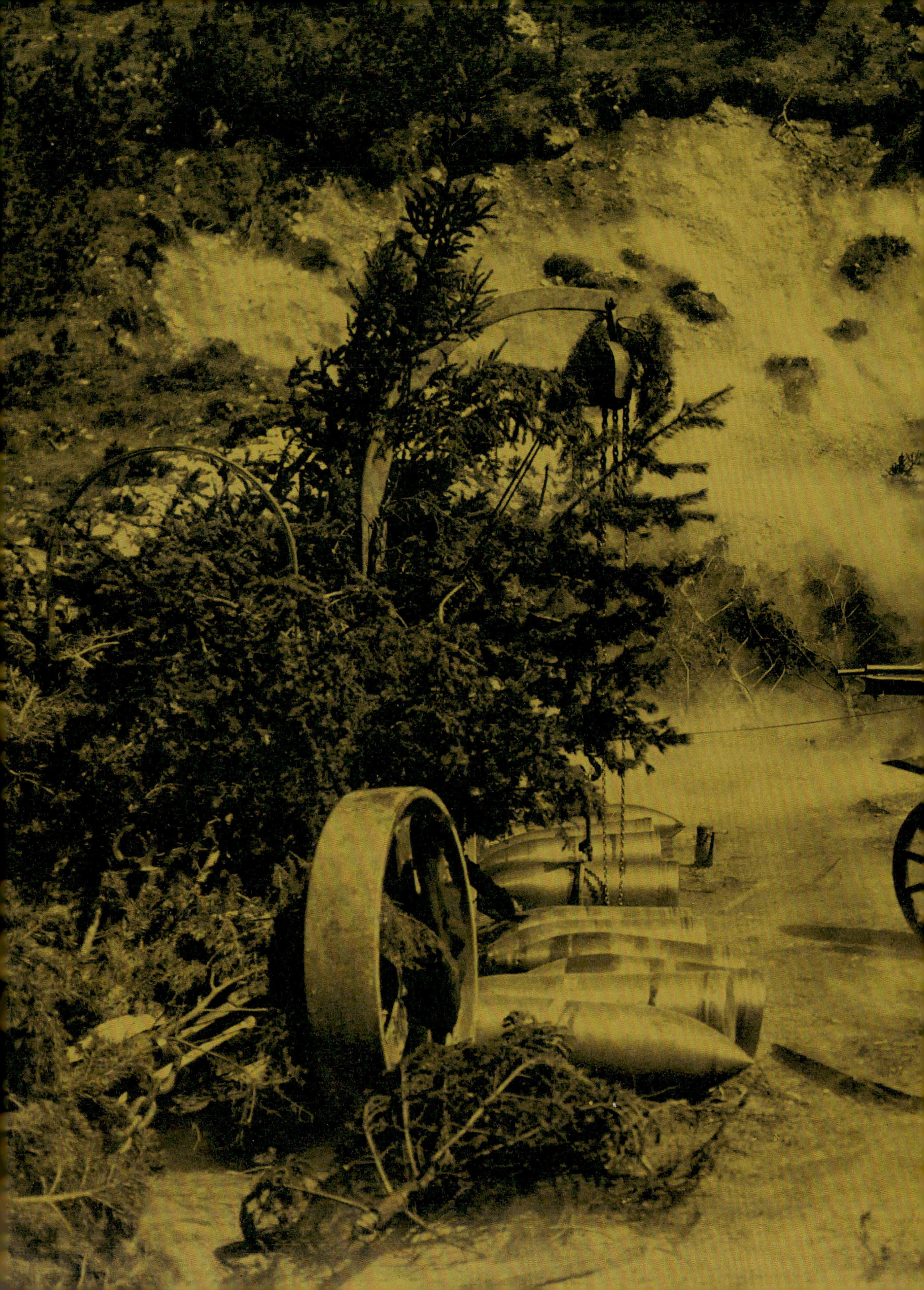

Materialschlacht und Technisierung des Krieges

Materialschlacht und Technisierung des Krieges

Materialschlacht und Technisierung des Krieges

Neben der Entwicklung eines waffengattungsübergreifenden, auf die territorialen Gegebenheiten der jeweilgen Kriegsschauplätze abgestimmten Kampfverfahrens kam es auch auf technischem Gebiet – im Waffen- und Ausrüstungswesen – zu maßgeblichen Veränderungen. Letztendlich hatten die in den Juli- und Augusttagen des Jahres 1914 in ihren hechtgrauen bzw. in den bei der Kavallerie vorerst beibehaltenen „bunten" Uniformen ausmarschierenden k.(u.)k. Regimenter mit den feldgrau adjustierten, stahlhelmbewehrten Grabenkämpfern des letzten Kriegsjahres kaum mehr gemein als ihre Handfeuerwaffen.

Während sich die Uniformierung der Truppen durch die Einführung des vorteilhafteren „Feldgrau mit grünem Unterton" 1915 und die produktionsvereinfachende Schaffung einer Art „Einheitsadjustierung" für alle Waffengattungen 1916 bedeutend wandelte und sich darin letztlich wohl auch äußerlich das Ende der alten kaiserlichen Friedensarmee des 19. Jahrhunderts manifestierte, blieb die Bewaffnung des Soldaten mehr oder weniger unverändert. Die 8-mm-Repetiergewehre (Karabiner, Stutzen) des Systems Steyr-Mannlicher in den unterschiedlichen Ausführungen M.95, M.88, M.90 sowie Adaptierungen wurden trotz der Versuche, ein „Einheitsgewehr" (M.15) zu schaffen, aus Produktionsgründen bis zu Kriegsende hergestellt und waren neben den Selbstladepistolen M.7 und M.12 sowie den Revolvermodellen Kropatschek, Gasser bzw. Rast & Gasser die wichtigsten Komponenten der Mannesrüstung aller Waffengattungen. Adaptierte Beutewaffen bzw. Importe aus Deutschland stellten eine nicht unbedeutende Ergänzung des vorhandenen Waffensegmentes dar, wurden jedoch nicht flächendeckend ausgegeben. Ähnliches galt auch für zu dauerfeuerfähigen „Reihenfeuerwaffen" umgebaute Pistolen, die speziell für den Grabenkrieg konzipiert waren, und für ganz neue infanteristische Kampfmittel, die teils aus eigenem Antrieb, teils unter dem Einfluss der (modernen) deutschen Westfront entwickelt wurden. Diesbezüglich ist der Flammenwerfer in unterschiedlichen Ausführungen und Größen sicherlich das markanteste neue Waffensystem; aufgrund seiner teilweise noch sehr provisorischen Konstruktion konnte er durchaus auch den Träger gefährden. Handgranaten mit Brenn- und Aufschlagzünder galten ähnlich wie seriengefertigte bzw. improvisierte Grabenkeulen als wichtigste Nahkampfwaffen im Stellungskrieg; der Bajonettkampf war im Grabenkampf ja gänzlich obsolet geworden.

Österreichisch-ungarischer 50-Liter-Flammenwerfer M.15. Die Bedienung, hatte zum Schutz gegen die große Hitze einen Schutzanzug mit Maske zu tragen.

Materialschlacht und Technisierung des Krieges

Das Maschinengewehr – bei Infanterie und Kavallerie wurden jeweils zwei, bei Landwehrgebirgstruppen jeweils vier MGs zu eigenen Maschinengewehrabteilungen vereinigt – galt zu Kriegsbeginn noch als Unterstützungswaffe bei Bildung der Feuerlinie und sollte im länger andauernden Feuergefecht aufgrund des großen Munitionsverbrauchs nur begrenzt zum Einsatz kommen. Bei der Infanterie ergab sich daraus eine Verteilung von durchschnittlich zwei MGs auf rund 1.000 Mann. Bereits binnen weniger Wochen hatte sich das MG jedoch als der Träger des infanteristischen Feuerkampfes entpuppt; richtig eingesetzt entsprach seine Waffenwirkung etwa jener einer verminderten Kompanie. Gerade in der Phase des linearen Stellungskrieges, wenn es dem Verteidiger gelang, nach dem Artillerievorbereitungsfeuer noch rechtzeitig vor den heranstürmenden Angriffswellen den Graben zu besetzen, konnte das MG oftmals das Gefecht entscheiden: Die Schwarmlinien wurden zu Hunderten und Tausenden niedergemäht. Gegen Kavallerie erwies sich das Maschinengewehr als noch wirkungsvoller – so etwa in der letzten großen Reiterschlacht bei Joslowitz /Jaroslavice im August 1914, als russische MG-Abteilungen österreichisch-ungarische Kavallerieattacken unter blutigsten Verlusten abwehrten.

Letztendlich war es das Maschinengewehr, das die jahrhundertealte Funktion der Kavallerie als eigenständige und oftmals auch schlachtentscheidende Waffengattung beendete und auch die einstmals so stolzen Reiter auf den Boden und in die Schützengraben zwang. Der zunehmenden Bedeutung der „Maschinenwaffe" entsprechend, erhöhte sich die Zahl der MGs in der k.u.k. Armee kontinuierlich: Den rund 2.700 bei Kriegsbeginn vorhandenen Exemplaren unterschiedlicher Typen standen rund 40.700 durch die Kriegsindustrie im Zeitraum von 1914 bis 1918 produzierte Stücke gegenüber, von denen etwa 26.200 infolge der Kriegshandlungen verloren gingen. Die Typenvielfalt wurde – mit Ausnahme von Beutematerial – zugunsten des 8-mm-MG-Systems Schwarzlose in den Varianten M.7, M.7/12 bzw. M.7/16 bereinigt. Bis Kriegsende veränderte sich das Verteilungsverhältnis: Ein MG kam auf rund 100 Mann; zu eigenen MG-Kompanien zusammengefasst, waren diese den Bataillonen direkt unterstellt. Um die Handhabung, vor allem den Transport im Gefecht, zu erleichtern, wurden durch Weglassung der schweren Lafette bzw. des Schutzschildes sogenannte Handmaschinengewehre geschaffen.

Im artilleristischen Sinne waren während des Krieges gleichfalls erhebliche Veränderungen eingetreten, die es sowohl in technischer als auch in quantitativer Hinsicht zu berücksichtigen galt. Wie bereits erwähnt, befand sich die k.u.k. Artillerie bei Kriegsbeginn in einer technischen Übergangsphase. Die Unterlegenheit des eigenen Geschützmaterials hinsichtlich Reichweite, Feuerschnelligkeit und Wirkung hatte Anfang des 20. Jahrhunderts die Notwendigkeit der Modernisierung deutlich gemacht; da es in den

In der 12. Isonzoschlacht in großen Stückzahlen erbeutete **Maschinengewehre M.14 Fiat-Revelli und Sturm-/ Maschinenpistolen M.15 Villar Perosa** werden nutzbar gemacht.

01 Umbau eines Repetiergewehres M.95 für Reihen-/Dauerfeuer. Dem bereits nach wenigen Kriegswochen spürbaren Mangel an Maschinengewehren sollte durch Improvisationen entgegengewirkt werden

02 Österreichisch-ungarisches 8-mm-Standardmaschinengewehr M.7/12 mit Schutzschild und Mündungsfeuerdämpfer

03 Tragtier einer Kavalleriemaschinengewehrabteilung mit Maschinengewehr M.7

Materialschlacht und Technisierung des Krieges

Konstruktions- und Erprobungsphasen jedoch zu erheblichen Verzögerungen gekommen war, standen im Bereich der modernen Gebirgsgeschütze, Feldhaubitzen und schweren Artillerie zu Kriegsbeginn lediglich Prototypen zur Verfügung. Die letzte Phase der begonnenen Erprobungen wurde bereits unter Kriegsbedingungen abgeschlossen, wodurch auch die unmittelbaren Kriegserfahrungen noch in die Konstruktion einfließen konnten.

Industriell war man aber auf die Produktion der neuen Geschütze noch nicht eingestellt. Lediglich die Škoda-Werke in Pilsen/Plzeň zeigten sich unmittelbar nach Kriegsausbruch 1914 überhaupt in der Lage, Geschütze zu liefern. Das Artilleriearsenal in Wien musste sich mangels entsprechender Werkseinrichtungen auf die Lieferung von Bronzerohren und Geschützzubehör beschränken. Da das veraltete Geschützmaterial jedoch nicht mehr nachgefertigt, sondern bereits die modernen Neukonstruktionen produziert werden sollten, waren größere Ausstoßzahlen erst nach Anpassung der Fertigungsanlagen an die Serienproduktion der neuen Geschütze möglich. Diese Umstellung dauerte mehrere Monate – erst Anfang 1915 konnte der Übergang zu einer kontinuierlichen Produktion vollzogen werden, ernst zu nehmende Ausstoßzahlen erreichte man überhaupt erst 1916. Aufgrund der Tatsache, dass Österreich-Ungarn bei der Neukonstruktion als erster Staat auch auf Kriegserfahrungen zurückgreifen konnte, zählten die ab 1915 neu zulaufenden Geschütze – wie etwa die 7,5-cm-Gebirgskanone M.15, die 10,4-cm-Kanone M.15 bzw. die Feldhaubitze M.14 – zu den modernsten ihrer Art. Was die technische Weiterentwicklung des Geschützmaterials während des Krieges betrifft, verzögerten wiederum überlange Erprobungsphasen rasche Typenentscheidungen; insbesondere die Konstruktion der neuen Feldkanonen (M.17 und M.18) ist als besonders markant hervorzuheben. In anderen Bereichen, in denen die Privatindustrie (Škoda) bereits weitgehend selbstständig Prototypen entwickelt hatte – wie etwa bei der 38-cm-Haubitze, dem verbesserten 30,5-cm-Mörser oder den 15-cm-Autogeschützen –, war die Serienreife meist relativ rasch erreicht.

Da also ein Großteil der modernen österreichischen Geschütze bereits unter Heranziehung unmittelbarer Kriegserfahrungen konstruiert worden war, verfügte man über einen durchaus ernst zu nehmenden Informationsvorsprung gegenüber der deutschen Artillerieprüfungskommission, die erst Mitte des Krieges die Modernisierung der deutschen Artillerie einzuleiten begann. Das für die Weiterentwicklung von Waffen und Ausrüstung verantwortliche k.u.k. Technische Militärkomitee (TMK) gab die bereits gemachten Erfahrungen bereitwillig weiter; sie flossen dann auch unmittelbar in die deutschen Konstruktionsarbeiten ein. Die im letzten Kriegsjahr konkreter werdenden Überlegungen, das Geschützmaterial der Mittelmächte aus logistischen und munitionstechnischen Gründen

01 Österreichisch-ungarische 10-cm-Feldhaubitze M.99 an der russischen Front. Das Geschütz galt wegen seiner Lafettenrücklaufkonstruktion bereits zu Kriegsbeginn als veraltet.

02 15-cm-Marinekanone L/40 am Prasniksattel Anfang 1916. Zur Verstärkung der Heeres-Artillerie wurden auch Marinegeschütze herangezogen.

03 Das Standardgeschütz der österreichisch-ungarischen Feldartillerie, die **8-cm-Feldkanone M.5 System Škoda**

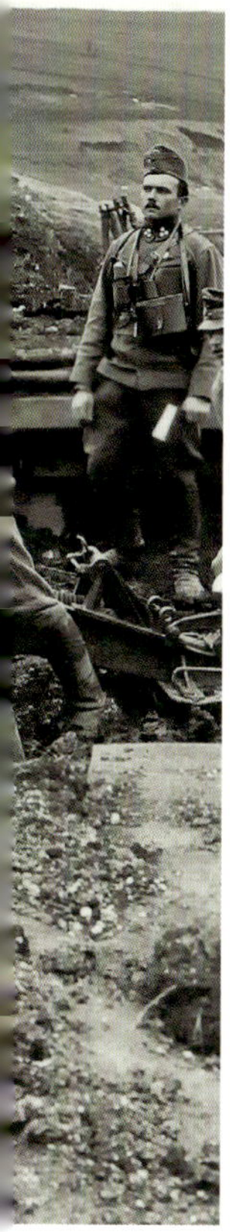

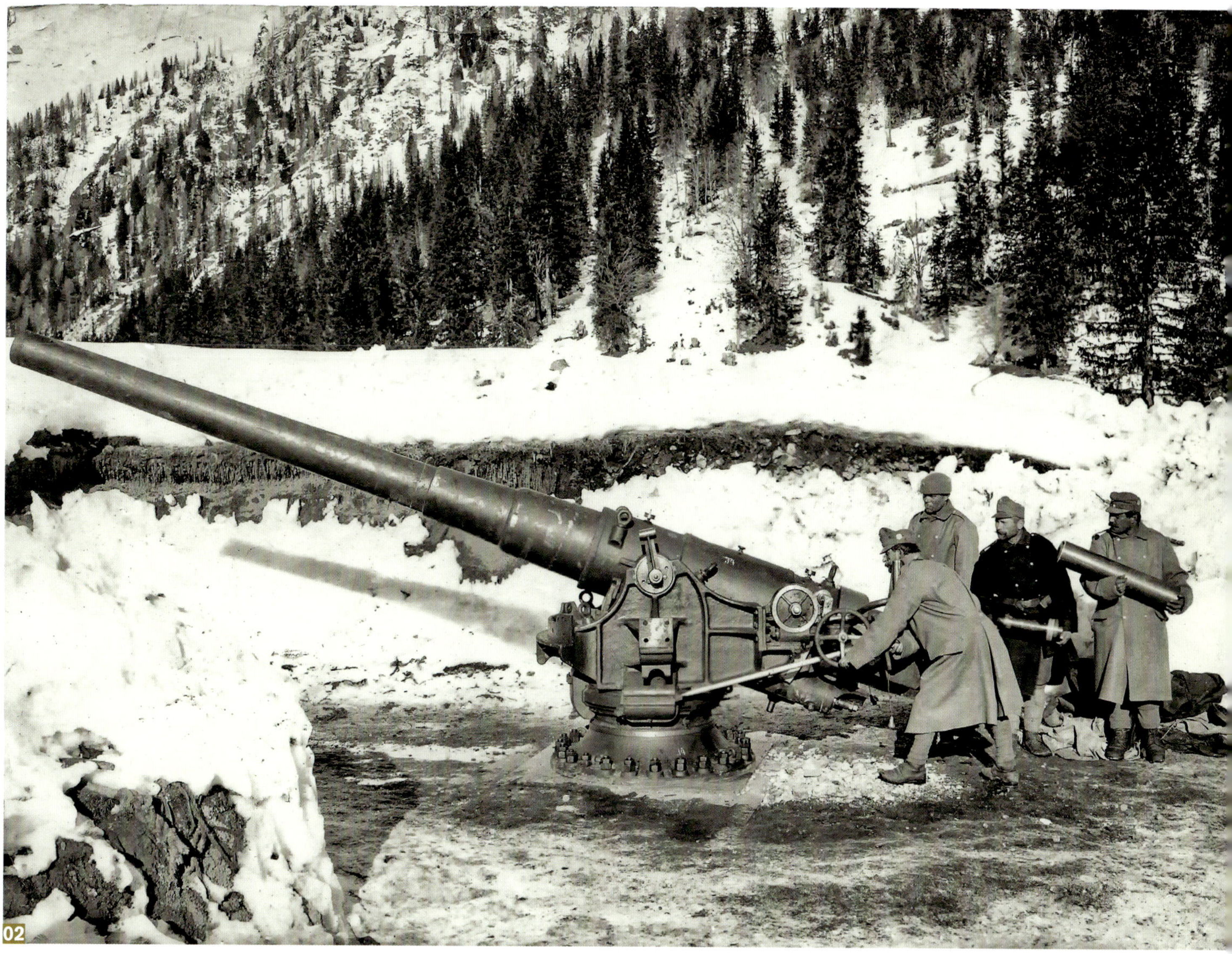

02

03

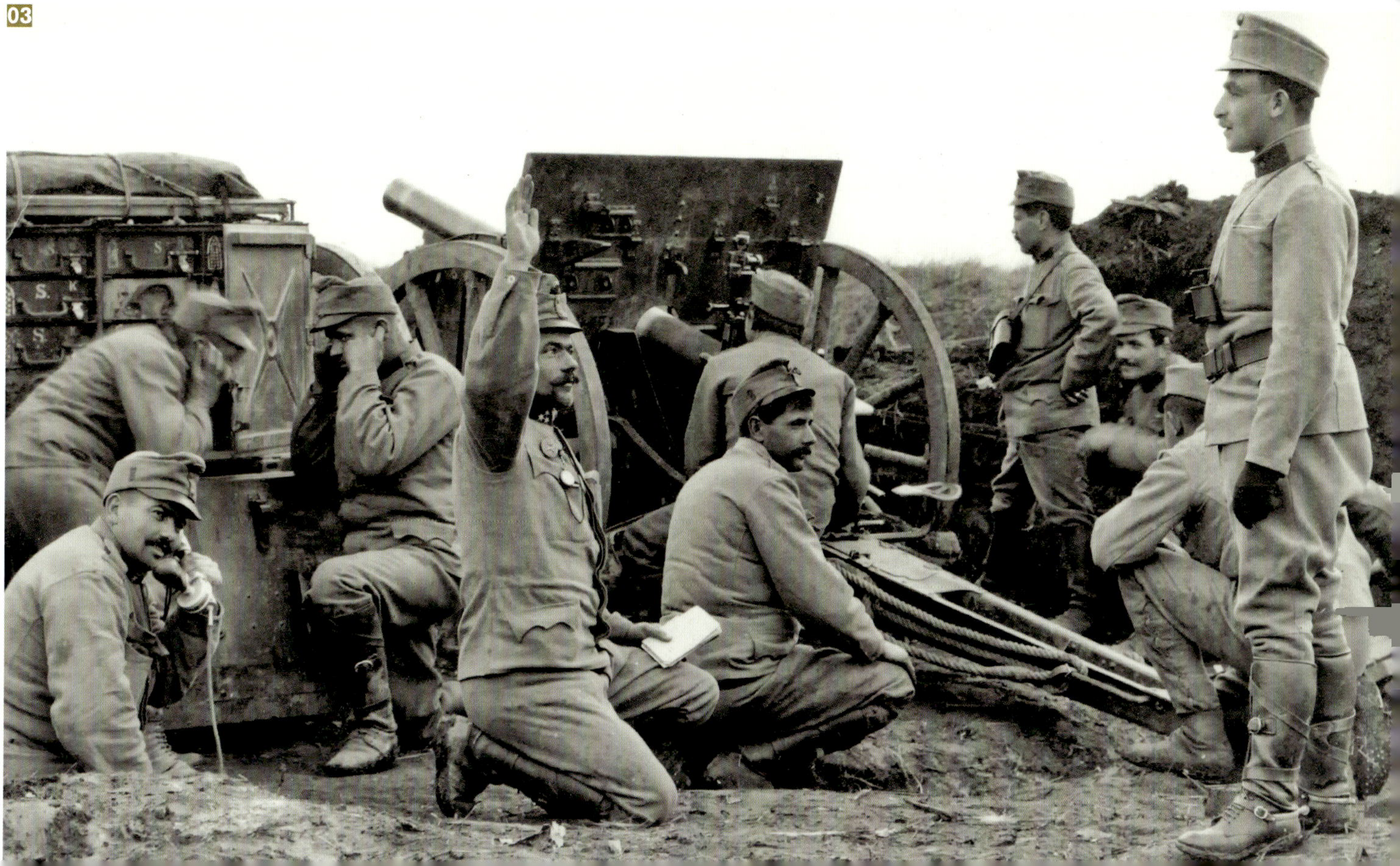

Materialschlacht und Technisierung des Krieges

01 Eines der modernsten Geschütze der österreichisch-ungarischen Artillerie, die während des Krieges neu geschaffene **15-cm-Auto-Haubitze M.15 System Škoda**

Schwere Geschütze der Festungsartillerie: **30,5-cm-Mörser M.11/16** 02 und **38-cm-Haubitze M.16** beim Ladevorgang 03

01
02

grundsätzlich zu vereinheitlichen, konnten bis Kriegsende lediglich im Bereich der Gebirgsartillerie realisiert werden, indem Deutschland die österreichische Gebirgskanone M.15 annahm. In sämtlichen anderen Bereichen scheiterte dies einerseits am bereits vorhandenen und nicht kurzfristig zu ersetzenden Material, andererseits an der geringen Bereitschaft beider Bündnispartner, der jeweils anderen Kriegsindustrie die lukrativen Entwicklungs- und Produktionsaufträge zukommen zu lassen.

Manche letztlich auch in das artilleristische Segment fallenden Waffensysteme können für Österreich-Ungarn überhaupt als Neuschöpfungen des Weltkrieges gesehen werden: Minen- und Granat(en)werfer sowie Luftfahrzeugabwehr-Kanonen (LfaKn). Bei Kriegsbeginn existierten weder bereits eingeführte Modelle, noch waren konkrete Exemplare in Erprobung. Die vor dem Krieg durchgeführten Versuche mit Systemen unterschiedlicher Provenienz hatten vor allem „orientierenden" Charakter gehabt. Dabei waren bereits im Russisch-Japanischen Krieg von 1904/05 auf beiden Seiten Minen- und Granatwerfer zum Einsatz gebracht worden. Vorerst mit einfachsten Mitteln improvisiert, dann in weiterer Folge durchaus professionell ausgeführt, bewährten sich diese einfachen Kampfmittel vor allem während der Stellungskämpfe.

Die Entwicklung der Minen- und Granatwerfer ist untrennbar mit jener der modernen Handgranate verbunden, die zum ersten Mal während der Kämpfe um Port Arthur auf russischer Seite als mit Sprengstoff gefüllte Geschützpatronenhülsen mit Zündschnur eingesetzt wurden. Die Japaner bedienten sich anfangs gleichfalls selbst hergestellter Sprengkörper, führten dann jedoch industriell gefertigte Stabgranaten ein, die bereits über einen Aufschlagzünder verfügten. Der markanteste Nachteil der Handgranate lag in ihrem zu geringen Gewicht und der mangelnden Wurfweite. Um diese zu steigern, wurden kleine Mörser konstruiert, die Wurfweiten von bis zu 200 Meter erreichten; auf russischer Seite kamen sie bereits in den Kämpfen 1914 zum Einsatz. Der Wunsch der k.u.k. Truppen nach Zuweisung von Minen- und Granatwerfern war daher verständlich. Da noch keine entsprechenden Modelle verfügbar waren, begann man mit den in den Etappenräumen vorhandenen Materialien selbstständig zu improvisieren. In die Erde eingegrabene Fässer oder Eisenrohre dienten als Werfer, Sprengbüchsen der Sappeurtruppe als Treibmittel und Munition. Aufgrund der Dringlichkeit der Angelegenheit sah sich aber auch das Technische Militärkomitee veranlasst, vorerst Improvisationen zu schaffen, deren erste noch 1914 als „1-kg-Werfer" (später 9-cm-M.14-Minenwerfer) zur Ausgabe gelangte. An Munition wurden Sprengbüchsen von ein oder zwei Kilogramm verschossen. Im Verlauf des Krieges entstanden weitere Modelle, von denen die „leichten" (9 cm) und „mittleren" (12–15 cm) Werfer der Infanterie überstellt, die „schweren" (20–26 cm) bei der Artillerie ihre Einteilung fanden.

Pneumatischer Handgranatenschnellwerfer System Rodeck

[01] Eigentlich für den Küstenschutz konzipiert, wurde die **42-cm-Küstenhaubitze** bei Kriegsbeginn „mobilisiert" und gelangte an allen Kriegsschauplätzen zum Einsatz

[02] **35-cm-Schiffskanone „St. Georg"** in Stellung bei Calliano. Das Geschütz war ursprünglich für einen Schlachtschiffneubau vorgesehen gewesen, gelangte jedoch in improvisierter Lafette zum Landeinsatz. Seine Reichweite betrug bis zu 35 Kilometer.

Materialschlacht und Technisierung des Krieges

01

02

01 „Kleiner" tragbarer Granatwerfer. Die Wurfweite der Minen lag bei rund 350 bis 400 Metern.

02 Der erste in der österreichisch-ungarischen Armee eingeführte Minenwerfer (M.14). Er verschoss Sprengbüchsen von ein bis zwei Kilogramm auf Distanzen bis 500 Meter.

03 Schwerer 22,5-cm-Minenwerfer M.15 System Böhler – Technisches Militärkomitee beim Ladevorgang

04 Österreichisch-ungarischer mittlerer" Granatwerfer beim Ladevorgang. Die rund 23 Kilogramm schweren Geschoße hatten eine Reichweite von 600 Metern.

01

02

Der große Schwachpunkt des herkömmlichen Minen- und Granatwerfers manifestierte sich in der Rauch- und Feuersignatur beim Abschuss: Sie machte dessen Standort für den Gegner sofort sichtbar und zog feindliches Gegenfeuer auf sich. Sogenannte Luftminenwerfer sollten dieses Problem lösen, indem der für das Schleudern des Projektils erforderliche Druck durch Pressluft aufgebaut wurde. Dabei blieben Rauchentwicklung, Abschussknall oder Mündungsblitz aus. Erste Improvisationen (System Rocka-Halasz) waren im Bereich der Isonzoarmee selbstständig erfolgt und in geringen Stückzahlen produziert worden. In weiterer Folge stellten deutsche und österreichische Unternehmen professionelle Konstruktionen her, die sich vom heutigen Standpunkt gesehen als überaus modern bezeichnen lassen. Der große technische Aufwand – die Pressluftflaschen mussten mittels spezieller Verdichtungsmaschinen aufgefüllt werden – und der teilweise sperrige Aufbau machten den Luftminenwerfer aber nicht für alle Kriegsschauplätze geeignet und versagten dem System letztlich den Durchbruch.

Auch hinsichtlich der Abwehr von Luftfahrzeugen konnte sich die österreichisch-ungarische Armee im Juli 1914 lediglich auf allgemeine und „orientierende" Versuche stützen. De facto war zu Kriegsbeginn kein einziges Fliegerabwehrgeschütz bei der Armee vorhanden, jene der Marine ausgenommen. Lediglich die Firma Škoda meldete am 13. August 1914 das Vorhandensein eines Versuchsgeschützes sowie zweier weiterer, jedoch im Kaliber für Belgien und Rumänien ausgeführter Vorführungs-Ballonabwehrgeschütze. Diese Geschütze wurden durch die k.u.k. Heeresverwaltung beschlagnahmt, konnten aber aufgrund technischer Mängel erst zu Jahresbeginn 1915 an die Front abgehen. Die Entwicklung effizienter eigener Luftabwehrgeschütze sollte weitere Monate in Anspruch nehmen; 1915 und auch noch 1916 musste man sich daher mit zahlreichen Improvisationen, adaptierten Beutegeschützen und deutschen Lieferungen behelfen. Obwohl spätestens ab 1917 durchaus brauchbare Modelle vorlagen, blieb die Effizienz der Luftabwehr vom Boden aus bis Kriegsende umstritten. Eine statistische Übersicht vom Mai 1918 unterschied hinsichtlich der Wirkung gegenüber feindlichen Fliegern zwischen „abgeschossen", „zur Landung gezwungen" und „zur Umkehr gezwungen". Auf dem italienischen Kriegsschauplatz gaben statistisch gesehen im gesamten Monat April 1918 die vorhandenen Luftfahrzeugabwehr-Geschütze, deren Zahl zwischen 350 und 407 schwankte (feuerbereit ca. 75 Prozent), rund 28.000 Schuss ab. Der Erfolg manifestierte sich in lediglich zwei abgeschossenen, sieben zur Landung und 576 zur Umkehr gezwungenen feindlichen Flugzeugen. Für den Abschuss eines feindlichen Flugzeugs mussten also rund 14.000 Schuss, für einen zur Landung gezwungenen Gegner immer noch über 3.000 Schuss aufgewendet werden. Zur Umkehr brachte man Luftfahrzeuge mit durchschnittlich 48 Schuss.

Österreichisch-ungarischer 12-cm-Luftminenwerfer M.16. Bei Luftminenwerfern wurden die Projektile nicht mittels einer Pulvertreibladung, sondern pneumatisch „geworfen".

01 8-cm-Kraftwagen-Luftfahrzeugabwehr-Kanone System Ehrhardt. Fliegerabwehrkanonen dieses Typs wurden in Deutschland beschafft.

02 Als Luftfahrzeugabwehr-Kanone improvisierte 8-cm-Feldkanonen M.5 auf dem russischen Kriegsschauplatz

Materialschlacht und Technisierung des Krieges

Zur Gewinnung von Bronze bzw. Kupfer für die Rüstungsindustrie wurde sowohl in den besetzten Gebieten als auch im Hinterland auf Kirchenglocken zurückgegriffen.

01 Durch die Infanterie zu bedienendes leichtes 37-mm-Infanteriegeschütz M.15. Die Konstruktion erwies sich infolge mangelnder Schusspräzision als wenig brauchbar.

02 Feldhaubitze nach Rohrexplosion. Nicht nur durch Feindeinwirkung, sondern auch infolge allgemeinen Verschleißes wurden zahlreiche Geschütze unbrauchbar. Die durchschnittliche „Lebensdauer" eines Feldgeschützes lag bei rund 1.500 bis 2.000 Schuss.

Das verdeutlicht, dass sich der Krieg längst zum Abnützungskrieg und die Kampfhandlungen zur Materialschlacht entwickelt hatten. Dies wird insbesondere an dem sich kontinuierlich steigernden Munitionsverbrauch ersichtlich. Als Grundlage für das Nachschubwesen wurden nach Beginn der Kampfhandlungen 1914 für jede Feldkanone pro Tag 45 Schuss, für jede Feldhaubitze und 12-cm-Kanone 30 Schuss sowie für jede schwere 15-cm-Haubitze 20 Schuss berechnet. Daraus resultierte für die gesamte Artillerie bei den wichtigsten Kalibern ein täglicher Munitionsbedarf von 25.920 (8 cm), 8.640 (10 cm) und 2.688 (15 cm) Schuss. Dazu kamen noch jeweils 800 Schuss für 12-cm-Kanonen, 60 für 24-cm-Mörser und 50 Schuss an 30,5-cm-Mörsermunition. Trotz allgemeiner Produktionssteigerung konnten bis Jänner 1915 bestenfalls 45 Prozent der benötigten Mengen geliefert werden.

Aufgrund der sich im Herbst 1916 intensivierenden Kampfhandlungen war der Minimalbedarf bereits auf rund 800.000 Schuss pro Woche (alle Kaliber) angestiegen – ihm stand ein wöchentlicher Ausstoß von lediglich rund 400.000 Stück diverser Munitionssorten (ohne Infanterie- und Werfermunition) gegenüber. Eines der Hauptprobleme lag, neben der Beschaffung und Erzeugung der benötigten Pulver- und Sprengstoffsorten, auch in der Aufbringung der wichtigsten Rohstoffe Kohle, Eisen und Kupfer. Doch der Bedarf stieg noch weiter. So wurden in der 10. Isonzoschlacht allein an den „Großkampftagen" von 14. bis 16. Mai 1917 aus durchschnittlich 1.089 Geschützen über 300.000, bis Anfang Juni sogar insgesamt 1,6 Millionen Schuss verfeuert. Während der Kämpfe gab jede Feldkanone der Isonzoarmee durchschnittlich 1.708, jede moderne Feldhaubitze rund 1.627 und jede schwere Haubitze ungefähr 1.030 Schuss ab. Vor allem hinsichtlich des Sperrfeuers resultierten aus dem akuten Munitionsmangel bedeutende Einschränkungen: Da dieses ausschließlich durch die vorne liegende Infanterie ausgelöst wurde und sich in sofortigem Schnellfeuer der dafür bestimmten Batterien manifestierte, stieg der Munitionsverbrauch sprunghaft an, Schussbeobachtung erfolgte keine. Nachdem beim Sperrfeuer die Raschheit entscheidend war – schließlich galt es die feindliche Infanterie am Durchlaufen der Sperrfeuerzonen unbedingt zu hindern –, kam es zu häufigen Falschauslösungen. Um Munition zu sparen, wurde daher angeordnet, das Sperrfeuer nur mehr für drei Minuten aufrecht zu erhalten und danach durch beobachtetes und gezieltes Feuer zu ersetzen. Das einfache Störungsfeuer in Zeiten relativer Ruhe hatte weitgehend zu unterbleiben.

Der Gegner schien indes aus unermesslichen Nachschubquellen zu schöpfen. Wie gewaltig dessen Materialüberlegenheit Mitte 1918 an der Südwestfront bereits gewesen sein muss, dokumentiert eine Meldung der zum III. Korps gehörenden 52. Infanterie-Division: Diese verbuchte pro Tag bei normaler, eigentlich ruhiger Gefechtstätigkeit rund 1.500 einschlagende

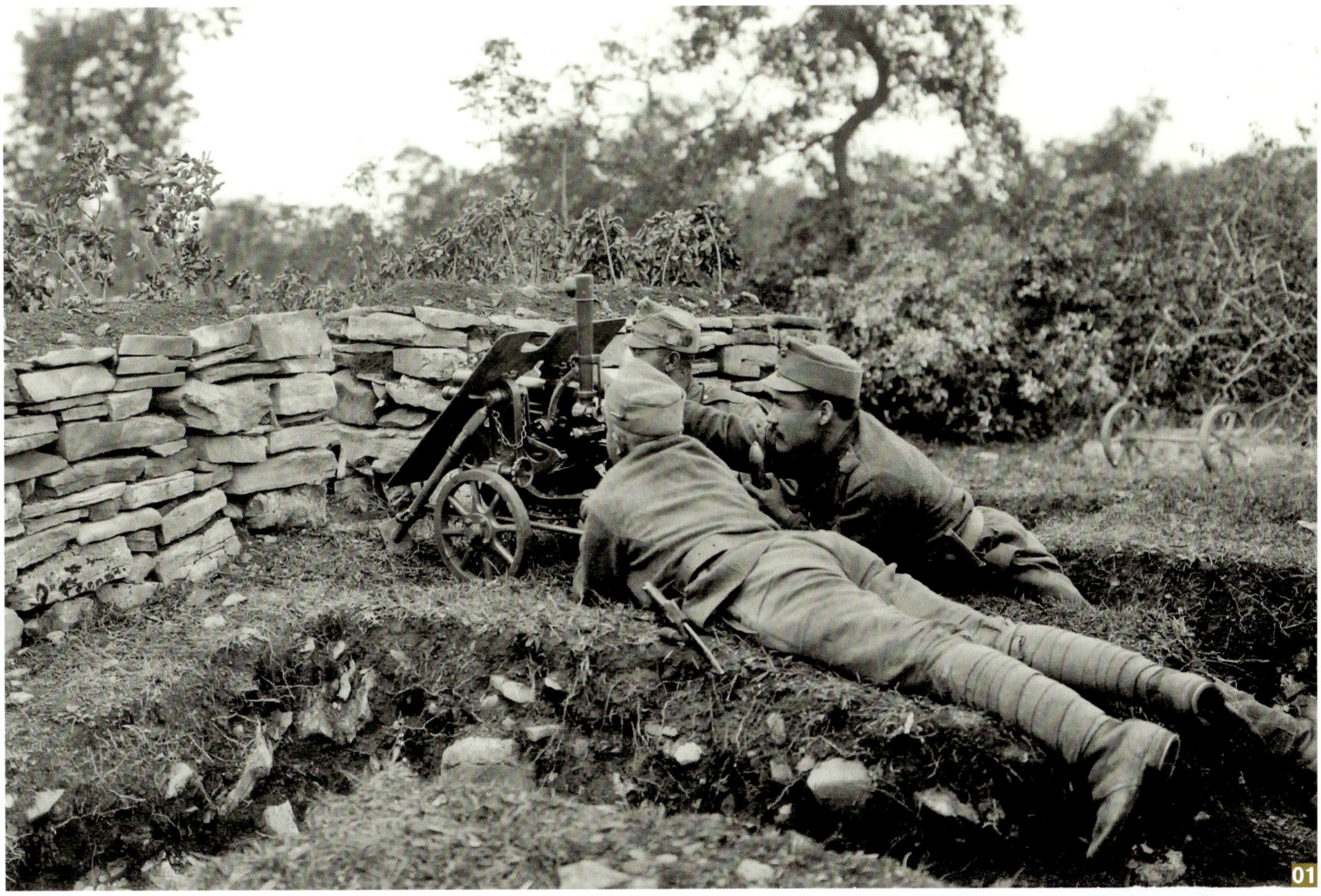
01

02
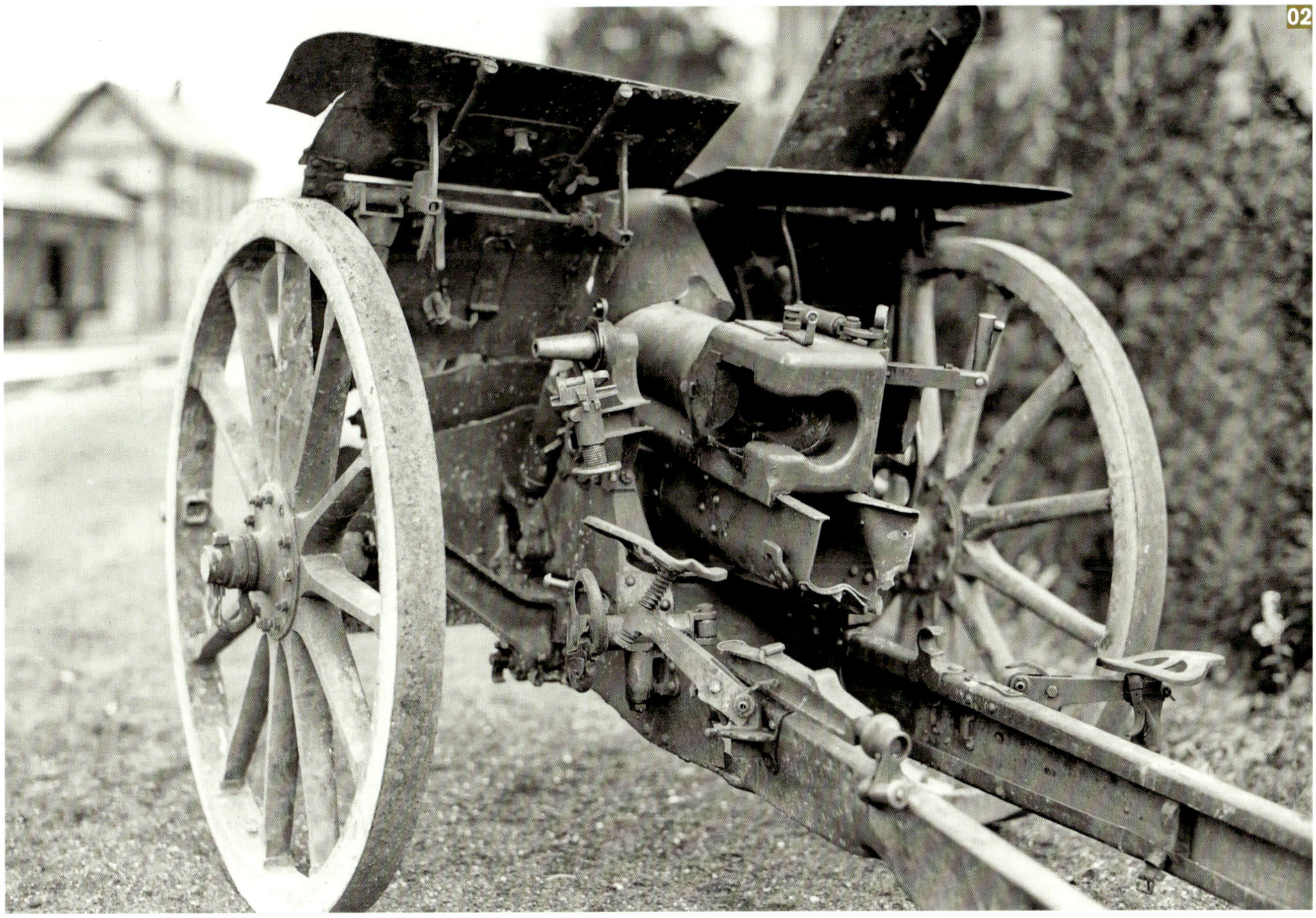

feindliche Geschoße im eigenen Gefechtsabschnitt (Breite rund vier Kilometer), zu denen durch gezielte Feuerüberfälle noch weitere 2.000 bis 3.000 Schuss täglich kamen.

Die hohen Schusszahlen hatten auch Auswirkungen auf die eingesetzten Geschütze. Aufgrund von Abnützungserscheinungen musste man diese entweder neu beseelen – sprich: deren innerste Rohrschicht austauschen – oder sie mit komplett neuen Rohren versehen. Im Verlauf der 10. Isonzoschlacht wurden so etwa vom 12. Mai bis zum 12. Juni 1917, also innerhalb eines Monats, rund 72 Prozent aller Feldkanonen, 14 Prozent der Feldhaubitzen, 25 Prozent der schweren Haubitzen, 45 Prozent der 10,4-cm-Kanonen und 23 Prozent der Mörser vom Geschützbestand der Isonzoarmee durch Verschleiß unbrauchbar. Mangels rechtzeitig verfügbarer Ersatzrohre verblieben die havarierten Geschütze überdurchschnittlich lange im Reparaturstatus und reduzierten den Gefechtsstand der gesamten Artillerie beträchtlich – ein Umstand, der sich im Zuge der alliierten Gegenoffensive an der Piave im Oktober 1918 besonders negativ auswirken sollte.

Die militärische Nutzung der „dritten Dimension" durch die k.u.k. Armee nahm in organisatorischer Hinsicht zu Beginn der 1890er-Jahre mit der Gründung der k.u.k. Militär-Aeronautischen Anstalt innerhalb des Festungsartillerieregiments Nr. 1 im Wiener Arsenal ihren Anfang. Die Militärluftfahrt „leichter als Luft" – also mit Luftfahrzeugen, die sich mittels statischen Auftriebs in der Luft halten – wurde anfangs für den Beobachtungsdienst ausgerichtet; da die Erzeugung der notwendigen Gasmengen (Wasserstoff) an ortsfeste Fabrikationsstätten gebunden war, unterstellte man das Ballonwesen der Festungsartillerie. Mit der Entwicklung mobiler Gasbehälter und Transportwagen ergab sich die Möglichkeit, die Ballons auch abseits der Festungen zu verwenden. Im Jahr 1898 formierte sich die erste Feldballonabteilung. Zum Einsatz gelangten sogenannte Kugelballons (M.96), die sich vor allem für Freiflüge eigneten, und Drachenballons (M.98), die dank ihrer länglichen, aerodynamischen Form auch bei starkem Wind nicht niedergedrückt werden konnten.

Während die Idee der Lenkluftschiffe („Zeppeline") in der k.u.k. Armee wenig Widerhall fand, wurde jene des Flugzeugs („schwerer als Luft") durchaus positiv beurteilt. Die ersten zuverlässigen Flugzeugtypen entstammten ausländischer Produktion, die ersten Militärpiloten wurden noch zivil ausgebildet. Das Pionier-Exemplar eines österreichischen Militärflugzeugs, eine bei der Firma Lohner gebaute und im April 1911 übernommene „Etrich Taube", erwies sich bei der technischen Abnahme als technisch herausragend. Mit dem weiterentwickelten Lohner „Pfeilflieger" stand der k.u.k. Armee zu Kriegsbeginn schließlich – wenngleich in geringen Stückzahlen – einer der hervorragendsten unbewaffneten Flugapparate der Welt zur Verfügung.

Fallschirmversuch aus einem Fesselballon. Bei Kriegsbeginn waren die k.u.k. Luftfahrer noch nicht mit Fallschirmen ausgestattet.

01 Österreichisch-ungarischer Fesselballon M.98. Die Ballons dienten vor allem der Artillerie-Schussbeobachtung und waren ursprünglich der Festungsartillerie zugeteilt.

02 Gasbehälter („Füllsack") für Fesselballons im mobilen Feldeinsatz

01

02

193

Materialschlacht und Technisierung des Krieges

01 Mobile Gaserzeugungsanlage für k.u.k. Ballonkompanien

02 Fesselballon (li.) und **Gas-Füllsack** (re.) in verdeckter Stellung

03 04 Gasproduktion („Gasen") mithilfe einer fahrbaren Gaserzeugungsanlage und Befüllen eines Fesselballons M.98

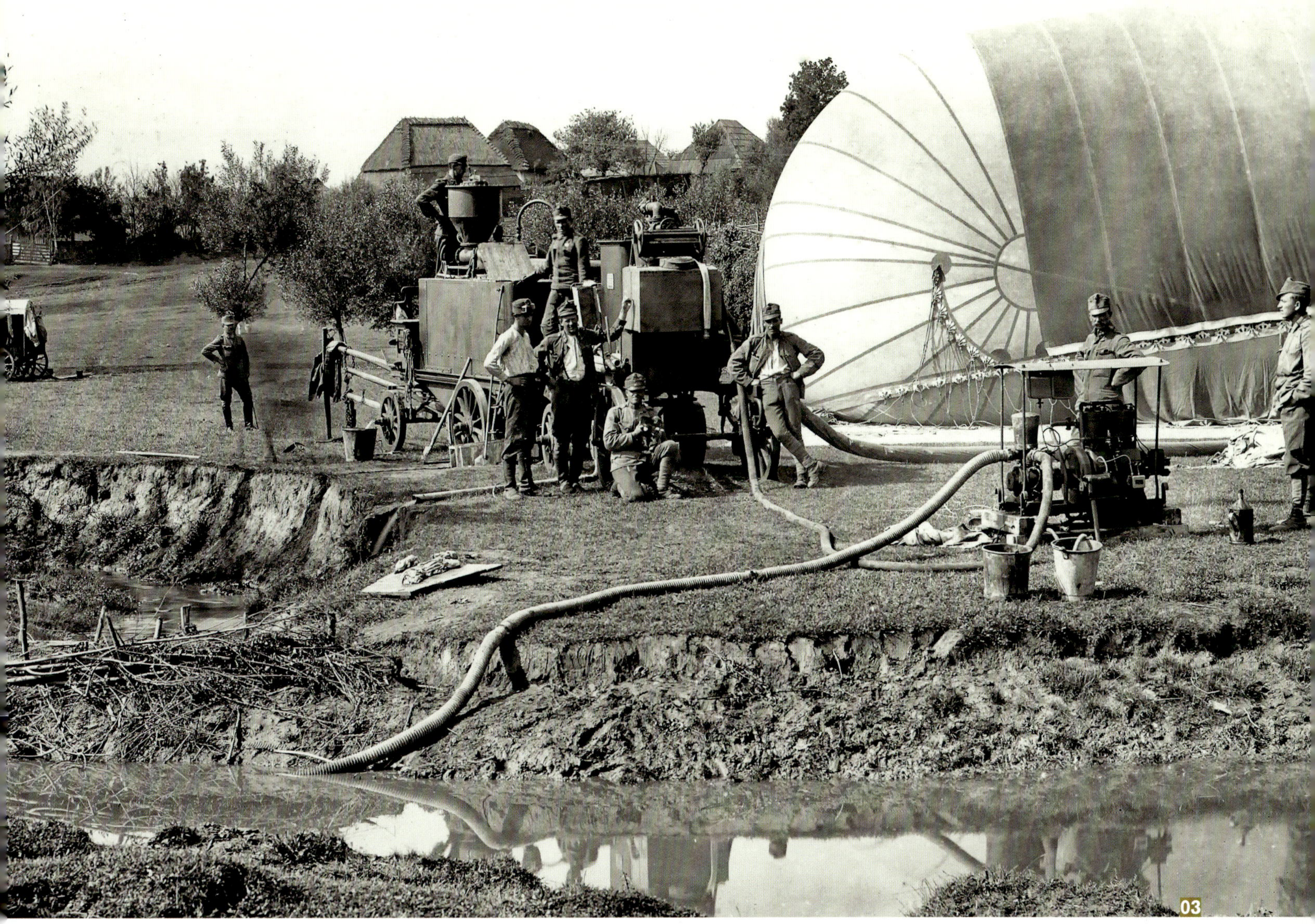

03

04

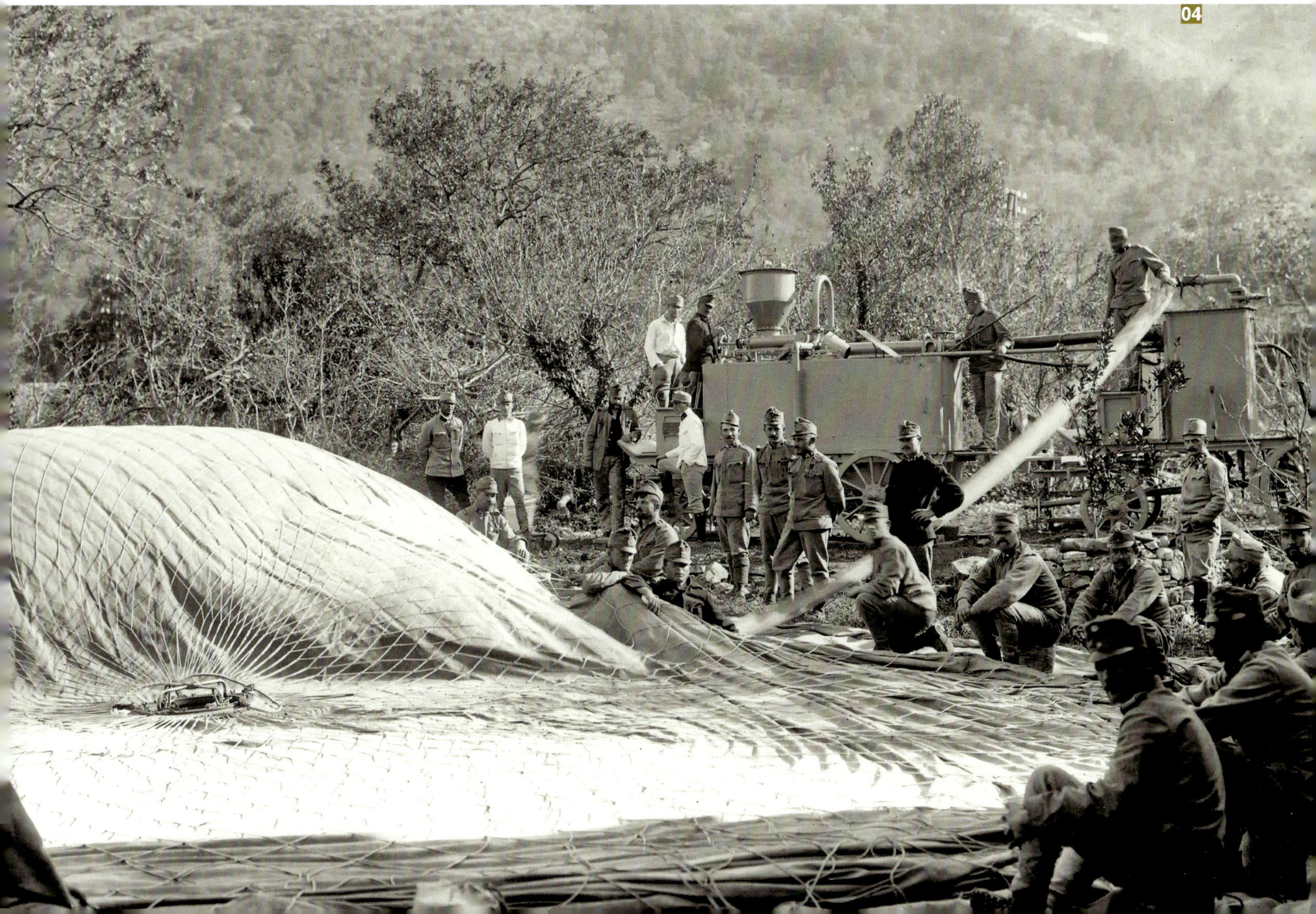

Materialschlacht und Technisierung des Krieges

Mit dem rasanten Ausbau der Fliegertruppe in den ersten beiden Kriegsjahren ging auch eine Zunahme entsprechender Produktionsstätten einher. Neben der Firma Lohner produzierten Albatros, Aviatik, die ungarischen Lloyd Flugzeug- und Motorenwerken, die Ufag (Ungarische Flugzeugwerke AG, Budapest), die Oeffag (Oesterreichische Flugzeugfabrik AG) und das k.u.k. Fliegerarsenal in Fischamend österreichisch-ungarische Flugzeuge – Eigenkonstruktionen ebenso wie zahlreiche Lizenzfertigungen deutscher Modelle. Mit der Aviatik DI lag im Jahre 1916 die erste eigenständige Konstruktion eines Jagdflugzeuges in Österreich während des Krieges vor; 650 Exemplare davon wurden in verschiedenen Werken gebaut. Die Ufag CI, im Sommer 1917 als Kampfflugzeug entwickelt, kam hauptsächlich auf dem italienischen Kriegsschauplatz zum Einsatz. Der wegen der Kriegswichtigkeit der Flugzeuge rasante Fortschritt basierte natürlich zu einem großen Teil auf der Weiterentwicklung der Flugmotoren. Waren diese zu Beginn des Krieges mit einer durchschnittlichen Leistung von rund 145 PS ausgeliefert worden, entwickelte Austro-Daimler 1916 durch den Zusammenbau von zwei 6-Zylinder-Reihenmotoren einen 12-Zylinder-Motor mit 300 PS, der erhöhter Geschwindigkeit und Nutzlast Genüge tat. Durch die größere Leistung der Motoren und den Bau von zwei- bzw. dreimotorigen Flugzeugen ließen sich im Verlauf des Weltkrieges die Traglast und die Steigfähigkeit der Flugzeuge drastisch steigern. So entstand eine Reihe von österreichisch-ungarischen Bombenflugzeugen, die in vielen Fällen aber nur als Prototyp gebaut wurden. Bei der im Oktober 1916 von Julius von Berg konstruierten Aviatik „G" beispielsweise konnte die Serienproduktion nicht mehr eingeleitet werden: Der Erstflug des dreimotoriges Großbomberflugzeuges fand wegen Verzögerungen bei der Motorenanlieferung erst im März 1918 statt. Die Bomberformationen waren zu diesem Zeitpunkt bereits mit deutschen Gotha „G4"-Modellen ausgerüstet.

Parallel zum Aufbau der Heeresfliegerei trieb die k.k. Kriegsmarine ab Ende 1910 die Entwicklung spezieller Marineflugzeuge voran. Anfang 1911 wurde mit dem Bau des ersten Flugzeuges der österreichisch-ungarischen Kriegsmarine begonnen, im April 1912 erfolgte seine Fertigstellung. Im November 1913 lieferte Lohner & Co das erste Flugboot an die k.u.k. Kriegsmarine. Das Unternehmen sollte im Ersten Weltkrieg zum wichtigsten Lieferanten von Flugbooten für die k.u.k. Kriegsmarine werden.

Unter dem ab 1917 einsetzenden Rohstoffmangel litt auch die österreichisch-ungarische Flugzeugindustrie. Vor allem in der Motorenproduktion konnte man mit dem Frontbedarf nicht mithalten, wie entsprechende Vergleichszahlen untermauern: Rund 55.000 britischen, 52.000 französischen und 12.000 italienischen neuproduzierten Flugzeugen standen lediglich 5.300 im Zeitraum von 1914 bis 1918 hergestellte Flugzeuge Österreich-Ungarns gegenüber; das Deutsche Reich produzierte rund 48.000 Maschinen.

Feldpiloten einer Fliegerkompanie unmittelbar vor ihrem Einsatz auf dem italienischen Kriegsschauplatz

01 Österreichisch-ungarischer Aufklärer/Kampfflugzeug vom Typ Phönix C

02 Bord-MG des Beobachters eines Aufklärungsflugzeuges der Fliegerkompanie Nr. 36

Materialschlacht und Technisierung des Krieges

01 In Lizenz gefertigter bewaffneter **Aufklärer Hansa-Brandenburg CI** mit möglicher Zusatzausstattung/-ladung

In Wien-Heiligenstadt erzeugte **Aviatik BII in Verwendung als Bomben-Kampfflugzeug 02** und **Aufklärer 03**

04 Beim **Absturz des italienischen Luftschiffes „Città di Milano"** am 4. Mai 1916 bei Görz/Gorizia getötetes Besatzungsmitglied

05 Respekt und Achtung vor dem Gegner: Grab einer durch Abschuss umgekommenen italienischen Flugzeugbesatzung auf einem österreichisch-ungarischen Soldatenfriedhof

PILOT TENENTE
VAGHIO GIOVANNI
BEOBACHTER TENENTE
MARIO ADELMO
05

Materialschlacht und Technisierung des Krieges

In militärischer Verwendung stehendes Privat-Kraftfahrzeug mit nachträglich montiertem Drahtrahmen, um die Besatzung gegen tiefhängende Telefonkabel zu schützen

01 Dem bereits 1916 eklatanten Pferdemangel suchte man durch Alternativen zu begegnen: **Versorgungskolonne mit Hundezug.**

02 Personenkraftwagen der k.u.k. Kraftfahrtruppe im Verbindungsdienst

Obwohl man versuchte, der Verknappung von flugfähigen Apparaten durch die Wiederinstandsetzung havarierter Maschinen oder Beuteflugzeuge in den Fliegeretappenwerkstätten entgegenzuwirken, standen – bei einem Sollstand von acht bis zehn – oft nur ein oder zwei tatsächlich einsatzbereite Flugzeuge in den Fliegerkompanien zur Verfügung. Auch in der Luft zeigte sich die k.u.k. Armee trotz technisch moderner Flugzeuge der materiellen Übermacht der Gegner mittelfristig nicht gewachsen.

Neben den als „klassisch" zu bezeichnenden Bereichen der Streitkräfte, die sich meist auf die Hauptwaffengattungen beziehen, erfasste die zunehmende Technisierung des Kriegswesens auch zahlreiche unspektakuläre, aber nicht minder wichtige Bereiche. Ein Blick in die während des Kriegs erstellten Gesamtübersichten über vorhandene Formationen der „Armee im Felde" zeigt gerade ab Ende des Kriegsjahrs 1917 eine verstärkte Zunahme an hochspezialisierten Kommunikations-, Nachschub-, Instandsetzungs- und Etappeneinrichtungen. Viele davon waren nach und nach an den Kriegsschauplätzen aufgrund der besonderen Gegebenheiten dort geschaffen worden: beispielsweise mobile Gesteinsbohrzüge zum Kavernen- und Minenbau, Scheinwerferabteilungen zur Gefechtsfeldbeleuchtung, Hochspannungs-, Elektro- und Seilbahnformationen für den Gebirgskrieg, Autoformationen, Werkstätten, Feldbahnen, Schienenautos oder Elektrobahnen zur Optimierung der Versorgungslogistik. Der Verbesserung der Lebensbedingungen der Truppen dienten indes Eis- und Sodaerzeugungsanlagen, Felddampfwäschereien, Feldkinos, Pumpen- und Trinkwasserzüge oder Wollin-Anlagen zur Erzeugung von Holzwolle.

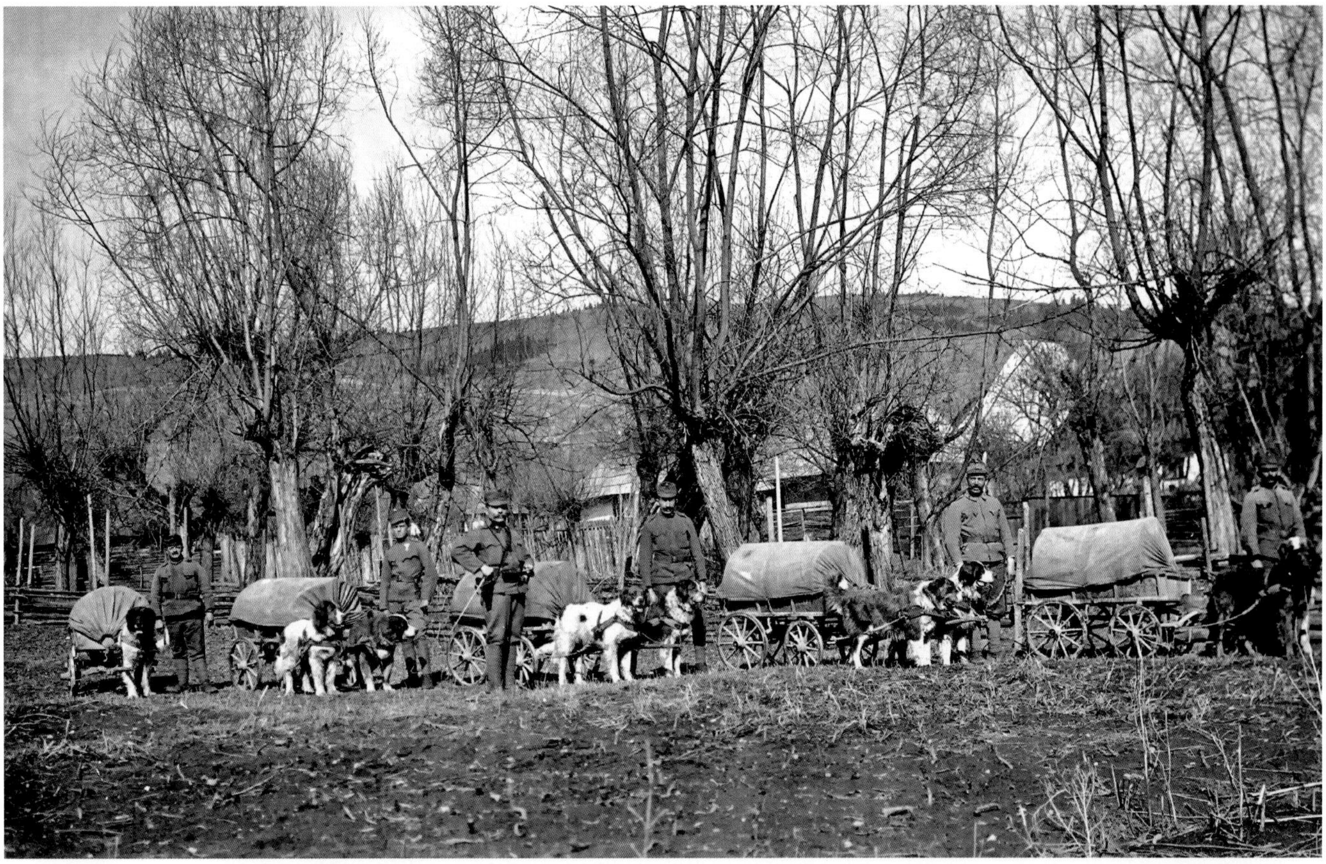

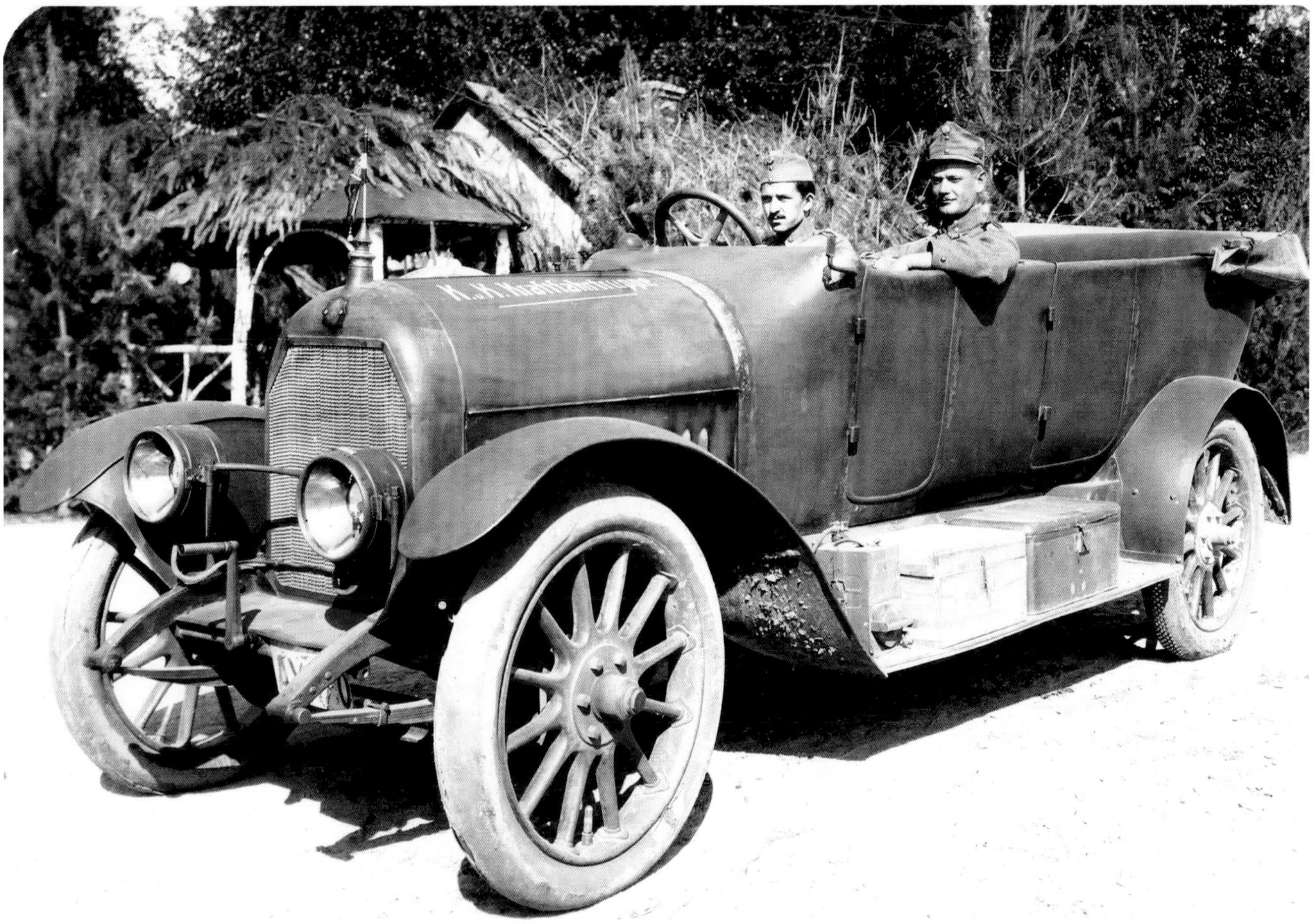
K.K.

01

02

01 Im Morast hängen gebliebenes Kurierfahrzeug des k.u.k. 4. Armeekommandos in Galizien, Frühjahr 1915

02 Verunglückter Lastkraftwagen einer Autokolonne auf dem italienischen Kriegsschauplatz im Jahr 1917

03 „Fahrbereitschaft" am Standort des k.u.k. Armeeoberkommandos

04 Infolge der schlechten Wegverhältnisse im Osten wurden **Schienen-Automobile** zum Einsatz gebracht.

01 02 03 Erprobung der **Gräf & Stift-Zugmaschine „Elephant",** die jedoch nicht eingeführt wurde. Rechtsnachfolger der Firma Gräf & Stift ist heute die MAN Truck & Bus Vertrieb Österreich AG.

Aufgrund der schwierigen Pferdeersatzlage sollten Geschütze „mechanisiert" transportiert werden: Versuche mit der **Austro-Daimler Kraftprotze 04** und dem **Motorzugwagen M.17 05** mit jeweils angehängter 8-cm-Feldkanone M.5.

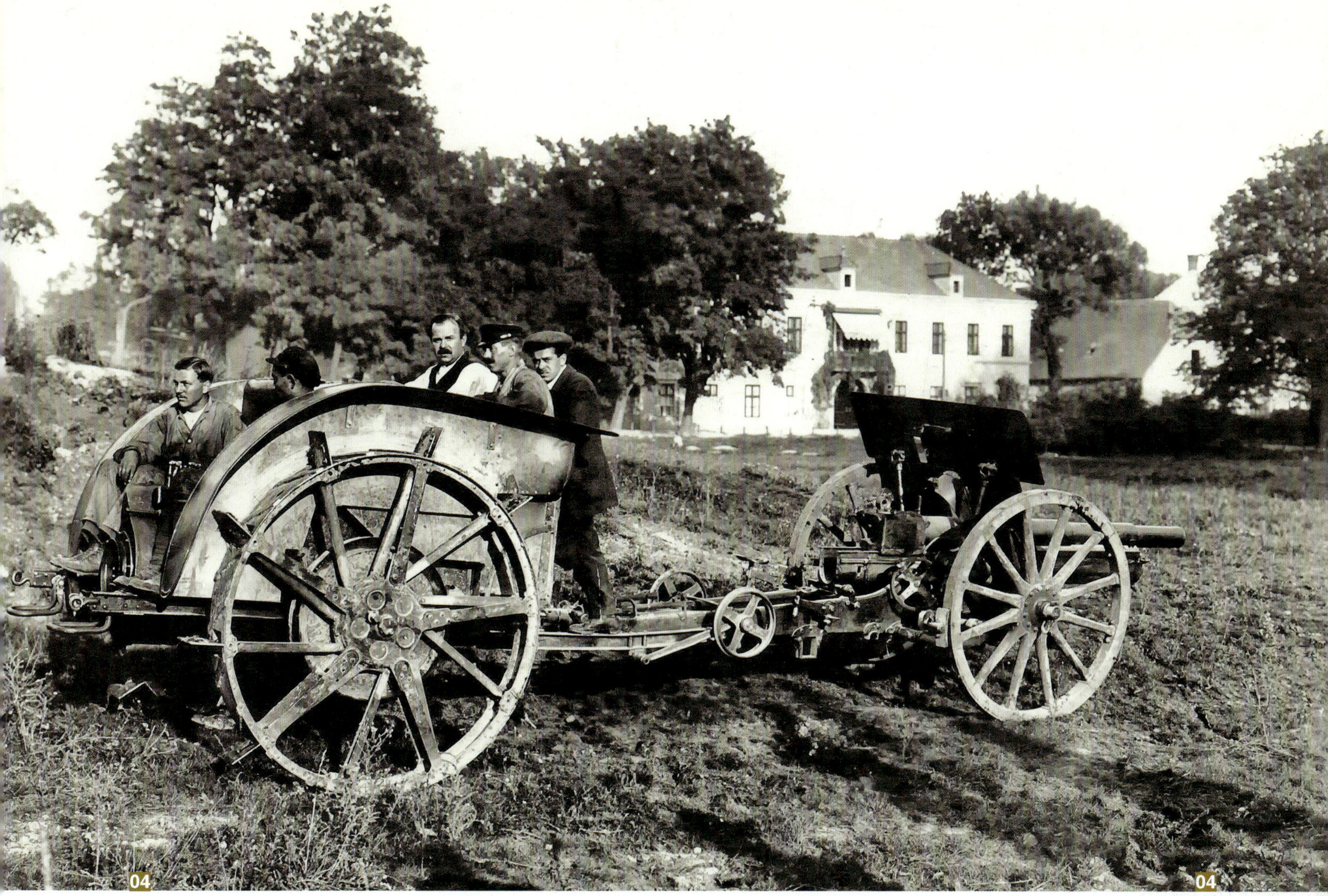

04

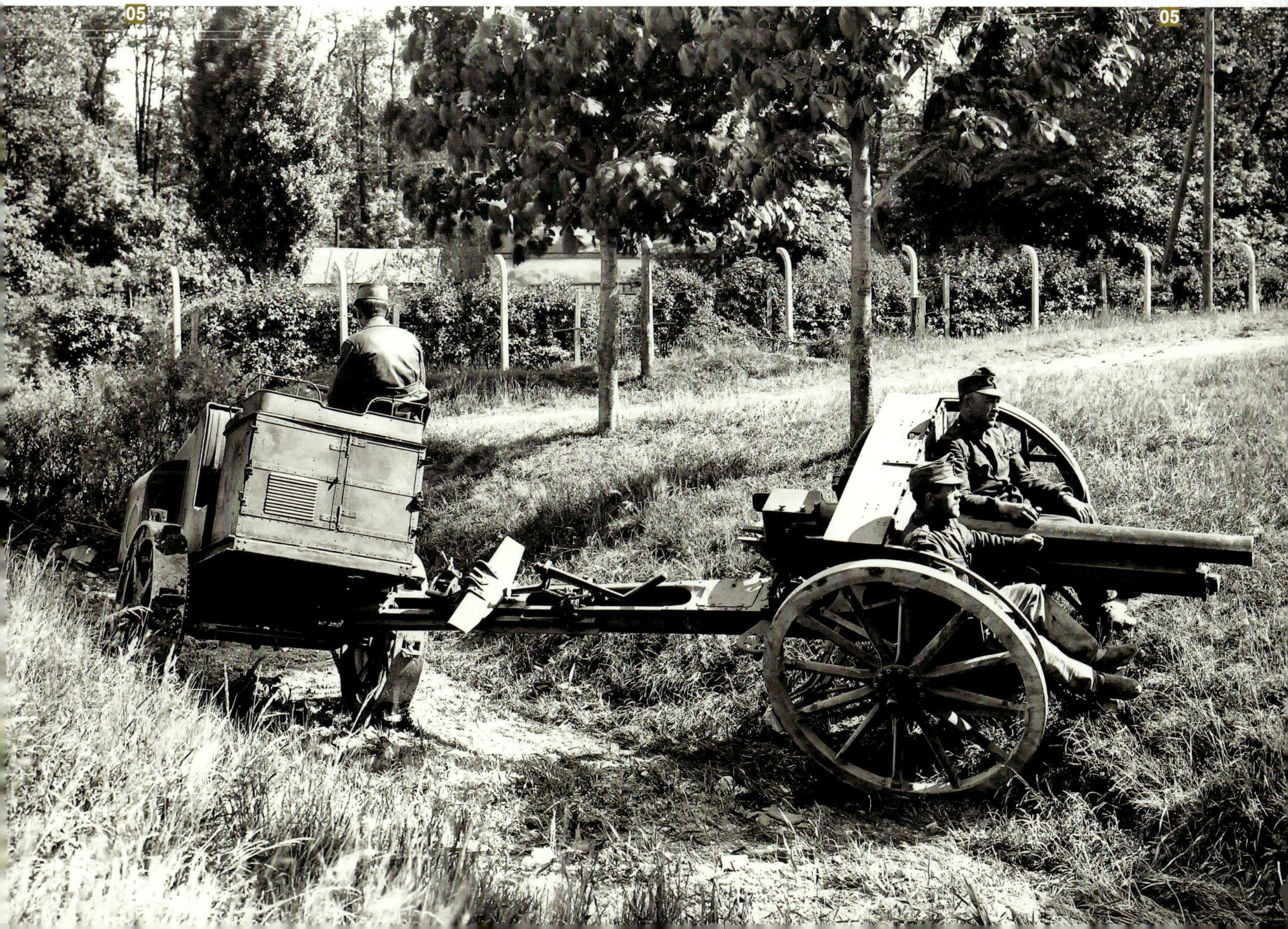

05

01

01 Sendemast System Leidl eines Löschfunkensenders auf der Villacher Alpe zur drahtlosen Verbindungsaufnahme auf Korps- und Armeeebene

02 03 Vermeintlich antiquiert, aber dennoch zuverlässig: Der Einsatz von Brieftauben sollte sich trotz zunehmender Technisierung als wichtiges Verbindungsmittel erweisen.

Von entscheidender Bedeutung vor allem in Hinblick auf die immer komplexer ablaufenden militärischen Operationen sollte sich aber der Ausbau des Fernmeldewesens erweisen. Die bei Kriegsbeginn 1914 bei den Kompanien und Batterien vorhandenen einfachen Feldtelefone genügten bestenfalls für die Kommunikation innerhalb der Bataillone und Regimenter; für die höheren Kommanden sollte das k.u.k. Telegraphenregiment die notwendigen Geräte und das Fachpersonal beistellen. Technisch waren zu Kriegsbeginn bereits Feldradiostationen zur drahtlosen Übermittlung vorgesehen, doch reichten die veranschlagten personellen und materiellen Ressourcen schon bei Kriegsbeginn kaum aus, den gesamten Bedarf der Truppen zu decken. Damit erlebte das Fernmeldewesen sowohl im unmittelbaren Truppenbereich als auch bei den höheren operativen Kommanden einen immensen Aufschwung.

Der Erste Weltkrieg, der in politischer Hinsicht als die Urkatastrophe des 20. Jahrhunderts angesehen wird, hatte das Kriegswesen in epochaler Weise verändert. Selbst die kriegserfahrenen Armeen waren letztendlich im Geist des 19. Jahrhunderts in den Konflikt eingetreten – mit Soldaten, die in Angriff und Verteidigung lediglich hinsichtlich ihrer waffengattungsspezifischen Ausbildung unterschiedlich agierten. Jahrhundertealte militärische Tugenden wie Mut, Tapferkeit, Führung, Durchhaltevermögen,

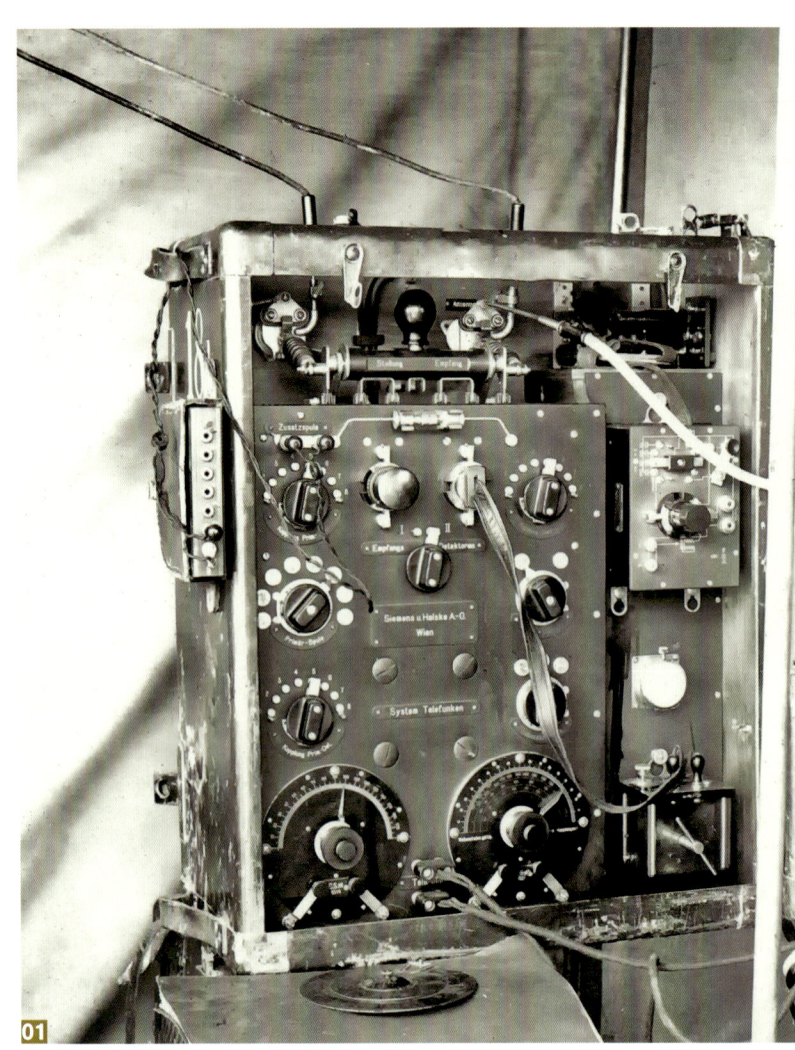

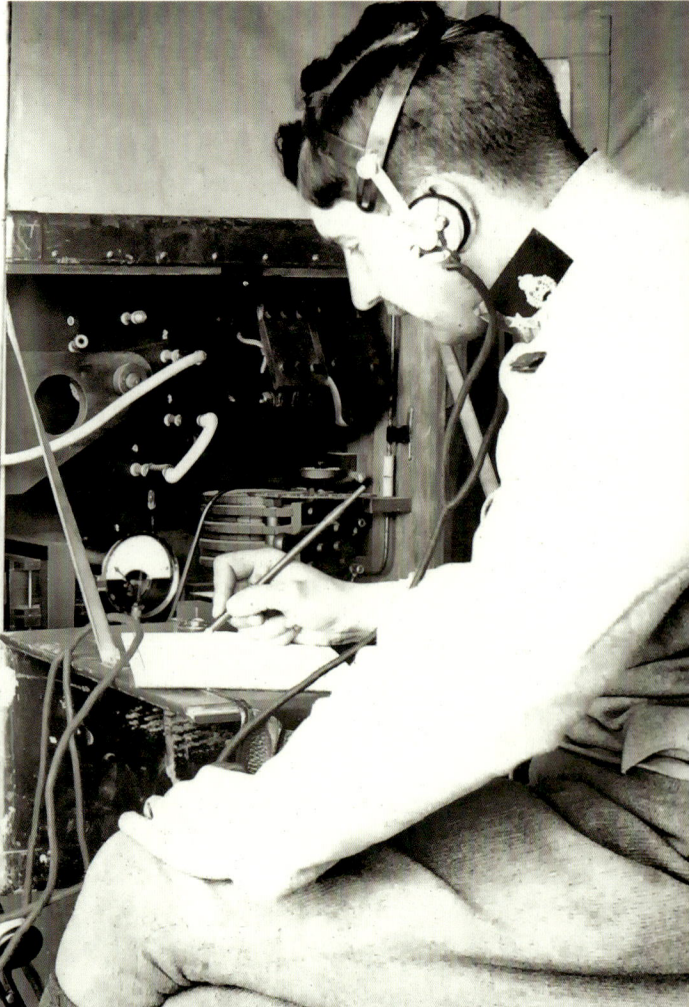

Materialschlacht und Technisierung des Krieges

01

02

01 Feldradiostation M.14 System Llovrek eines k.u.k. Korpskommandos

02 Sogenannter „Hughes"-Telegraphenapparat eines (Truppen-)Divisionskommandos

03 Feldtelefonvermittlung eines Bataillonskommandos in einem Unterstand auf dem italienischen Kriegsschauplatz

04 „Kurze" Antennenanlage eines Löschfunkensenders System Leidl

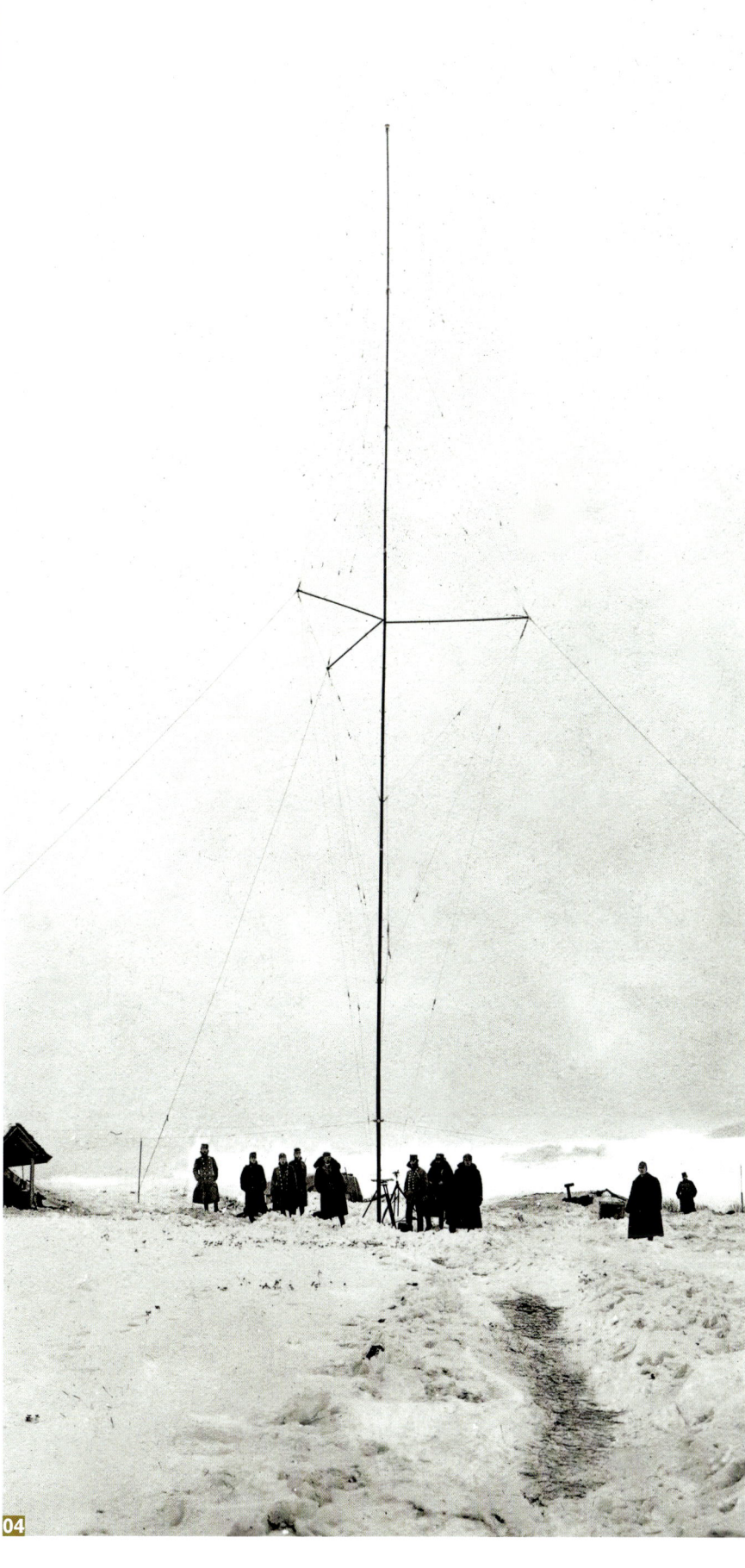

Materialschlacht und Technisierung des Krieges

Opfermut und Stärke galten zunächst immer noch als wichtigste Parameter für Sieg und Niederlage. Spätestens nachdem sie die ersten Artillerietrommelfeuer, die ersten Maschinengewehrgarben oder den Einsatz von Giftgas erlebt hatten, wurde Soldaten und Offizieren die zunehmende Bedeutung des „Materials" gegenüber dem einzelnen Kombattanten bewusst. Der durch Artillerie, Maschinengewehre und Gas ausgelöste „industrielle" Tod stand in krassem Gegensatz zu den Verklärungen und Nostalgisierungen der Vorkriegszeit. Letztlich wurden die Materialschlachten denn auch nicht mehr direkt an den Fronten, sondern in den Fabrikationsanlagen und Konstruktionsbüros des Hinterlandes entschieden. Dass dieses neue Kriegsbild auch auf die Mentalität des einfachen Soldaten Auswirkungen haben musste, der in hochspezialisierter Form Teil der Kriegsmaschinerie geworden war, ist verständlich. In vielerlei Hinsicht wurde hier bereits den Erscheinungsformen des Zweiten Weltkriegs vorgegriffen.

Bei Złoczów erbeutetes russisches **Panzerauto**, Juli 1917

211

Materialschlacht und Technisierung des Krieges

01 In Russland erbeutetes **französisches Panzerauto** mit neuer deutscher Besatzung

02 Improvisiertes gepanzertes Fuhrwerk russischer Provenienz

03 Im Abschnitt einer an der deutschen Westfront eingesetzten österreichisch-ungarischen Batterie abgeschossener **britischer Tank**

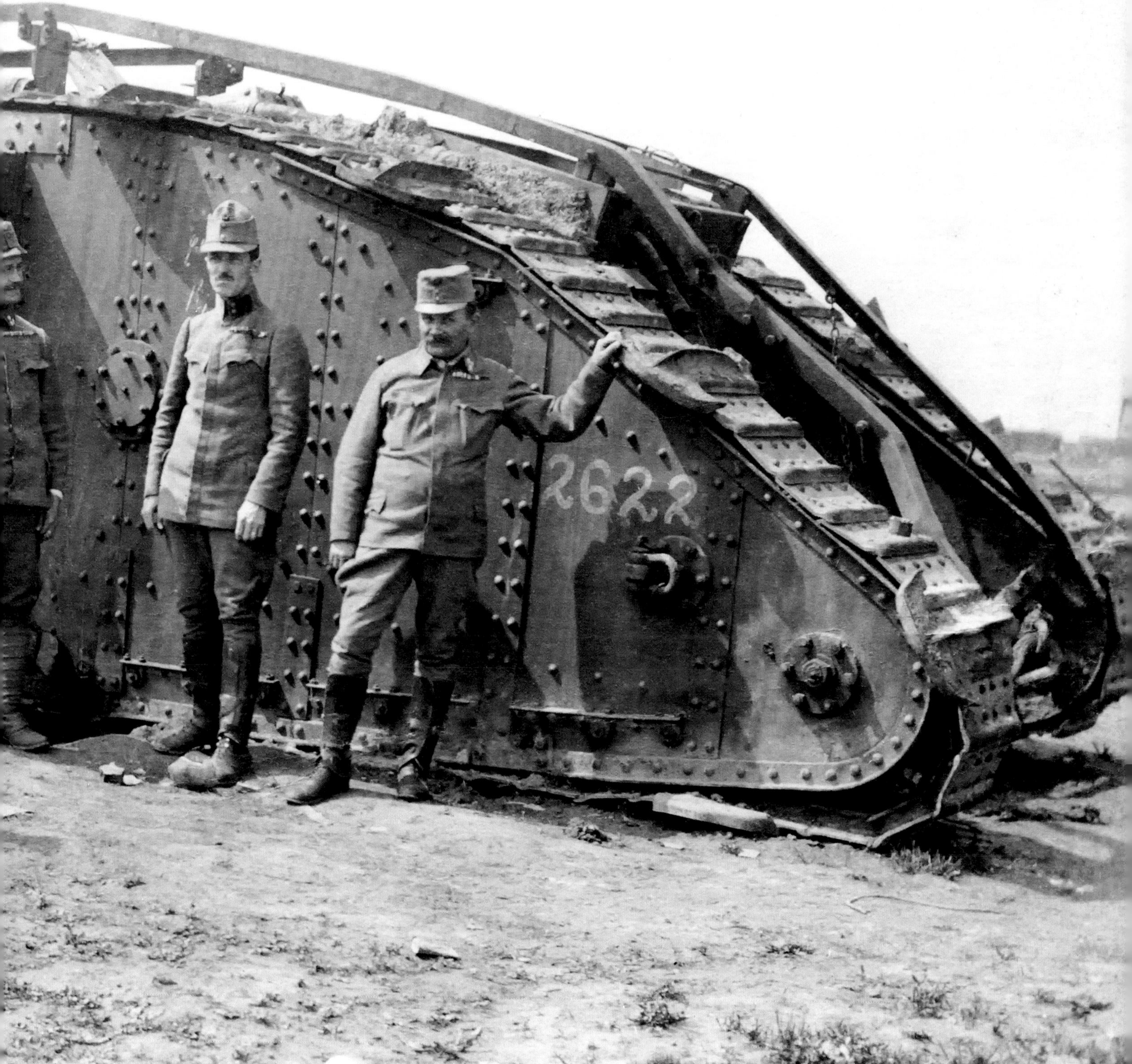
2622

Gefangenschaft

Gefangenschaft

Insgesamt gerieten rund 1,8 Millionen Soldaten in österreichisch-ungarische Kriegsgefangenschaft, die meisten von ihnen Russen und Italiener.

Ihnen standen 1,6 Millionen k.u.k. Soldaten gegenüber, die in russische Gefangenschaft gelangten.

Obwohl man danach trachtete, die Gefangenen bestmöglich zu versorgen, war die Sterblichkeit infolge von Seuchen, Entkräftung und Mangelernährung überaus hoch.

Kriegsgefangene kamen in den Etappenräumen, aber auch in Manufakturen und auf den Feldern des Hinterlandes zum Arbeitseinsatz.

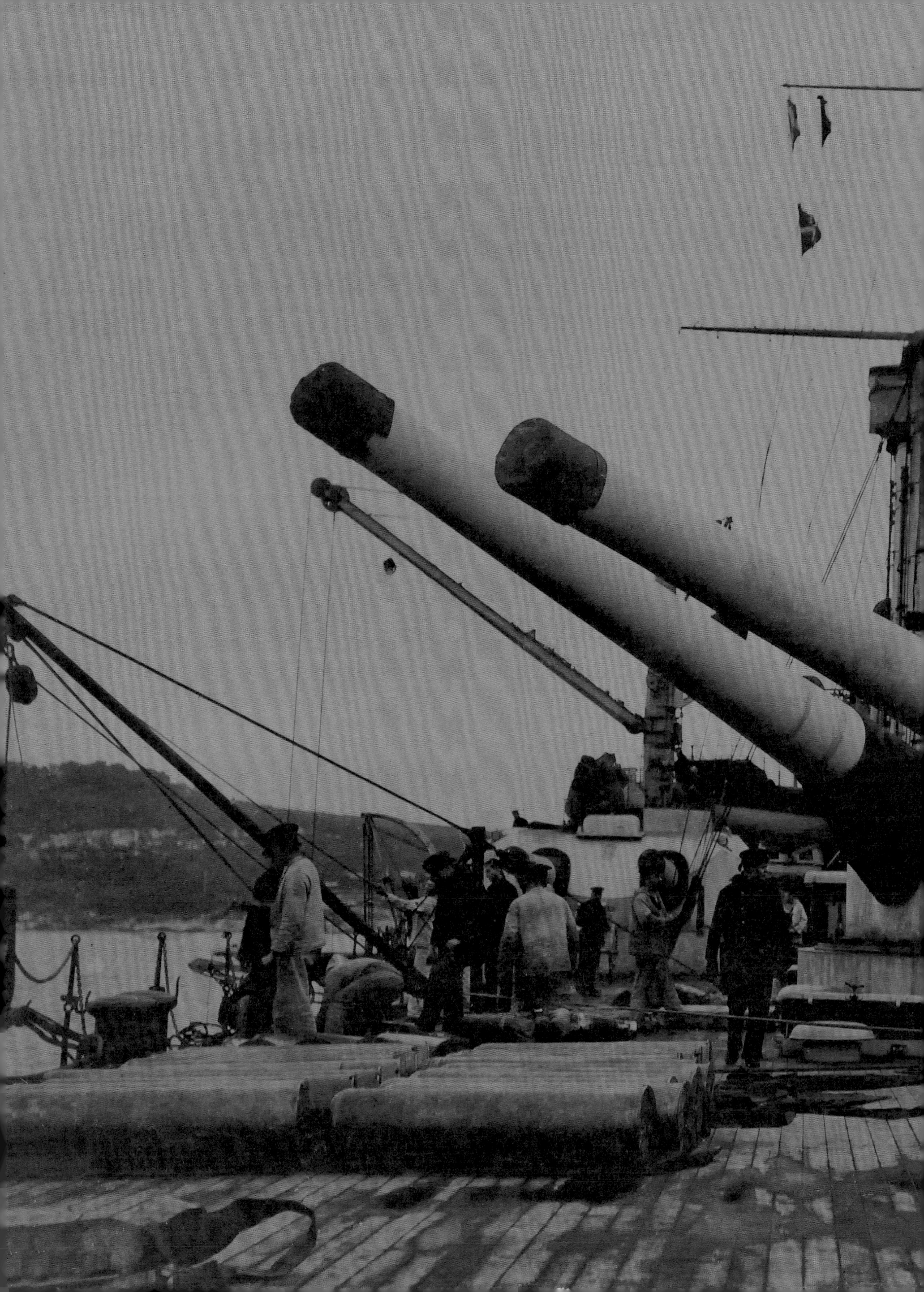

Die k.u.k. Kriegsmarine

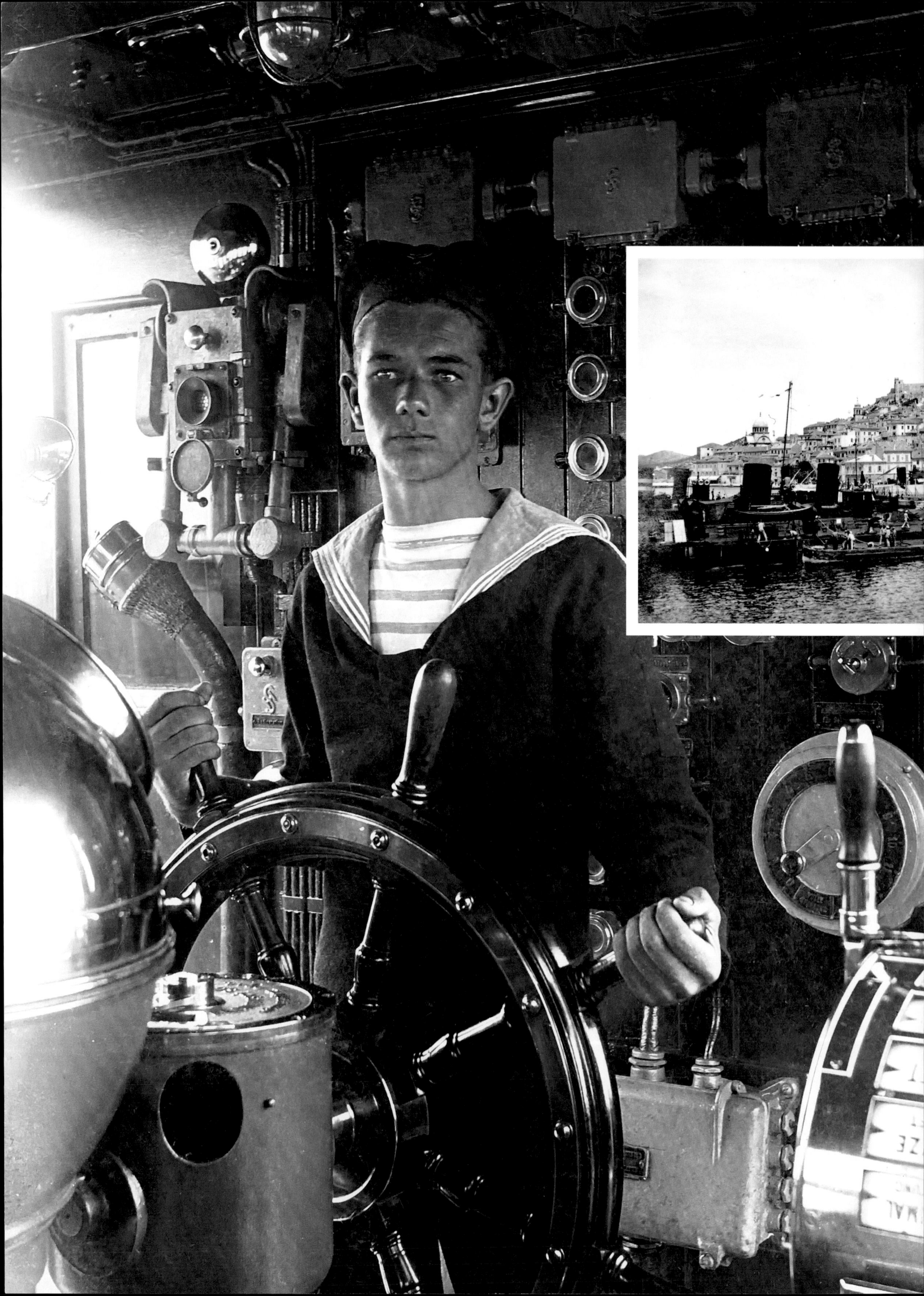

Die k.u.k. Kriegsmarine

Hafenansicht von Šibenik/Sebenico an der dalmatinischen Küste

Unteroffiziersanwärter der k.u.k. Kriegsmarine am Steuerrad eines Flottenhilfsschiffes

Die österreichisch-ungarische Kriegsmarine befand sich bei Kriegsbeginn 1914 mitten in einem Wandlungsprozess. Ursprünglich als klassische Küstenschutzflotte konzipiert, war ihre Ausrichtung nach den Erfahrungen aus den internationalen Einsätzen von 1897 im Zuge der Kreta-Krise und 1900 während des „Boxer-Aufstandes" in China neu definiert worden. Ihr Protektor Thronfolger Erzherzog Franz Ferdinand erkannte die Bedeutung einer global einsetzbaren Flotte und erreichte ab der Jahrhundertwende den Neubau zahlreicher Schlachtschiffe. Dabei spielte die Industrie der österreichischen Reichshälfte eine nicht unbedeutende Rolle: Da es sich um Großinvestitionen handelte, die im Rahmen des regulären österreichisch-ungarischen Militärbudgets kaum Aussicht auf Realisierung haben konnten, und man die kontinuierliche Bautätigkeit nicht von den langwierigen Budgetverhandlungen der beiden parlamentarischen Delegationen abhängig machen wollte, wurden die Projekte teilweise durch die herstellenden Betriebe, teilweise durch die österreichische Großfinanz gegen Zusagen der späteren Übernahme vorfinanziert. Der Transformation der k.u.k. Kriegsmarine zu einer international operationsfähigen Schlachtschiffflotte kam schließlich auch in parlamentarischen Kreisen zunehmend Bedeutung zu, sodass in den letzten Jahren vor Kriegsbeginn bedeutende Budgetmittel für den Kriegsschiffbau bewilligt wurden. Die meisten dieser Vorhaben konnten – mit Ausnahme des Baus des Schlachtschiffes „Szent István" sowie der für den Einsatz auf der Donau vorgesehenen Monitore und kleinerer Torpedofahrzeuge – bis Kriegsende nicht mehr abgeschlossen werden.

Der Einsatz der k.u.k. Kriegsmarine in einem künftigen Konflikt wurde gleichfalls von den sicherheitspolitischen Rahmenbedingungen abhängig gemacht. Die Planungen des Dreibundes sahen eine Vereinigung der österreichisch-ungarischen, italienischen und auch deutschen Mittelmeerflotten unter dem österreichischen Marinekommandanten Admiral Anton Haus (1851–1917) vor. Diese „Dreibund-Flotte" wäre einer vereinigten französisch-britischen Mittelmeerflotte durchaus ebenbürtig gewesen. Die Neutralität Italiens im Juli 1914 machte diese Pläne aber obsolet.

Zu Kriegsbeginn 1914 umfasste die österreichisch-ungarische Kriegsmarine rund 15 Schlachtschiffe („S.M.S. Szent István", das letzte Schiff der „Tegetthoff"-Klasse, wurde erst 1915 in Dienst gestellt), von denen einige bereits veraltet und lediglich für Defensivaufgaben geeignet waren. Dazu kamen drei Panzerkreuzer, elf geschützte Kreuzer, 13 ältere Torpedoboot-Zerstörer, 37 moderne Torpedoboote, eine größere Zahl älterer Torpedofahrzeuge, sieben U-Boote, die jedoch nur über begrenzte Reichweite verfügten, sowie 16 einsatzbereite Flugzeuge der von der Kriegsmarine aufgestellten Luftfahrtruppe. Statistisch gesehen wies die k.u.k. Kriegsmarine eine Gesamttonnage von rund 218.000 Tonnen mit 48 schweren Geschützen (mindestens 30,5 cm) auf, denen 658.000 Tonnen und 136 schwere Geschütze der französischen und britischen Flotten im Mittelmeer gegenüberstanden.

Die Rolle der Marine lag vorerst im Schutz der dalmatinischen Küste gegen allfällige Landungsversuche, operative Einsätze waren aufgrund der numerischen Unterlegenheit an Schlachtschiffen kaum möglich. Die vordringlichste Aufgabe unmittelbar nach Kriegsbeginn resultierte aus der Bedrohung des wichtigen südlichen Kriegshafens in der Bucht von Kotor/Cattaro durch montenegrinische Artilleriebatterien vom Bergmassiv des Lovćen aus. Um diese mit schwerer und weit reichender Schiffsartillerie niederzukämpfen, wurden bereits im September und Oktober 1914 Einheiten der k.u.k. Kriegsmarine zusammengezogen. Trotz Erfolgen gelang die endgültige Ausschaltung dieser Gefahr aber erst mit der Eroberung Montenegros Anfang 1916. In weiterer Folge wurde über die Küste Montenegros eine Blockade verhängt, um den Nachschub für die montenegrinische Armee auf dem Seeweg zu erschweren. Es kam zu kleinen Gefechten, bei denen der alte, kleine, geschützte Kreuzer „Zenta" verloren ging. Dagegen verzeichneten die österreichisch-ungarischen U-Boote mehrere Erfolge, so etwa die Torpedierung des französischen Linienschiffs „Jean Bart" (U-12 Lerch). Letztlich erfüllte die Marine die an sie gestellte Aufgabe – nämlich die Anlandung alliierter Truppen im Rücken der Balkanfront zu verhindern – in vollem Ausmaß. Auch der kühne Versuch des französischen Unterseebootes „Curie", in den Hafen von Pula/Pola einzudringen, konnte im

Seiten- und Decksansichten der größten **Kriegsschiffklassen** der k.u.k. Kriegsmarine

01 „Tegetthoff"-Klasse:
„Viribus Unitis", „Tegetthoff", „Prinz Eugen", „Szent István"

02 „Radetzky"-Klasse:
„Erzherzog Franz Ferdinand", „Radetzky", „Zrinyi"

03 „Erzherzog"-Klasse:
„Erzherzog Karl", „Erzherzog Ferdinand Max", „Erzherzog Friedrich"

04 „Habsburg"-Klasse:
„Habsburg", „Babenberg", „Árpád"

05 „Monarch"-Klasse:
„Monarch", „Wien", „Budapest"

06 Kreuzer: „St. Georg"

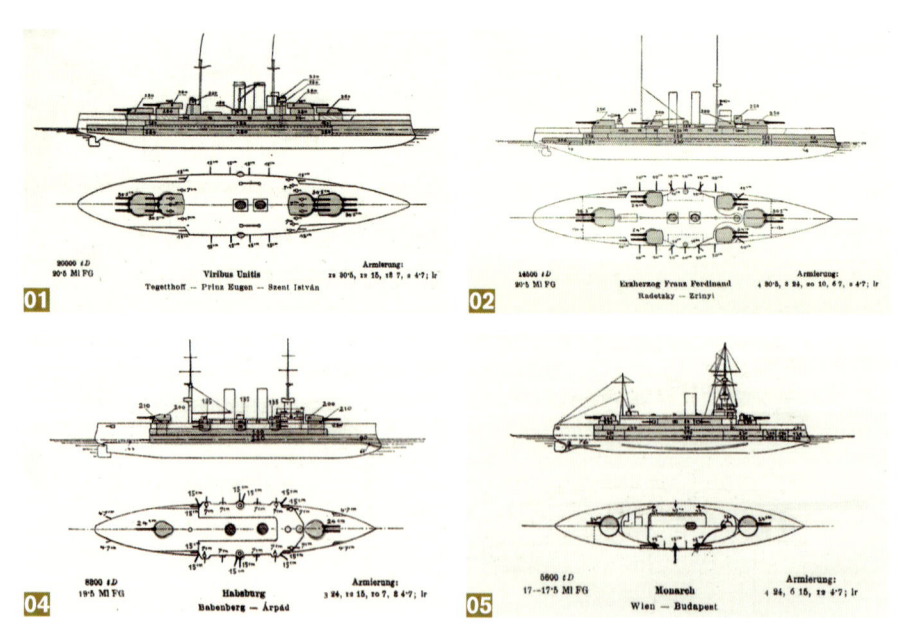

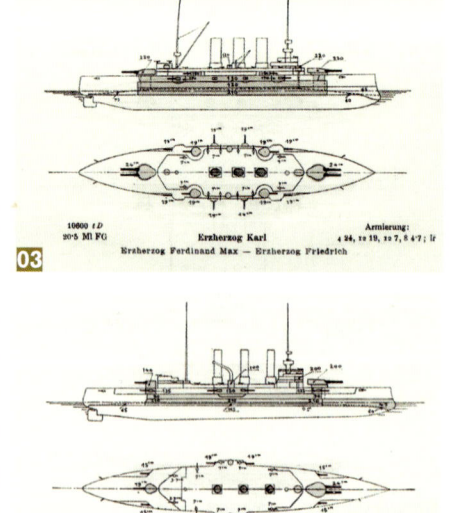

Ansicht der Bucht von Kotor/Cattaro. Der Kriegshafen konnte erst nach der Besetzung Montenegros durch die k.u.k. Kriegsmarine uneingeschränkt genutzt werden.

Auslaufendes deutsches U-Boot UB-39, das unter österreichisch-ungarischer Flagge zum Einsatz kam

Dezember 1914 vereitelt werden: Das U-Boot wurde versenkt, in der Folge durch die k.u.k. Kriegsmarine wieder geborgen und als österreichisch-ungarisches U-14 im weiteren Verlauf des Krieges erfolgreich weiterverwendet.

Ein Kriegsschiff hatte bei Kriegsbeginn nicht mehr in die Adria zurückkehren können; der alte geschützte Kreuzer „Kaiserin Elisabeth", als Stationsschiff in Ostasien eingesetzt, zog sich nach Beginn der Feindseligkeiten nach Tsingtau zurück und vereinigte sich mit dem dort stehenden deutschen Kontingent. Die Geschütze waren teilweise ausgebaut worden und kamen zu Lande zum Einsatz. Nach Verschießen der letzten Munition versenkte sich die „Kaiserin Elisabeth" Anfang November 1914 selbst, die Besatzung ging mit der deutschen Festungsbesatzung in Gefangenschaft.

Mit dem Kriegseintritt Italiens veränderte sich die militärische Lage im Mittelmeer noch weiter zu Ungunsten der Mittelmächte. Unmittelbar auf die Kriegserklärung am 23. Mai 1915 folgte eine groß angelegte Aktion der k.u.k. Kriegsmarine gegen Flottenstützpunkte an der italienischen Ostküste. In einer konzertierten Aktion wurden Häfen von Venedig bis Barletta angegriffen, um, wie Admiral Anton Haus hoffte, die italienische Flotte zu einem Auslaufen zu provozieren; sie war aber noch nicht operationsbereit.

Im weiteren Verlauf verzeichneten vor allem U-Boote und Torpedoboote beachtenswerte Erfolge. Sie hatten einen weitgehenden Rückzug italienischer Marinekontingente aus der Adria zur Folge. Besonders hervorzuheben sind die Versenkungen des französischen Panzerkreuzers „Léon Gambetta" durch U-5 (Trapp) und des italienischen Kreuzers „Giuseppe Garibaldi" durch U-4 (Singule). Das italienische Flottenkommando beschränkte sich vor allem darauf, bei Otranto gemeinsam mit den Verbündeten die Adria zu sperren und das Wirksamwerden österreichischer Einheiten im östlichen Mittelmeer sowie die Zufuhr von Versorgungsgütern über den Seeweg zu verhindern. Mitte Mai 1917 kam es zu einem erfolgreichen Vorstoß von Kreuzern, Zerstörern und U-Booten gegen die Otranto-Sperre: Man vermochte zahlreiche Sperrfahrzeuge zu versenken und die Sperre damit trotz des Einsatzes italienischer, französischer und englischer Kriegsschiffe kurzzeitig aufzureißen. Der Erfolg dieser Aktion war auf den Einsatz mehrerer Seeflugzeug-Gruppen zurückzuführen, die nicht nur die Aufklärung zu übernehmen hatten, sondern mit Bomben und Bordwaffen auch unmittelbar in die Kämpfe eingriffen. Die Unternehmung ermöglichte in weiterer Folge das Wirksamwerden österreichisch-ungarischer und deutscher U-Boote im Mittelmeer und die erfolgreiche Führung des Handelskrieges gegen die Alliierten.

Die Masse der k.u.k. Kriegsmarine, vor allem die kleinen Kreuzer und Torpedoboote, waren jedoch im aufreibenden Geleitzugsdienst zum

01 Durch das k.u.k. Torpedoboot TB-74 **versenkter italienischer Dampfer „Maria Grazia"**

02 Durch Geschützfeuer eines Kreuzers schwer **beschädigter norwegischer Dampfer**

03 Einlaufen eines **unter österreichisch-ungarischer Flagge laufenden deutschen U-Bootes** in Pula/Pola

Kommandoturm mit Stab des österreichisch-ungarischen U-Bootes SMU-40. Das Boot war durch Spenden des Flottenvereines finanziert worden.

223

Die k.u.k. Kriegsmarine

Übernahme 02, „Lanzierung" 01 und „Lauf" 03 eines Torpedos.
Torpedos zählten zur Hauptbewaffnung von Torpedo- und U-Booten. Auch die meisten schwereren Einheiten verfügten zusätzlich noch über Torpedorohre.

Schutz der Versorgungskonvois für die in Montenegro und Nordalbanien stehenden k.u.k. Truppen im Einsatz. Die italienische Flotte beschränkte sich hinsichtlich ihrer Aktionen gegen die österreichische Adriaküste vor allem auf den Einsatz schneller Torpedoboote (MAS), die im Dezember 1917 auch einen bedeutenden Erfolg verzeichneten: Zwei italienischen Schnellbooten war es gelungen, in den Hafen von Triest einzudringen und das alte Küstenwachschiff „Wien" zu versenken.

Mehr noch als die rein militärischen Verhältnisse sollten sich die Verpflegssituation und die Materialknappheit auf die Schlagkraft der Kriegsmarine negativ auswirken. Die im Jänner 1918 im Hinterland eintretenden Versorgungsschwierigkeiten lösten groß angelegte Streikbewegungen („Jännerstreik") aus; sie griffen auf die Arbeiterschaft im Seearsenal zu Pula, schließlich auch auf zahlreiche vor Anker liegende Schiffseinheiten der Kriegsmarine über. In diesem Aufstand, der bereits nach wenigen Tagen wieder unter Kontrolle gebracht war, wurde die innere Zerrüttung der

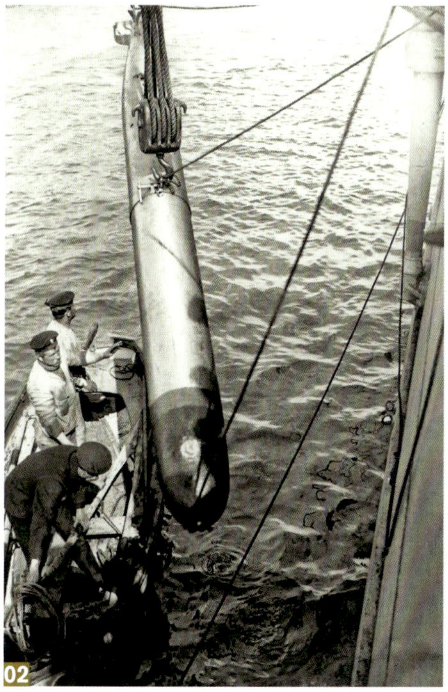

02

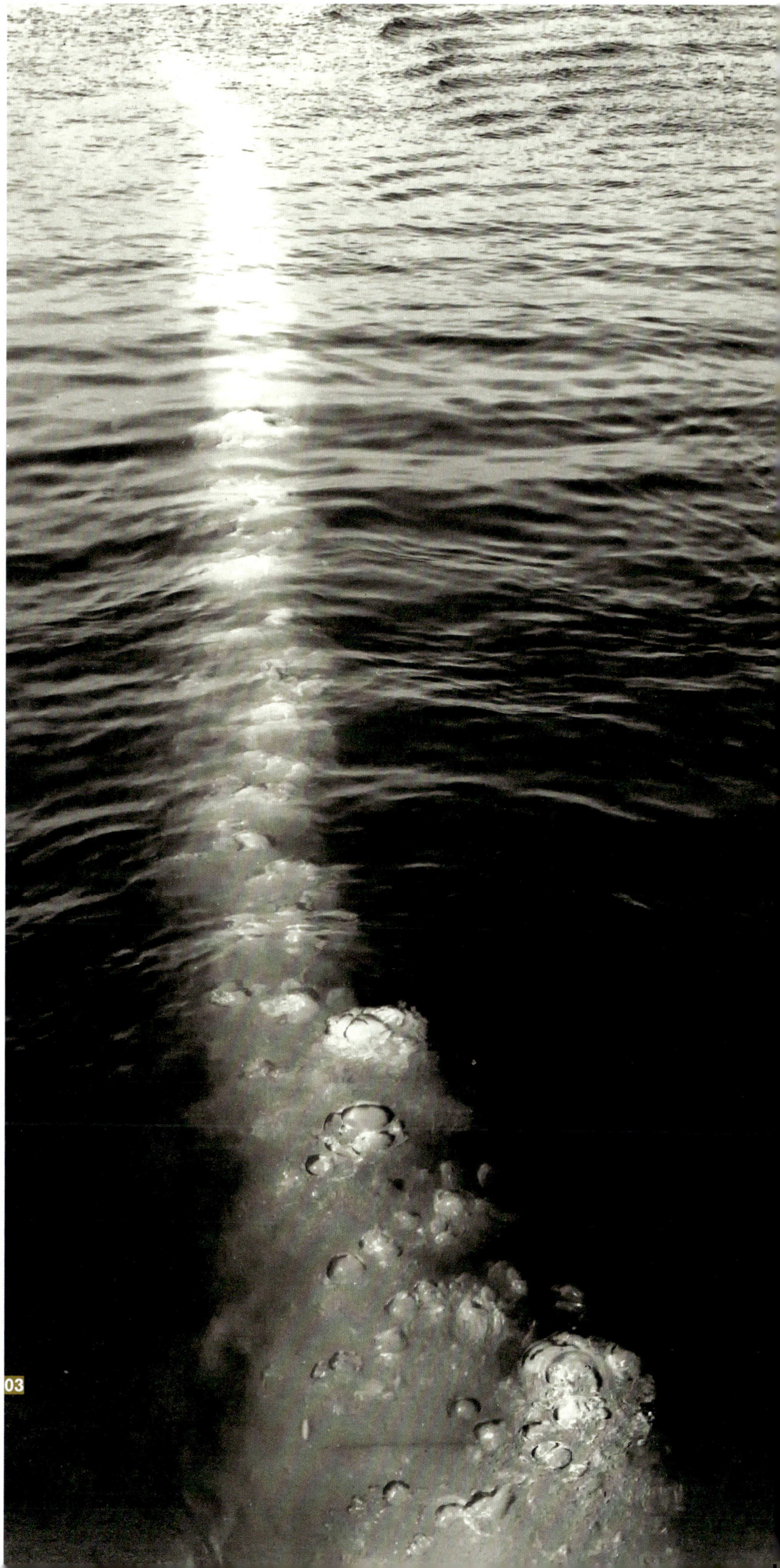

03

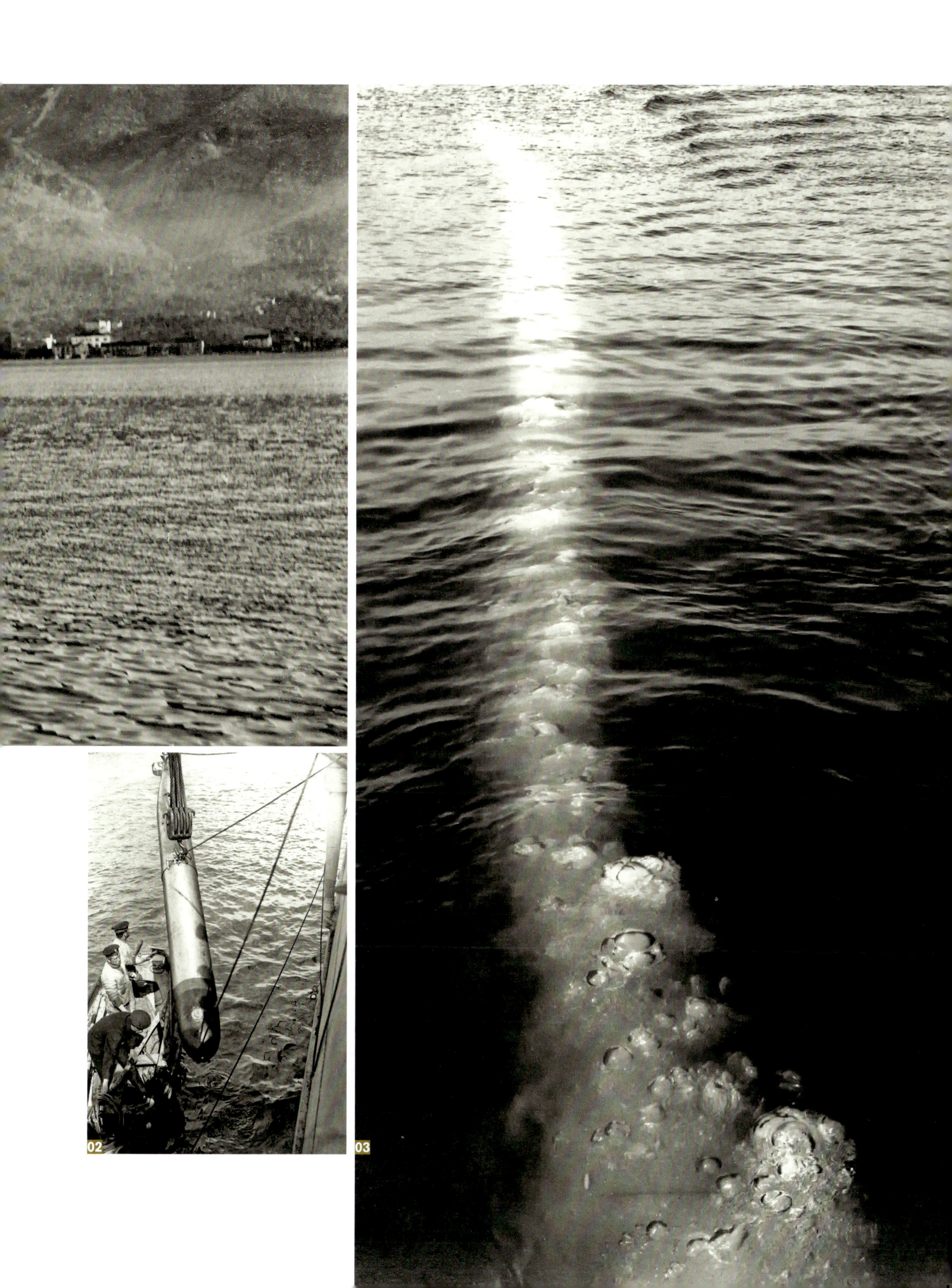

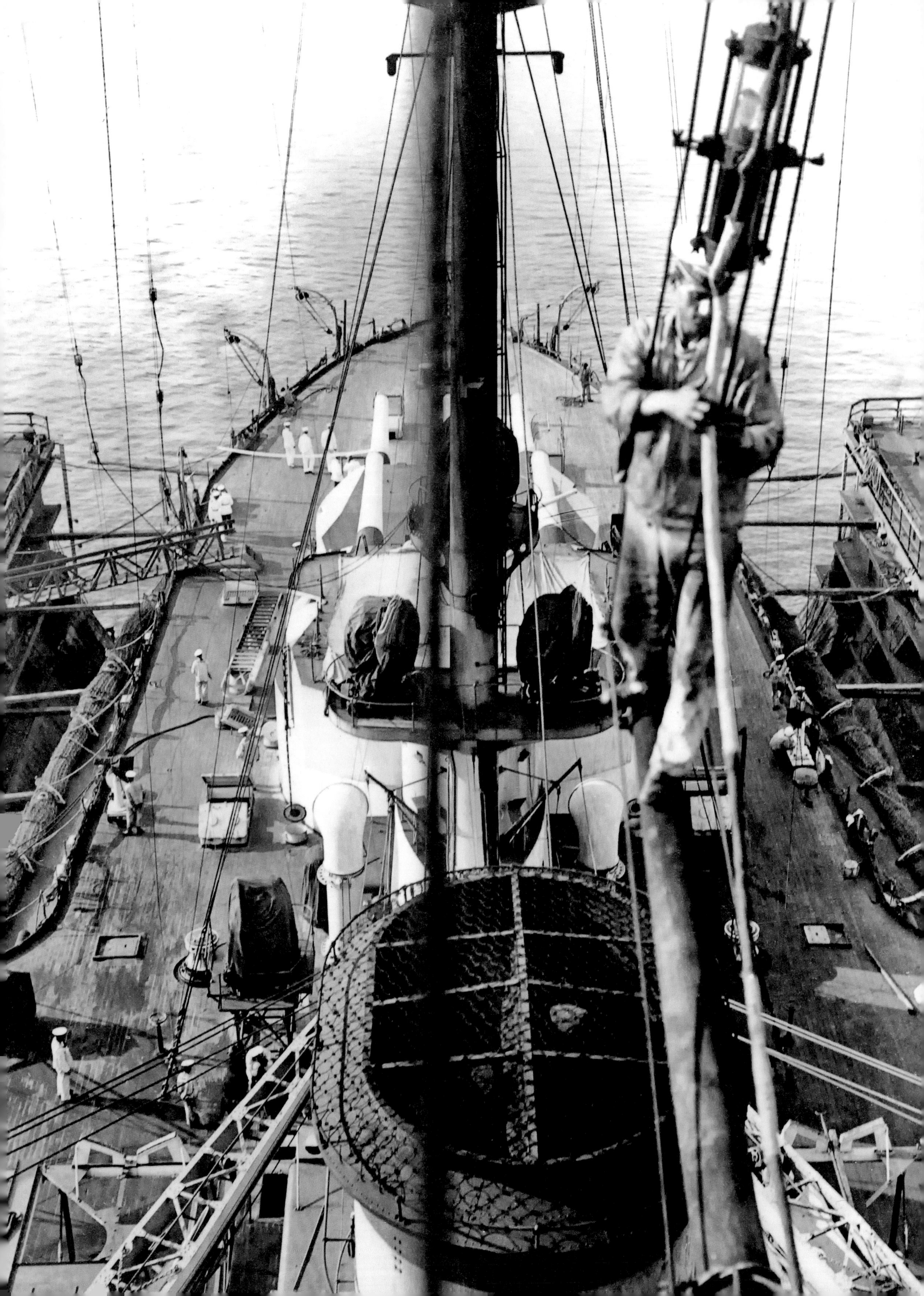

Kriegsmarine sowohl in politischer als auch in nationaler Hinsicht erstmals deutlich offenkundig. Dass die inneren Spannungen deutlich früher als in der übrigen Armee zutage traten – und dies auch bei der russischen, der italienischen oder der deutschen Marine –, lag vor allem an den wenigen Einsätzen der Großkampfschiffe, die als besonders kostbar galten, deren Verlust sich daher auch erheblich auf Propaganda und Prestige auswirken konnte. Die „Untätigkeit" in den Häfen wurde oftmals durch einen stumpfsinnigen Tagesablauf und harten Ausbildungsdrill bestimmt – was in Verbindung mit der schlechten Verpflegslage revolutionäres Potenzial schürte.

Nachdem im April bereits einem Angriff gegen die wiedererrichtete Otrantosperre Erfolg beschieden gewesen war, sollte diese Aktion im Juni 1918 mit erheblich verstärkten Kräften wiederholt werden. Der vom neuen Flottenkommandanten Miklós Horthy (1868–1957) befehligte Flottenverband wurde jedoch vorzeitig entdeckt und nach der Versenkung des österreichischen Schlachtschiffes „Szent István" durch italienische Schnellboote mit zwei Torpedos wieder zurückbeordert. Bis auf Unternehmungen kleinerer Einheiten unterblieben zukünftig größere Aktionen.

Administrativ dem Kommando der k.u.k. Kriegsmarine, operativ aber unterschiedlichen Armeekommanden unterstellt war auch die k.u.k. Donauflottille. Sie bewährte sich sowohl während der Kämpfe gegen Serbien 1914 und 1915 als auch gegen Rumänien 1916. Mit zehn Monitoren – die letzten Baureihen zählten zu den modernsten Konstruktionen – und zahlreichen Patrouillenbooten stellte die Donauflottille für das k.u.k. Armeeoberkommando ein nicht zu unterschätzendes militärisches Potenzial dar. Nach der Niederringung Rumäniens erreichten Einheiten der k.u.k. Donauflottille das Schwarze Meer, besetzten im April 1918 Odessa und gelangten über die Flüsse Dnjepr und Bug auch tief in die Ukraine hinein, wo sie bis Kriegsende die Getreidezufuhren aus Rumänien und der Ukraine sicherten.

Ende Oktober 1918 blieb auch die Kriegsmarine von den Auflösungserscheinungen der Monarchie nicht unbeeinflusst. In der Hoffnung, sie für einen Gesamtnachfolgestaat der Monarchie erhalten zu können, übergab Kaiser Karl I. die Flotte am 30. Oktober 1918 dem südslawischen Nationalrat. Am 31. Oktober wurde die österreichisch-ungarische Flagge zum letzten Mal eingeholt – es war jener Tag, an dem die ehemalige österreichisch-ungarische Kriegsmarine ihren größten Verlust erleiden sollte: Im Zuge der Wirren der Übergabe der Schiffe an den südslawischen Nationalrat waren die Hafensicherungsanlagen in Pula teilweise unbesetzt geblieben. So konnte es einem italienischen Unterwasserkommando gelingen, in den Sperrbereich einzudringen und das dort vor Anker liegende Flottenflaggenschiff „Viribus Unitis" mittels Sprengstoffes zu versenken … und damit auch symbolisch das Ende der österreichisch-ungarischen Kriegsmarine zu markieren.

k.u.k. Schlachtschiff mit ausgebrachten Torpedofangnetzen in Pula/Pola

Deckblick in Richtung Heck eines Schlachtschiffes der „Tegetthoff"-Klasse, des größten von der k.u.k. Kriegsmarine verwendeten Schiffstyps

Die k.u.k. Kriegsmarine

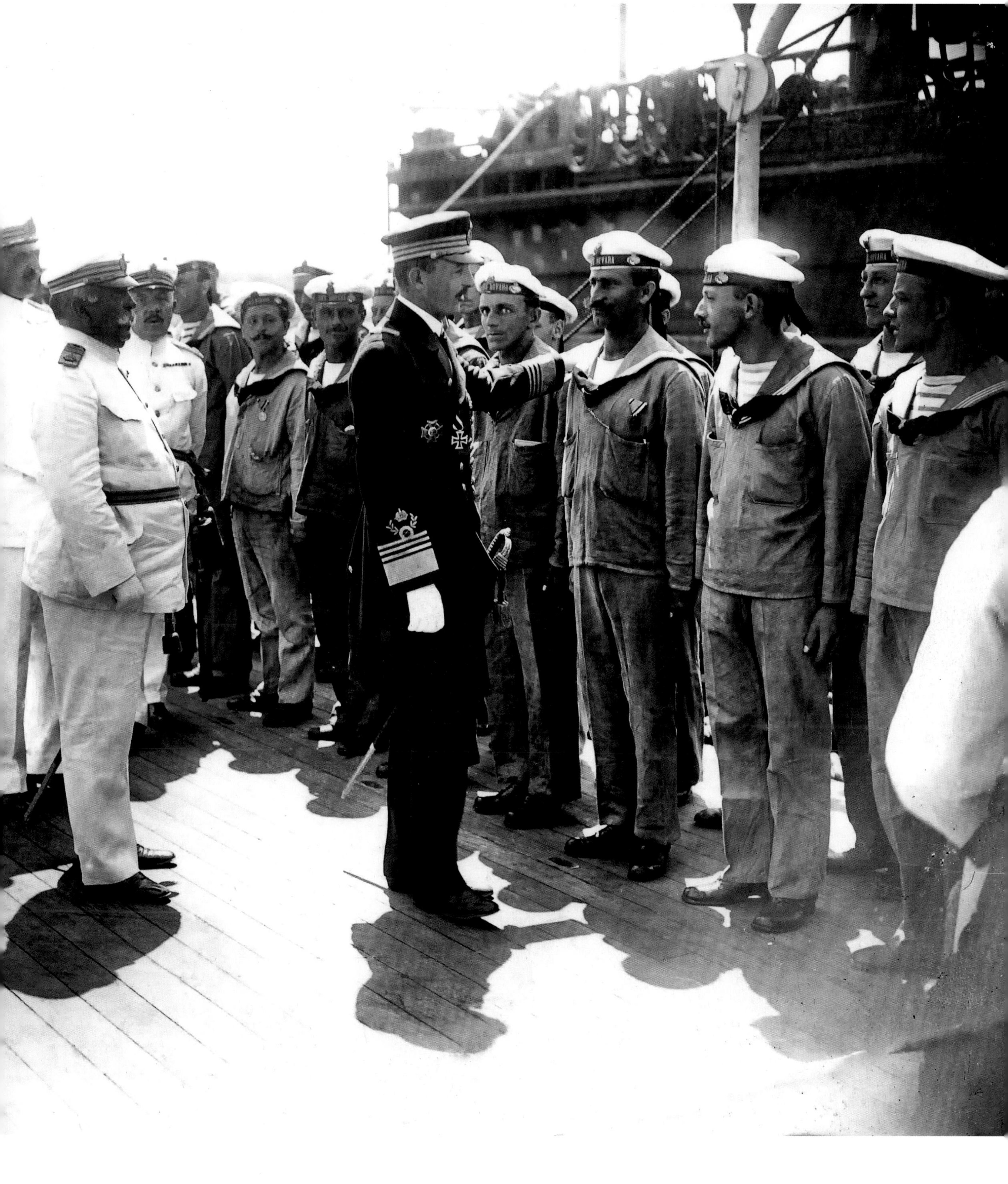
NOVARA

Die k.u.k. Kriegsmarine

05

06

01 Lohner-Flugboot der k.u.k. Kriegsmarine im Schlepp des Torpedoboots-Zerstörers „S.M.S. Lika".

02 Für die Schlachtschiffe der **„Tegetthoff"-Klasse** charakteristischer 30,5-cm-Drillingsturm

03 Freiwache an Bord eines k.u.k. Schlachtschiffes

04 Besuch Kaiser Karls I. bei einer Torpedobootsflottille im Jahr 1918

05 Kleiner Kreuzer („Rapidkreuzer") „S.M.S. Helgoland"

06 k.u.k. Torpedoboot im Geleitzugsdienst an der dalmatinischen Küste

07 k.u.k. Torpedoboot „S.M.S. Csepel" nach der Torpedierung durch ein französisches U-Boot, Mai 1916

08 k.u.k. Schlachtschiffdivision in Pula/Pola, im Vordergrund ein Schlachtschiff der „Tegetthoff"-Klasse

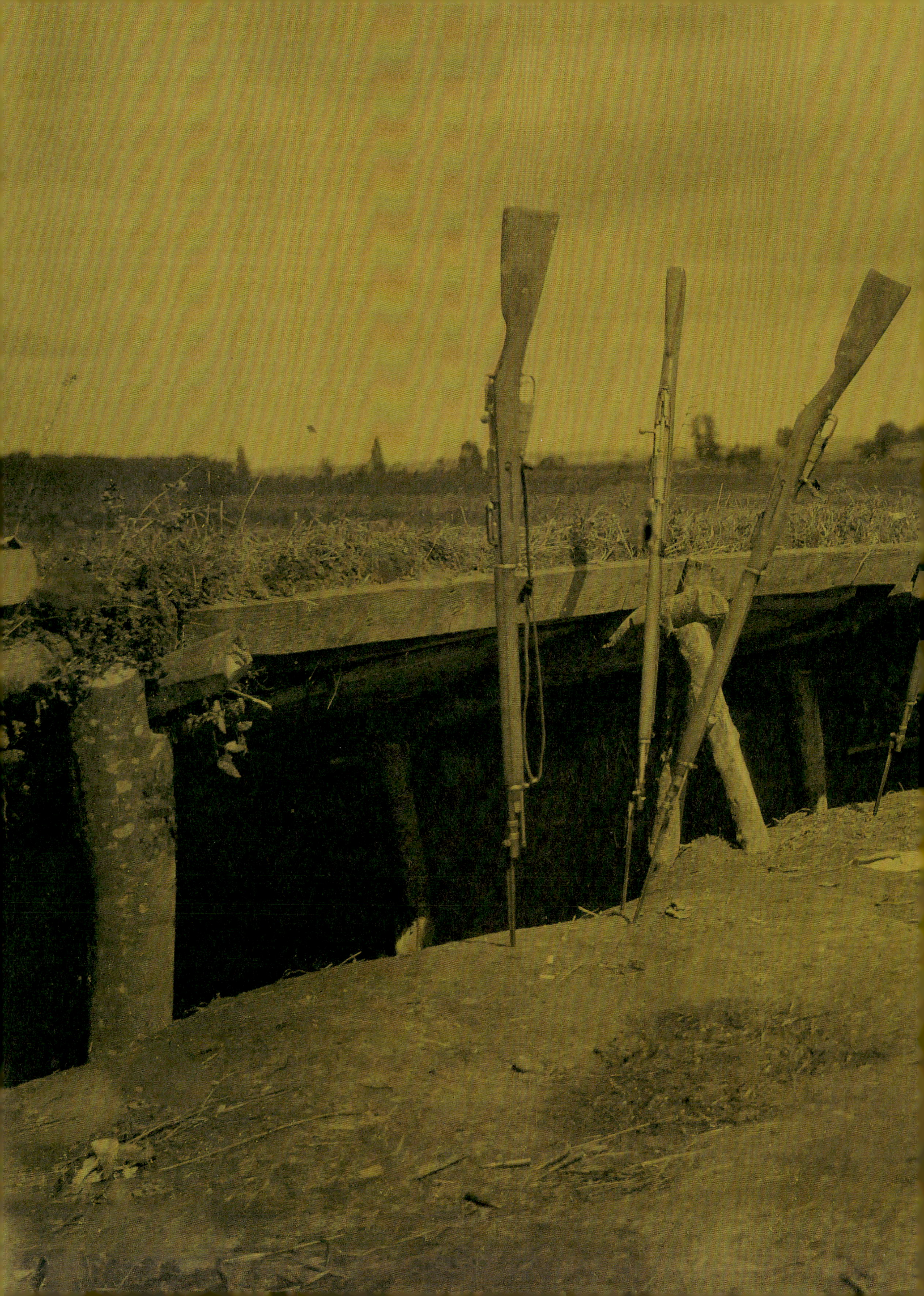

Epilog

Epilog

Mit den Waffenstillständen vom 29. September (Bulgarien), 30. Oktober (Osmanisches Reich), 3./4. November (Österreich-Ungarn) und 11. November (Deutsches Reich) bzw. 25. November 1918 (Deutsch-Südostafrika) schwiegen an den Fronten des Weltkriegs die Waffen. Die Opferbilanz: Die beteiligten Armeen hatten rund 9,5 Millionen Tote und 20 Millionen Verwundete zu beklagen. Dazu kamen nahezu sieben Millionen Zivilisten, die im Verlauf des Krieges infolge von Seuchen, Hungersnöten oder Strapazen ihr Leben hatten lassen müssen. Die vermutlich mit Truppentransporten aus den Vereinigten Staaten nach Frankreich eingeschleppte Spanische Grippe sollte dann in den Jahren 1918 bis 1920 weltweit nochmals mindestens 25 Millionen Tote fordern.

Die „Urkatastrophe" des 20. Jahrhunderts hatte aber nicht nur Millionen Opfer in Europa und in Übersee zur Folge, sie sollte auch die politische Landkarte des europäischen Kontinents grundlegend verändern: Mit Russland, Österreich-Ungarn, Deutschland und dem Osmanischen Reich waren vier Kaiserreiche zerfallen oder in eine republikanische Staatsform übergeleitet worden, neue Staaten waren entstanden. Die unter dem Eindruck der gewaltigen Opferzahlen und des wirtschaftlichen Zusammenbruchs bei vielen Kriegführenden aufkeimende Hoffnung auf eine neue und dauerhafte Friedensordnung sollte sich jedoch nicht erfüllen. Die Schaffung eines „gerechten" Friedens zwischen den ehemaligen Kriegsparteien auf Basis des Selbstbestimmungsrechtes der Völker und einer übernationalen Völkervereinigung, wie sie der amerikanische Präsident Thomas Woodrow Wilson postulierte, fiel schon nach Beginn der Friedensverhandlungen den territorialen, wirtschaftlichen und wohl auch moralisch-politischen Partikularinteressen der Siegermächte zum Opfer. Die Friedensverträge von Versailles (Deutschland), St. Germain-en-Laye (Österreich), Neuilly-sur-Seine (Bulgarien), Trianon (Ungarn) und Sévres (Türkei) wurden von den besiegten Staaten als Diktat, Demütigung und Unrecht empfunden und sollten in einigen Ländern den Nährboden für antidemokratische, autokratische, revisionistische und totalitäre politische Strömungen schaffen.

Bereits unmittelbar nach Kriegsende bzw. nach Abschluss der Pariser Vororteverträge brachen neue militärische Konflikte, Bürgerkriege oder Interventionen los, etwa an der österreichischen Südgrenze über die Frage der genauen Grenzziehung zum neu entstandenen südslawischen Staat (SHS-Staat), der in die österreichische Historiographie als „Kärntner Abwehrkampf" eingehen sollte. In Ungarn wurde die im März 1919 ausgerufene Räterepublik noch im August desselben Jahres durch die Intervention französischer, serbischer, rumänischer und tschechoslowakischer Truppen beendet; parallel dazu kämpften Polen und die Tschechoslowakei um das Gebiet von Teschen/Cieszyn, das beide Seiten für sich beanspruchten. In der Sowjetunion tobten von 1917/18 bis 1920 ein Bürgerkrieg mit alliierten Interventionen aufseiten der „weißen" Kräfte und der Polnisch-Sowjetisch-Ukrainische Krieg (1919–1921) um die Grenzziehung und den Einfluss Polens im Osten; aus der kaiserlichen Armee hervorgegangene Freikorps suchten indes im Baltikum die deutschen Interessen zu wahren (1919/20). Die griechisch-türkischen Gegensätze bezüglich der Abgrenzung der Interessensphären und Grenzziehungen in der Levante und in Kleinasien führten 1919 gleichfalls zum Ausbruch eines militärischen Konfliktes, der mit einem türkischen Sieg 1922 und dem Frieden von Lausanne 1923 endete. Letztlich wurde auch die „Landnahme" des Burgenlandes, das hinsichtlich seiner historischen Grenzziehung zur ungarischen Reichshälfte gehört hatte, aufgrund des Vertrages von Trianon und einer Volksabstimmung aber größtenteils Österreich zugesprochen worden war, 1921 unter Einsatz militärischer Mittel vollzogen.

Neben den militärischen Opfern, deren Zahl in Ermangelung entsprechender Quellen nicht genau umrissen werden kann, jedoch mit mehreren Millionen anzusetzen ist, litt vor allem die Zivilbevölkerung unter den oftmals äußerst brutal geführten Nachfolgekriegen. Massenhinrichtungen, Vertreibungen und Zwangsumsiedelungen sowie politische Instabilität prägten Europa in den ersten Nachkriegsjahren. Der von Thomas Woodrow Wilson mitkonzipierte „Völkerbund" als internationale Organisation der künftigen Friedenssicherung und unmittelbarer Bestandteil der Pariser Friedensverträge konnte letztlich weder die nach 1918 auftretenden lokalen und bilateralen Konflikte noch die neuerliche Ausprägung eines politischen Blocksystems ab den 1930er-Jahren in Europa verhindern.

Für **Deutsch-Österreich optierender k.u.k. Offizier** mit rot-weiß-roter Trikolore an der Kappe

Die Volkswehr – ursprünglich als Volksheer mit allgemeiner Wehrpflicht konzipiert, dann mit angeworbenen Soldaten aufgestellt – wurde aufgrund des Vertrages von St. Germain aufgelöst, die Bezeichnung „Deutsch-Österreich" verboten.

Wo sind sie geblieben …

Wo sind sie geblieben ...

Von rund acht Millionen österreichisch-ungarischen Soldaten, die während des Ersten Weltkrieges ins Feld rückten, kam rund eine Million nicht nach Hause zurück.

Sie starben an den Fronten oder in den Kriegsgefangenenlagern des Gegners. Sie wurden unmittelbar vor Ort bestattet. Nur in den wenigsten Fällen erfolgten noch während des Krieges Umbettungen.

Da nach dem Zerfall der Donaumonarchie viele Kriegerfriedhöfe nunmehr im Ausland lagen, war deren Besuch für die Angehörigen meist nicht möglich.

Stattdessen wurden in der Heimat Kriegerdenkmäler als „Ersatzgräber" zum Gedenken an die Gefallenen errichtet.

Die Friedhöfe des Ersten Weltkrieges werden bis heute gepflegt und erhalten, das Österreichische Schwarze Kreuz nimmt dabei eine herausragende Stellung ein.

1914

	Westfront	Ostfront	Italienische Front	Balkanfront	Naher Osten	Seekrieg, Kolonien
Juli 1914				**25.7.:** Serbien macht mobil; Teilmobilisierung in Österreich-Ungarn		
				28.7.: Kriegserklärung Österreich-Ungarns an Serbien		
		29.7.: Teilmobilmachung in Russland				
	30.7.: Frankreich macht den Grenzschutz mobil	**30.7.:** Allgemeine Mobilmachung in Russland				
	31.7.: Belgien macht mobil	**31.7.:** Allgemeine Mobilisierung in Österreich-Ungarn				
August 1914	**1.8.:** Frankreich macht mobil; Allgemeine Mobilmachung in Deutschland	**1.8.:** Kriegserklärung Deutschlands an Russland				
		2.8.: Kriegserklärung Deutschlands an Luxemburg			**2.8.:** Geheimbündnis zwischen Deutschland und der Türkei	**2.8.:** England und Deutschland machen ihre Flotten mobil
	3.8.: Deutschland erklärt Frankreich den Krieg	**3.8.:** Rumänien erklärt sich neutral	**3.8.:** Italien erklärt seine Neutralität			
	4.8.: Kriegserklärung Deutschlands an Belgien und Einmarsch; England erklärt Deutschland den Krieg					
	5.8.: England macht die Armee mobil			**5.8.:** Montenegro erklärt Österreich-Ungarn den Krieg		
		6.8.: Kriegserklärung Österreich-Ungarns an Russland		**6.8.:** Serbien erklärt Deutschland den Krieg		
	9.8.: Französische Offensive im Oberelsaß					
						10.8.: Verhängung der Blockade über die montenegrinische Küste
				11.8.: Montenegro erklärt Deutschland den Krieg		
	12.8.: Großbritannien erklärt Österreich-Ungarn den Krieg			**12.8.:** Beginn der ersten österr.-ung. Offensive gegen Serbien		**16.8.:** Versenkung des Kreuzers „S.M.S. Zenta"
	16.8.: Lüttich von den Deutschen erobert			**16.8.–2.9:** Schlacht am Jadar		**16.8.:** Deutscher Schlachtkreuzer „Goeben" und Kreuzer „Breslau" erreichen die Dardanellen und werden in die türkische Flotte eingereiht
	18.8.: Beginn des deutschen Vormarsches in Belgien	**18.8.:** Beginn des Transportes von Teilen der österr.-ung. 2. Armee von Syrmien nach Galizien		**18.8.–2.9:** Säuberung der Herzegowina		
	20.8.–22.8.: Schlacht in Lothringen	**20.8.:** Schlacht bei Gumbinnen				
	23.8.–25.8.: Erfolge des deutschen rechten Flügels	**23.–24.8.:** Österr.-ung. Sieg bei Kraśnik		**21.8.–24.8.:** Kämpfe bei Šabac		**21.8.:** Vorstoß deutscher leichter Seestreitkräfte zur Doggerbank

1914

	Westfront	Ostfront	Italienische Front	Balkanfront	Naher Osten	Seekrieg, Kolonien
August 1914		**25.8.–31.8.:** Schlacht bei Tannenberg				**23.8.:** Japan erklärt Deutschland den Krieg
		26.8.: Schlacht bei Zloczów				
		28.8.–2.9.: Schlacht bei Komarów				**28.8.:** Englischer Flottenvorstoß in die Deutsche Bucht
		29.–30.8.: Schlacht an der Gnila Lipa				
		30.8.: Russen nehmen Lemberg				
September 1914	**5.–10.9.:** Schlacht an der Marne	**1.9. – 10.9.:** Zweite Schlacht um Lemberg		**8.9.:** Beginn der zweiten österr.-ung. Offensive gegen Serbien		
		11.9.: Rückzug der österr.-ung. Streitkräfte bis an den Dunajec				
	14.9.: GLt v. Falkenhayn wird Chef des deutschen Generalstabes	**28.9.–30.10.:** Deutsche und österr.-ung. Offensive gegen Weichsel und San				**22.9.:** Deutsches U9 versenkt drei britische Panzerkreuzer
Oktober 1914	**19.10.:** Beginn der Schlacht bei Ypern			**18.–30.10.:** Schlacht auf der Romanija planina		
		22.-26.10.: Schlacht bei Iwangorod				
					29.10.: Kriegseintritt der Türkei	
November 1914	**6.11.:** Frankreich erklärt dem Osmanischen Reich den Krieg					
				7.11.: Serbien erklärt dem Osmanischen Reich den Krieg	**5.11.:** Großbritannien erklärt dem Osmanischen Reich den Krieg	**1.11.:** Seeschlacht bei Coronel
						2.11.: Britische Admiralität erklärt die Nordsee zum Kriegsgebiet; Selbstversenkung „S.M.S. Kaiserin Elisabeth" in Tsingtau
						2.–3.11.: Deutsche schwere Einheiten beschießen englische Küstenbatterien
						9.11.: Nach erfolgreichem Handelskrieg sinkt Kreuzer „Emden" bei den Cocos-Inseln
		14.11.: Beginn der Offensive der Mittelmächte in Polen		**13.–15.11.:** Eroberung von Valjevo		**14.11.:** Kiautschou kapituliert
				16.11.: Beginn der 3. österr.-ung. Offensive gegen Serbien		
	18.11.: Ende des Bewegungskrieges, Übergang zum Stellungskrieg		**16.–28.11.:** Schlacht an der Kolubara und am Ljig			
Dezember 1914		**1.–15.12.:** Schlacht bzw. Feldzug von Limanowa-Łapanów		**2.12.:** Einnahme von Belgrad		**8.12.:** Seeschlacht bei den Falkland-Inseln
				12.–15.12.: Räumung von Belgrad und Rückzug an die Save		
						18.12.: Versenkung/Erbeutung des franz. U-Bootes „Curie"

1915

	Westfront	Ostfront	Italienische Front	Balkanfront	Naher Osten	Seekrieg, Kolonien
Jänner 1915	**8.–14.1.:** Schlacht bei Soissons					**19.1.:** Erster Angriff deutscher Marineluftschiffe auf England
		23.1.–13.4.: Angriffs- und Abwehrkämpfe in den Karpaten				**24.1.:** Seegefecht bei der Doggerbank
		29.1.–27.2.: Winterschlacht in den Masuren				
Februar 1915					**2.–4.2.:** Gefechte am Suezkanal	**4.2.:** Seegebiet um Großbritannien und Irland vom deutschen Admiralstab zum Kriegsgebiet erklärt
	16.2.–19.3.: Winterschlacht in der Champagne					**18.2.:** Beginn des U-Boot-Handelskrieges
März 1915	**10.–20.3.:** Schlacht bei Neuve Chapelle	**22.3.:** Fall der Festung Przemyśl			**18.3.:** Englisch-französischer Flottenangriff gegen die Dardanellen	
April 1915	**22.4.:** Deutscher Gasangriff bei Ypern	**27.4.:** Beginn der deutschen Offensive in Litauen und Kurland			**25.4.:** Alliierte Landung auf Gallipoli	**27.4.:** U5 versenkt franz. Panzerkreuzer „Leon Gambetta"
Mai 1915	**9.5.–18.7.:** Frühjahrsschlacht im Artois	**2.–5.5.:** Durchbruchsschlacht bei Gorlice – Tarnow				
		12.5.–5.6.: Rückeroberung Mittelgaliziens	**23.5.:** Kriegserklärung Italiens an Österreich-Ungarn			**24.5.:** Österr.-ung. Flottenvorstoß gegen die italienische Ostküste
		24.5.–4.6.: Schlacht bei Przemyśl		**Ende Mai:** Verlegung zweier österr.-ung. Korps an die Isonzofront		**Ende Mai:** Deutsches U21 versenkt vor den Dardanellen zwei britische Linienschiffe
Juni 1915		**5.–22.6.:** Rückeroberung Ostgaliziens			Englische Offensive in Mesopotamien	Beginn von U-Boot-Angriffen gegen alliierte Transporter im Mittelmeer
		22.6.: Österr.-ung. Truppen nehmen Lemberg	**23.6.–7.7.:** 1. Isonzoschlacht			
Juli 1915			**5.7.:** Beginn der ital. Offensive in den Dolomiten			**7.7.:** U14 versenkt den italienischen Panzerkreuzer „Amalfi"
		13.7.: Beginn der deutschen Offensive über den Narew	**17.7.–10.8.:** 2. Isonzoschlacht			**9.7.:** Deutsch-Südwestafrika kapituliert
		29.7.–1.8.: Einnahme von Lublin und Cholm				**18.7.:** U4 versenkt italienischen Panzerkreuzer „Guiseppe Garibaldi"
August 1915		**4.8.:** Iwangorod genommen			**6.8.:** Englisch-französische Landung in der Suvla-Bucht (Gallipoli)	
			15.8.: Beginn der ital. Offensive im Val Sugana, Lavarone, Folgaria		**20.8.:** Italien erklärt dem Osmanischen Reich den Krieg	
		26.8.: Brest-Litowsk gefallen				
		27.8.–15.9.: Öster.-ung. Offensive in Ostgalizien und Wolhynien, Wilna genommen				

1915/16

	Westfront	Ostfront	Italienische Front	Balkanfront	Naher Osten	Seekrieg, Kolonien
September 1915	22.9.–14.10.: Herbstschlacht im Artois und in der Champagne	6.–12.9.: Schlacht am Sereth 20.9.–13.10.: Offensive deutscher und österr.-ung. Truppen auf Rowno		6.9.: Militärkonvention der Mittelmächte mit Bulgarien		18.9.: Deutsche U-Boote auf Kreuzerkrieg eingeschränkt
Oktober 1915			18.10.–5.11.: 3. Isonzoschlacht 3. Ital. Dolomitenoffensive	5.10.: Englisch-französische Landung bei Saloniki 6.–9.10.: Heeresgruppe Mackensen überschreitet Donau und Save 12.10.: Bulgarien erklärt Serbien den Krieg 14.10.: Beginn der bulgarischen Offensive gegen Serbien 15.10.: Kriegserklärung Großbritanniens an Bulgarien 16.10.: Frankreich erklärt Bulgarien den Krieg 19.10.: Italien erklärt Bulgarien den Krieg 20.10.: Russland erklärt Bulgarien den Krieg		
November 1915			10.11.–14.12.: 4. Isonzoschlacht	Ende November: Beginn des serbischen Rückzugs vom Amselfeld nach Montenegro und Albanien	22.11.: Türkischer Sieg bei Ktesiphon (Mesopotamien)	29.11.: Deutsche Schutztruppe in Kamerun tritt nach Spanisch-Muni über
Dezember 1915				20.12.: Alliierte beginnen mit der Räumung von Gallipoli		
Jänner 1916		26.1.: Ende der Neujahrsschlacht in der Bukowina		8.–11.1.: Erstürmung des Lovćen durch österr.-ung. Truppen		
Februar 1916	21.2.: Beginn der Schlacht um Verdun			5.–29.2.: Österr.-ung. Truppen erobern Montenegro und Nordalbanien	Februar bis April: Russische Erfolge in Armenien	23.2.: Wiederaufnahme des U-Boot-Handelskrieges
März 1916		18.3.–30.4.: Schlacht am Narocz-See	11.–16.3.: 5. Isonzoschlacht			
April 1916					26.4.: Englische Truppen kapitulieren in Kut el Amara	24.4.: Vorstoß der deutschen Hochseeflotte gegen die britische Ostküste 26.4.: U-Boot-Handelskrieg erneut eingestellt
Mai 1916			15.5.–16.6.: Österr.-ung. Offensive in Südtirol bei Folgaria und Lavarone/Asiago und Arsiero	Mai bis August: Bildung der Mazedonien-Front		31.5.: Seeschlacht am Skagerrak
Juni 1916		4.6.–29.8.: Russische Sommeroffensive (Brussilow-Offensive), Durchbruch bei Luck und Okna	10.–16.6.: Ital. Gegenoffensive in den Sieben Gemeinden			

1916/17

	Westfront	Ostfront	Italienische Front	Balkanfront	Naher Osten	Seekrieg, Kolonien
Juli 1916			1.–24.7.: Abwehrschlacht in den Sieben Gemeinden		4.7.–12.8.: Türk. Vorstoß gegen den Suezkanal	
			21.–27.7.: Ital. Fleimstaloffensive		21.7.: Beginn der Operationen in Persien	
August 1916			4.–17.8.: 6. Isonzoschlacht, Italiener erobern Görz			
			28.8.: Italien erklärt Deutschland den Krieg	27.8.: Rumänien erklärt Österreich-Ungarn den Krieg; Deutschland erklärt Rumänien den Krieg		
	29.8.: GFM Hindenburg wird Chef des Generalstabes	30.8.–28.10.: Russische Herbstoffensive		27.8.–14.9.: Rumän. Einbruch in Siebenbürgen	30.8.: Das Osmanische Reich erklärt Rumänien den Krieg	
September 1916				1.9.: Kriegserklärung Bulgariens an Rumänien		
	9.9.: Ende der Schlacht um Verdun			7.–18.9.: Bulgarische Offensive in der Dobrudscha		
			14.–17.9.: 7. Isonzoschlacht	12.9.–11.12.: Herbstschlacht in Mazedonien		
				22.9.–2.11.: Gegenoffensive der Mittelmächte in Siebenbürgen		
Oktober 1916			9.–12.10.: 8. Isonzoschlacht			6.10.: U-Boot-Handelskrieg wieder aufgenommen
			31.10.–4.11.: 9. Isonzoschlacht			**Oktober:** Einsatz der deutschen Flotte bei der Eroberung der baltischen Inseln
November 1916				11.11.1916–10.1.1917: Deutsche, österr.-ung., bulgarische und türkische Truppen erobern die Walachei		
	26.11.: Ende der Schlacht an der Somme	November/Dezember: Russische Entlastungsangriffe		25.11.: Griechenland erklärt Deutschland und Bulgarien den Krieg		
Dezember 1916				6.12.: Einnahme Bukarests		
	15.12.: Französischer Gegenangriff bei Verdun					22.–23.12.: Seegefecht in der Straße von Otranto
Jänner 1917		Jänner bis März: Örtliche Stellungskämpfe				
Februar 1917		27.2.: Gdl Arz wird Chef des österr.-ung. Generalstabes				1.2.: Beginn des uneingeschränkten U-Boot-Krieges durch Deutschland
März 1917	Deutscher Rückzug in die Siegfriedstellung	12.3.: Ausbruch der Revolution in Russland		11.–26.3.: 2. Schlacht bei Monastir	11.3.: Engländer erobern Bagdad	
					26.–27.3.: 1. Gazaschlacht (Palästina)	

1917/18

	Westfront	Ostfront	Italienische Front	Balkanfront	Naher Osten	Seekrieg, Kolonien
April 1917	2.4.–20.5.: Englische Frühjahrsoffensive bei Arras 6.4.: Kriegserklärung der USA an Deutschland 6.4.–27.5.: Französische Großoffensive an der Aisne und in der Champagne	4.4.: Russ. Brückenkopf bei Tobol erstürmt			19.–20.4.: 2. Gazaschlacht	8.4.: Tod des Marineoberkommandanten Großadmiral Haus
Mai 1917	Mai: Krise innerhalb des franz. Heeres 27.5.–3.12.: Engl. Großangriff in Flandern (Flandern-Schlacht)		12.5.–5.6.: 10. Isonzoschlacht	4.–18.5.: Abwehrschlacht in Mazedonien		15.5.: Leichte österr.-ung. Einheiten stoßen gegen die Straße von Otranto vor
Juni 1917		29.6.–16.7.: Offensive des russ. Südwest-Heeres (Kerenski-Offensive)	9.–29.6.: Ortigaraschlacht (Junischlacht in den Sieben Gemeinden)			7.6.: Großeinsatz von deutschen U-Booten vor der nordamerikanischen Ostküste
Juli 1917		19.7.–27.8.: Gegenangriff der Mittelmächte		22.7.–15.8.: Offensive der rumän.-russ. Streitkräfte in Südost-Siebenbürgen und Gegenangriff der Mittelmächte		
August 1917	20.8.: Französischer Teilangriff bei Verdun		18.8.–13.9.: 11. Isonzoschlacht			11.8.: Vergeblicher Vorstoß britischer Seestreitkräfte in die Deutsche Bucht
September 1917				September/Oktober: Abwehrkämpfe österr.-ung. und deutscher Truppen in Albanien und Mazedonien		
Oktober 1917		11.–20.10.: Deutsche Truppen erobern die baltischen Inseln	24.–27.10.: Durchbruchsschlacht bei Flitsch-Tolmein			11.–20.10.: Deutsche Seestreitkräfte unterstützen die Eroberung der baltischen Inseln
November 1917	20.11.–7.12.: Tankschlacht bei Cambrai			10.11.: Deutsche und österr.-ung. Truppen erreichen den Piave	2.–7.11.: 3. Gazaschlacht	
Dezember 1917		18.12.: Waffenstillstand mit Russland	7.12.: Die USA erklären Österreich-Ungarn den Krieg		9.12.: Engländer nehmen Jerusalem	16.12.: Versenkung „S.M.S. Wien"
Jänner 1918		Vormarsch in der Ukraine	Kämpfe an Piave, ital. Offensive auf der Hochfläche der Sieben Gemeinden			
Februar 1918		9.2.: Friedensschluss mit der Ukraine in Brest-Litowsk 18.2.–4.3.: Deutsche Truppen befreien Livland und Estland			Februar bis Juli: Türk. Vormarsch gegen Batum, Kars und Ardahan	
März 1918	21.3.: Beginn der großen Schlacht in Frankreich (Deutscher Großangriff)	3.3.: Friede von Brest-Litowsk 12.–14.3.: Deutsche und österr.-ung. Truppen nehmen Odessa			26.–31.3.: Englischer Angriff in Palästina (1. Jordanschlacht)	

1918

	Westfront	Ostfront	Italienische Front	Balkanfront	Naher Osten	Seekrieg, Kolonien
April 1918		3.4.–16.12.: Deutsches Eingreifen in Finnland				1.4.: Auslaufen der k.u.k. Donauflottille in das Schwarze Meer
	April bis Juni: Fortsetzung der deutschen Offensive				30.4.–5.5.: 2. Jordanschlacht	22.4.: Österr. Flottenvorstoß gegen die Otrantosperre
Mai 1918				7.5.: Friedensschluss mit Rumänien in Bukarest		
Juni 1918			15.–25.6.: Letzte österr.-ung. Offensive in Tirol und an der Piave			11.6.: Versenkung des Schlachtschiffes „Szent István"
			24.6.–15.7.: Gegenangriff der Italiener an der Gebirgsfront			
Juli 1918				6.–13.7.: Alliierte Offensive in Albanien		
	15.–17.7.: Letzter deutscher Angriff an der Marne und in der Champagne					
	18.7.: Alliierter Gegenangriff			24.7.–26.8.: Österr.-ung. Gegenangriff in Albanien		
August 1918	8.8.: Beginn der alliierten Herbstoffensive, Schlacht von Amiens („Schwarzer Tag des Heeres")					
September 1918				15.–17.9.: Alliierte durchbrechen bulgarisch-deutsche Front		
	Ende September: Generalangriff der Franzosen, Engländer und Amerikaner			29.9.: Waffenstillstand zwischen den Alliierten und Bulgarien	18.–30.9.: Engl. Durchbruch durch die türk. Palästinafront	
Oktober 1918	Oktober/November: Rückzugskämpfe des dt. Heeres			1.10.–3.11.: Rückzug der österr.-ung. Truppen aus Albanien		Unruhe in der deutschen Hochseeflotte, die letztlich zur Meuterei führt
			24.10.–2.11.: Großoffensive der Alliierten, Rückzug des österr.-ung. Heeres	3.–18.10.: Rückzugskämpfe in Serbien und an der Donau		21.10.: U-Boot-Handelskrieg endgültig eingestellt; seit 1.2.1917 etwa 8,4 Millionen BRT versenkt
			30.10.: Zusammenbruch der österr.-ung. Südwestfront		30.10.: Waffenstillstand zwischen den Alliierten und der Türkei	30.10.: Kaiser Karl I. übergibt die k.u.k. Flotte an den Südslawischen Nationalrat
						31.10.: Letztes Einholen der k.u.k. Kriegsmarineflagge
November 1918		3.–4.11.: Beginn der Räumung der Ukraine und der Walachei	3.–4.11.: Waffenstillstand von Villa Giusti			
	11.11.: Waffenstillstand von Compiègne					25.11.: Ehrenvolle Waffenstreckung der deutschen Schutztruppe von Südostafrika

Die Unteroffiziersgesellschaft Steiermark (UOG ST) wurde am 15. April 1966 als überparteiliche Organisation gegründet. Die UOG ST ist das Sprachrohr bzw. die Interessenvertretung aller Unteroffiziere des Präsenz-, Miliz-, Reserve- und Ruhestandes. Sie ist intern und extern Meinungsbildner und steht für die Förderung der Gemeinschaft und Wehrbereitschaft in unserer Heimat. Pflege und Festigung der soldatischen Gesinnung und Kameradschaft sind ein besonderes Anliegen und werden durch das Bekennen zu einem einig Unteroffizierskorps sowie dem Hilfsfond „Unteroffiziere helfen Unteroffizieren" besonders betont.

Die Mitglieder werden durch den Vorstand, unter der Leitung des Präsidenten, vertreten und durch Zweigstellenleiter in den Kasernen betreut.

Die Veranstaltungen der UOG ST haben gesellschaftliche, karitative und kameradschaftliche Ziele. Extern präsentiert sie sich durch die Mitgliederzeitung „Der Steirische Unteroffizier" und das Internetportal www.uog-st.at.

„Wir Unteroffiziere stehen hinsichtlich einer positiven und glaubwürdigen Landesverteidigung voll und ganz hinter den Vorstellungen und Zielsetzungen unserer Armee."

„Wir Unteroffiziere – Herz, Hand und Seele der Armee"

helvetia
Partner der Exekutive

Unteroffiziersgesellschaft
Steiermark
Straßgangerstraße 171
8052 GRAZ

Tel/Fax:
+43 (0) 50201/50-20604
Mobil: 0664/6223012

www.uog-st.at

Die Unteroffiziersgesellschaft Wien wurde 1964 gegründet. Sie diente als Anlaufstelle für dienstrechtliche Anliegen der Unteroffiziere in einer Zeit, wo es noch keine Standes- bzw. Personalvertretung gab. Heute ist UOG Wien die Standesvertretung für ca. 4.000 Wiener Unteroffiziere im Aktiv-, Miliz-, Reserve- oder Ruhestand. Die Unteroffiziersgesellschaft Wien mit der Österreichischen Unteroffiziersgesellschaft als Dachverband ist durch das Bundesministerium für Landesverteidigung und Sport als organisierter und statutarischer wehrpolitischer Verein anerkannt. In der Unteroffiziersgesellschaft stehen Erfahrungen und Leistungen vieler Einzelner dem UO-Korps zur Verfügung. Wie bei allen Gesinnungsgemeinschaften ist das „Tun" des Einzelnen auch in der Unteroffiziersgesellschaft unersetzlich. Man kann nunmehr 50 Jahre auf eine konstruktive Arbeit in der Unteroffiziersgesellschaft Wien zurückblicken.

Einst wie jetzt verfolgt die UOG Wien folgende Prinzipien: *Kameradschaft pflegen, Wettkämpfe im In- und Ausland abhalten, Sprachrohr der Unteroffiziere zur ÖUOG und zur Öffentlichkeit, eine bewaffnete, auf unseren Bedarf ausgerichtete Landesverteidigung, Arbeiten an der Integration unserer Armee in die Bevölkerung, insbesondere die Darstellung der Arbeit, der Leistung und der Verantwortung aller Unteroffiziere.*

Unteroffiziersgesellschaft
Wien

Panikengasse 2
1160 Wien

Offiziersgesellschaft Tirol – OGT

Die Offiziersgesellschaft Tirol ist als Landesgesellschaft der Österreichischen Offiziersgesellschaft (ÖOG) Heimat und Vertretung für die uns angehörigen rund 600 Offiziere des Präsenz- und Ruhestandes und des Miliz- und Aktivstandes des Österreichischen Bundesheeres. Verstärkt werden wir durch Offiziere der Exekutive und Vertreter der Justiz.

Die OGT sieht sich so wie die uns übergeordnete ÖOG als das mahnende Gewissen bei Entwicklungen, die sich nicht mit dem wehr- und sicherheitspolitischen Verständnis der Mitglieder der OGT in ihrer besonderen Verbundenheit zur Republik Österreich decken.

Die OGT ist ein unabhängiger Verein und verfolgt keine parteipolitischen Ziele.

Mit unseren Vereinstätigkeiten verfolgen wir die neutrale und offene Information über wehr- und gesellschaftspolitische Themen, verpackt in interessante Vorträge und Diskussionen in kameradschaftlicher Runde. Damit schaffen wir eine Vernetzung unserer Mitglieder im positiven Sinne und bieten so auch die Bühne für außerdienstliche Kontakte.

Präsident OGT:
Obst Willi TILG

Vizepräsidenten:
GenMjr Mag. Herbert BAUER
Obstlt Christian ELMER
Mjr Hannes LINDIG

Offiziersgesellschaft Tirol
General-Eccher-Straße 2
6020 Innsbruck

www.austrian-peacekeepers.at

Bibliografie (Auswahl)

Johann Christoph ALLMAYER-BECK, Erich LESSING, *Die K.(u.)K. Armee 1848–1914*. München 1974

Johann Christoph ALLMAYER-BECK, *Das Heerwesen*, in: Friedrich Engel-Janosi, Helmut Rumpler (Hg.), Probleme der Franzisko-Josephinischen Zeit 1848–1916 (Schriftenreihe des Österreichischen Ost- und Südosteuropa-Instituts 1). Wien 1967

Klaus AMANN, Hubert LENGAUER, *Österreich und der Große Krieg 1914–1918. Die andere Seite der Geschichte*. Wien 1989

Jürgen ANGELOW, *Kalkül und Prestige. Der Zweibund am Vorabend des Ersten Weltkriegs*. Köln 2000

Arthur ARZ VON STRAUSSENBURG, *Zur Geschichte des Grossen Krieges 1914–1918*. Wien 1924

Brigitte BIWALD, *Von Helden und Krüppeln. Das österreichisch-ungarische Militärsanitätswesen im Ersten Weltkrieg*, 2 Bde. (Militärgeschichtliche Dissertationen 14). Wien 2002

Christopher CLARK, *The Sleepwalkers. How Europe Went to War in 1914*. London 2013

Mark CORNWALL (Hg.), *Die letzten Jahre der Donaumonarchie. Der erste Vielvölkerstaat im Europa des frühen 20. Jahrhunderts*. Wegberg 2004

Wolfgang DOPPELBAUER, *Zum Elend noch die Schande. Das altösterreichische Offizierskorps am Beginn der Republik* (Militärgeschichtliche Dissertationen 9). Wien 1988

Maximilian EHNL, *Die österreichisch-ungarische Landmacht nach Aufbau, Gliederung, Friedensgarnison, Einteilung und nationaler Zusammensetzung im Sommer 1914* (Ergänzungsheft 9 zu „Österreich-Ungarns letzter Krieg"). Wien 1934

Fritz FRANEK, *Die Entwicklung der österreichisch-ungarischen Wehrmacht in den ersten zwei Kriegsjahren* (Ergänzungsheft 5 zu „Österreich-Ungarns letzter Krieg"). Wien 1933

Karl GLAUBAUF, *Die Volkswehr 1918–1920 und die Gründung der Republik* (Österreichische Militärgeschichte, Sonderband 1993 – Folge 1). Wien 1993

Ernst HANISCH, *Der lange Schatten des Staates. Österreichische Gesellschaftsgeschichte im 20. Jahrhundert*. Wien 1994

Rudolf HECHT, *Heeresergänzung – Österreich-Ungarn im 1. Weltkrieg*. Wien 2010

David G. HERRMANN, *The Arming of Europe and the Making of the First World War*. Princeton, NJ 1996

Hermann HINTERSTOISSER, M. Christian ORTNER, Erwin SCHMIDL, *Die k.k. Landwehr-Gebirgstruppen. Geschichte, Uniformierung und Ausrüstung der österreichischen Gebirgstruppen von 1906 bis 1918*. Wien 2006

Alexander HÖNEL, Katrin TSCHACHLER, *Das österreichische Militär-Veterinärwesen 1850–1918. Tierärztliche Tätigkeit zwischen Empirie und Wissenschaft*. Graz 2006

Brigitte HOLL, Liselotte POPELKA (Red.), *Die Frau im Krieg* (Katalog zur gleichnamigen Ausstellung, Heeresgeschichtliches Museum Wien). Wien 1986

Ludwig JEDLICKA, *Ein Heer im Schatten der Parteien. Die militärpolitische Lage Österreichs 1918–1938*. Wien 1955

Peter JUNG, *Der k.u.k. Wüstenkrieg. Österreich-Ungarn im Vorderen Orient 1915–1918*. Graz–Wien–Köln 1992

Peter JUNG, *Die k.u.k. Streitkräfte im Ersten Weltkrieg 1914–1918. Die militärischen Formationen in der Türkei und im mittleren Osten*. Wien 1995

Hugo KERCHNAWE, *Ehrenbuch unserer Artillerie*, 2 Bde. Wien 1935

H. G. KERNMAYR (Hg.), *Die waffenlose Macht. Werden und Wirken des Roten Kreuzes in aller Welt*. Wien 1953

Walter KLEINDEL, *Der Erste Weltkrieg. Daten–Zahlen–Fakten*. Wien 1989

Günther KRONENBITTER, *„Krieg im Frieden". Die Führung der k.u.k. Armee und die Großmachtpolitik Österreich-Ungarns 1906–1914*. München 2003

Gerhard KÜHNELT, *Die militärterritoriale Gliederung Österreichs im 20. Jahrhundert*. Graz 1996

Julius LEDERER, Lothar RENDULIC, *Die Geschichte der k.k. Österreichischen Landwehr 1868–1914*. Ungedr. Manuskript. Wien 1919

Verena MORITZ, *Zwischen Nutzen und Bedrohung. Die russischen Kriegsgefangenen in Österreich 1914–1921*. Bonn 2005

Christoph NEUMAYER, Erwin SCHMIDL, Hermann HINTERSTOISSER, Helmut WOHNOUT, *Des Kaisers Bosniaken. Die bosnisch-herzegovinischen Truppen in der k.u.k. Armee*. Wien 2008

M. Christian ORTNER, *Die k.u.k. Sturmtruppen 1916–1918. Elitesoldaten der Monarchie*. Wien 1998

M. Christian ORTNER, *Sturmtruppen. Österreichisch-ungarische Sturmformationen und Jagdkommandos im Ersten Weltkrieg*. Wien 2005

M. Christian ORTNER, *Die österreichisch-ungarische Artillerie von 1867 bis 1918. Technik, Organisation und Kampfverfahren*. Wien 2007

M. Christian ORTNER, *Erfahrungen einer westeuropäischen Armee auf dem Balkan. Die militärische Durchsetzung österreichisch-ungarischer Interessen während der Interventionen von 1869, 1878 und 1881/82*, in: Bernhard Chiari, Gerhard P. Groß (Hg.), Am Rande Europas? Der Balkan – Raum und Bevölkerung als Wirkungsfelder militärischer Gewalt (Beiträge zur Militärgeschichte 68). München 2009

M. Christian ORTNER, *Multinationale bzw. supranationale Ausrichtung von Streitkräften am Beispiel der österreichisch(-ungarisch)en Armee*, in: Christian Wagnsonner, Stefan Gugerel (Hg.), Militärische Kulturen (Ethica Themen). Wien 2011

Österreichisches Bundesministerium für Heereswesen (Hg.), *Österreich-Ungarns letzter Krieg*, 7 Bde. u. 7. Blg.-Bde. Wien 1930–1938

Ernst PETER, *Die k.u.k. Luftschiffer- und Fliegertruppe Österreich-Ungarns 1794–1919*. Stuttgart 1981

Richard Georg PLASCHKA, *Nationalismus, Staatsgewalt, Widerstand. Aspekte nationaler und sozialer Entwicklung in Ostmittel- und Südosteuropa* (Schriftenreihe des Österreichischen Ost- und Südosteuropa-Instituts 11). Wien 1985

Richard Georg PLASCHKA, Horst HASELSTEINER, Arnold SUPPAN, *Innere Front. Militärassistenz, Widerstand und Umsturz in der Donaumonarchie 1918. Band I: Zwischen Streik und Meuterei* (Veröffentlichungen des Österreichischen Ost- und Südosteuropa-Instituts 8). Wien 1974

Manfried RAUCHENSTEINER, *Der Tod des Doppeladlers. Österreich-Ungarn und der Erste Weltkrieg*. Graz 1994

Manfred REINSCHEDL, *Die Aufrüstung der Habsburgermonarchie von 1880 bis 1914 im internationalen Vergleich. Der Anteil Österreich-Ungarns am Wettrüsten vor dem Ersten Weltkrieg* (Beiträge zur neueren Geschichte Österreichs 16). Wien 2001

Helmut RUMPLER, *Der Triumph von Lissa, ein vergeblicher Sieg?*, in: Agnes Husslein (Hg.), Anton Romako – Tegetthoff in der Seeschlacht bei Lissa (Katalog zur gleichnamigen Ausstellung, Österreichische Galerie Belvedere). Wien 2010

Hugo SCHMID, *Heerwesen. 2. Teil: Lehr- und Lernbehelf für Militär-Erziehungs- und Bildungsanstalten sowie Reserveoffiziersschulen*. Wien 1915

Hugo SCHMID, *Handbuch für Unteroffiziere*. 7. Auflage Wien 1915

Wilfried SCHIMON, *Österreich-Ungarns Kraftfahrformationen im Weltkrieg 1914–1918. Ein Beitrag zur Geschichte der Technik im Weltkrieg*. Klagenfurt 2007

Daniel Marc SEGESSER, *Der Erste Weltkrieg in globaler Perspektive*. Wiesbaden 2010

Eduard SELING, Rudolf RIETH, *Leitfaden zum Unterrichte in der Heeresorganisation*. Wien 1887

Miro SIMČIČ, *Die Schlachten am Isonzo. 888 Tage Krieg im Karst in Plänen, Karten und Berichten*. Graz 2003

Erwin STEINBÖCK, *Die Organisation der österreichischen Streitkräfte von 1918–1938*, in: Die Streitkräfte der Republik Österreich, 1918–1968 (Katalog zur Sonderausstellung im Heeresgeschichtlichen Museum Wien). Wien 1968

David STEVENSON, *Armaments and the Coming of War. Europe 1904–1914*. Oxford 1996

Norman STONE, *The Eastern Front 1914–1917*. London 1975

Dieter STORZ, *Kriegsbild und Rüstung vor 1914. Europäische Landstreitkräfte vor dem Ersten Weltkrieg*. Herford 1992

Nigel THOMAS, Dušan BABAC, *Armies in the Balkans 1914–1918*. Botley 2001

Alois VELTZÉ, *Veltzés Armee Almanach 1906. Ein militär-statistisches Handbuch aller Heere*. Wien 1906

Anton WAGNER, *Der Erste Weltkrieg. Ein Blick zurück*. Wien 1981

Adam WANDRUSZKA, Peter URBANITSCH (Hg.), *Die bewaffnete Macht* (Die Habsburgermonarchie 1848–1918, Band V). Wien 1987

Die Wehrmacht der Monarchie im Weltkrieg 1914, 2 Teile (Moderne Illustrierte Zeitung Jg. XIV, Heft 10–11). Wien 1914

Keith WILSON, *Decisions for war 1914*. Leeds 1995

Friedrich WÜRTHLE, *Die Spur führt nach Belgrad. Die Hintergründe des Dramas von Sarajevo 1914*. Wien 1975

Wolfgang ZECHA, *„Unter die Masken!". Giftgas auf den Kriegsschauplätzen Österreich-Ungarns im Ersten Weltkrieg*. Wien 2000

Hubert ZEINAR, *Geschichte des österreichischen Generalstabes*. Wien 2006